台灣何去何從：

（上）：從兩岸零和到海峽共榮

宋健民　博士　著

全華圖書股份有限公司　印行

引言

　　台灣像是一艘大船，我們「同舟共濟」是難得的緣份。如果台灣船冒險挺進，在船上的任何人都有義務提供警訊，避免台灣船像鐵達尼號一樣撞向冰山。如果船客以為船長會化險為夷，就要承受高估他們能力的後果。作者是台灣船上的一名乘客，雖然不懂航行，但卻看到了遠處有冰山冒出，因此乃寫了這本書，希望引起台灣船上其他人的注意。作者也看到船邊的另一個方向風和日麗，更覺得沒有必要在海上冒險，因此乃告訴同船的乘客，希望台灣船能轉向航往海上樂園。

台灣船不應在驚濤駭浪中衝撞冰山而應在風平浪靜中穩定航行。

　　台灣的政治著重選舉技巧，而鮮少討論國家願景。政客及議員從事內耗的批鬥，而政府官員則無力建設國家。當全世界都對外開放並不斷調整方向時，台灣卻只對選舉議題爭論不休。本書乃從策略、政治、經濟、科技的角度探討台灣船應如何脫離紅海航向藍海。作者也大膽的建議台灣船應泊靠福建港經整補後重新出發，這樣台灣可以脫離島國的限制而和福建共創海峽的繁榮。「台灣福田」比政客爭論數十年的統一或獨立能帶給我們子孫的空間更大。台灣與其以假議題公投撕裂了族群，不如以願景形成島內共識，這樣可以和中國談判和平協定時做為主要內容。

爲了脫去中國統一的緊箍咒，作者以邏輯辨證說明「中華人民共和國」並非中國。事實上，「中華人民共和國」在聯合國代表的卻是如假包換的「中華民國」。作者再以數學嚴謹的「不全定理」證明「一中」前題的談判不能保全未來「一中」的後果。既使「一中」的和平協定可以簽定，也不能確定台灣人甚至中國人的後代不會重訂新約。除此之外，老子說：「道，非道，非常道」意思是能講的道不會是真道，也不可能爲永遠的道。所以我們也應有「一中，非一中，非常一中」的觀念。同樣的說法也出現在「金剛經」中，例如「佛法，非佛法，故名佛法」。「佛法」是「悟道」，它有如「一中」，稱爲「假觀」；「非佛法」有如「非一中」，叫做「空觀」；「故名佛法」有如「故名一中」，是爲「空觀」。中國人和台灣人玩「一中」的文字遊戲。所謂「見山是山，見山不是山，見山又是山」爲「一中」的假、空、中，認知的三個階段。所謂「一中」的「中觀」就是「中華民國」。「一中」應是禪宗的單掌拍手之聲，它也是「不一不異」的「中華民國」。這個「不二」狀態可以比擬佛佗的涅槃(Nirvana)。有了這一層哲學的頓悟，中台應以時間消除雙方的爭議，現階段的優先議題爲建立能加速台灣發展的和平架構，這樣才能讓我們雙方的子孫有機會合作共創未來。

　　本世紀開始進入一個快變及大變的時代，不僅科技的內涵迅速更替，政治及經濟也不斷推陳出新。「處變不驚」的陳舊思維會被淘汰，發展步調緩慢也將瞠乎其後。台灣是個小國，不但不能排斥大膽的創新想法，更要勇於討論各種未來可能的方案。本書引用大量報章雜誌的資訊，希望以事實及趨勢呈現台灣船走向的錯誤。作者並從全球競爭的大格局建議蛙跳超前的全新戰略。

　　Hans Christian Anderson 所寫的安徒生童話裏有一個國王新衣的故事(1837 年發表)。一個虛榮的國王向臣民炫耀一件據說只有聰明人才看得見的隱形大衣。這些觀禮者礙於國王的尊嚴，大家都誇讚他的新衣的確特別華麗。但一名天真的兒童卻叫出「國王是赤裸的」，因此戳破了大人們的虛偽心態。台灣的總統、官員及議員都在爲選舉事務及「入聯公投」忙得團團轉，大家都以爲這就是「愛台灣」最好的作爲。作者指出「入聯」就是國王

的新衣，它或許有想像的美麗卻沒有實質的用處。穿上「入聯」的空衣還不如穿回「中華民國」的舊衣來得保暖實在。老子說：「多言數窮，不如守中。」台灣政府不應在台獨議題上顛三倒四，搞得「黔驢技窮」，而應虛心接受中道，就是以「中華民國」做為「一中」。

　　本書除了批評台灣的施政外，也建議台灣人應做聰明的主人，不要一昧被政客「民可使由之，不可使知之。」除此之外，作者也指出文明社會的新人權指標應包括幸福權及貢獻權。政府再怎麼無能也不該剝奪人民生活的幸福權，總統再怎麼濫權也不應限制人民造福大眾的貢獻權。

　　許多政客在爭論時常斷章取義，但普遍的資訊會以數字說話。作者從事的只是科技工作，對政治及經濟都是外行。但公道自在人心，真理不離常識，作者從變動的資訊中可看出累積的趨勢。作者從未加入黨派，也未從事政治活動，本書的觀點無關藍綠立場而只論黑白結果。作者以科技人對客觀現象的解讀做成良知的判斷，其出發點為謀求台灣人民及子孫的最大福祉。

　　本書乃作者獨立著作，因未經專業編排，難免有不盡周全之處，希望讀者以創新思維而非文筆用辭的角度看待本書。書中的論點如有謬誤，還請不吝指正。有人說如果想害誰就可勸這個人去寫一本書，因為寫書的過程無止無盡，有如凌遲的折磨。作家陳之藩提到寫書乃用自己的血肉之軀與尖銳的沙子緩慢對磨才逐漸形成一團圓潤的真珠。本書是即興之作，而且主題並非作者專長，所以成書也曾受「十月懷胎」之苦。在這期間，書稿要不斷修改文句及添加內容，幸虧何雅惠小姐及黃靜瑞小姐不厭其煩的一再補充圖片及提供資料才算大功告成，作者特在此致謝。

宋健民

2007 年 12 月

E-mail: sung@kinik.com.tw

Tel: +886-2-8678-0880

目　錄

第1章　台灣的未來：人民的選擇

「中華民國」仍在聯合國

在台灣，兩岸關係影響政治，政治影響經濟，經濟影響民生。兩岸關係最難解的就是中共的「一中」主張。陳水扁說接受「一中」台灣就淪爲「中華人民共和國的一省」。這樣，台灣人民就不准選舉總統。因此，台灣政府無論如何要拒絕「一中」。但是「一中」的陰影揮之不去，台灣政客永遠可以炒作獲利，這並非台灣人民之福。最近曹興誠主張推動「兩岸和平共處法」，他認爲「一中」就是「中華民國」「提頭來見」，因此絕不可行，但是中共可以要求台灣人民進行「統一公投」，這樣就把「一中」這個燙手山芋丟回給中共。這個建議並沒有解決「一中」問題，他只是維持兩岸不獨不統的現狀而已。然而「一中」問題真的不能解嗎？答案卻是未必。事實上「一中」根本不是問題，它只是一個沒打上死結的圈套而已。

1912年元旦孫文建立了「中華民國」而清帝溥儀則在1月28日退位。從那時起，沒有清帝國的中國就未再統一過。早年軍閥割據，其後長期對日抗戰，「中華民國」並無有效的治權。1945年10月25日「中華民國」從日本手中接收台灣，但當年中國華北卻被中共盤据，而日本投降前東北已被蘇聯佔領其後並由中共接管。1949年10月1日，「中華人民共和國」在北京成立。同年12月7日，「中華民國」退守台灣。自始至今，「中華民國」和「中華人民共和國」爲兩個互不隸屬的敵對政權。雖然雙方都曾聲稱代表整個中國，但沒有一方有效的統治整個大陸及台灣。但在兩個重要議題下，雙方卻可以妥協，一個是聯合國的代表權，另一個是中共堅持要台灣接受的「一中」。可惜雙方對這兩個議題未從法理上討論，而以情緒對抗爭論不休，以致傷害了雙方的長程利益。

1

「中華民國」早就名存實亡，但它卻陰魂不散。在大陸，中華民國自 1949 年起已被「中華人民共和國」取代。在台灣，前「中華民國」總統李登輝聲稱「中華民國不存在」。現任「中華民國」總統陳水扁問「中華民國是什麼碗糕？」雖然「中華民國」的憲法仍然是台灣民主的依據，前後兩任總統乃因它當選，但他們否認它的存在。這意味著，這兩個總統都是「無法無天」。「中華民國」是現世版「安徒生童話」中的「皇帝新衣」，台灣認為它並不存在，但中國卻不准台灣去掉這個名份，否則將以「反分裂國家法」對付。「中華民國」這件大衣雖然不保暖卻有如「金鐘罩」般保障了台灣的安全。

「中華人民共和國」(PRC)和「中華民國」(ROC)雖是兩個中國的國號，但因雙方都宣稱代表中國，所以其實質為「一個中國，兩個政府」。這個概念與中共主張的「一國兩制」或台灣國民黨主張的「一中各表」有異曲同工之妙。沒有說不通的道理，只有認不清的事實。只要中台雙方就事論事而不訴諸感情用事，就可以從歷史記錄找到共同點。「中華人民共和國」既排斥又擁抱「中華民國」最好的證據則來自全世界國家都承認的聯合國憲章，尤其顯示在雙方過去「中國代表權」爭奪的過程及其投票結果。1971 年「中華人民共和國」繼承了「中華民國」在聯合國的席次，其決議案的文號為 2758 號。以下資訊乃得自免費的百科全書 Wikipedia，只要打入 United Nations General Assembly Resolution 2758 就可以瀏覽。

1945 年 6 月 26 日，舊金山會議通過聯合國憲章，國民黨代表的「中華民國」為簽署憲章的第一國。根據聯合國憲章，「中華民國」為永不更換的五個安全理事會常任理事國之一。同年，「中華民國」接收台灣，因此「中華民國」在聯合國其實涵蓋了大陸及台灣。然而 1949 年「中華民國」的統治者被逐出大陸，其後在聯合國只能代表台灣，但卻頂著不相稱的大帽子「中華民國」。自 1945 年起至 1971 年 7 月 15 日止，台灣的「蔣家政權」為聯合國「中華民國」的代表。但 1950 年起，「中華人民共和國」不斷以各種手段要求進入聯合國。然而以「中華人民共和國」之名申請入聯卻永遠不能成功，因為「蔣家政權」可以在安全理事會否決這個議案。

1949 年毛澤東攻佔了長江以北時準備建國，當時有人建議中共政權應沿用「中華民國」的名稱，但毛澤東一時被勝利沖昏了頭決定改用「中華人民共和國」，這個失策使中共進入聯合國延遲了二十多年。更有甚者，從未涉足台灣的「中華人民共和國」要求統一台灣並沒有正當性。因此中共堅持的「一個中國」不可能是「中華人民共和國」。它在聯合國不能代表台灣兩千多萬人民乃因爲它的治權未及台灣。但是若「中華人民共和國」更名爲「中華民國」，它就可能「借屍還魂」，根據「中華民國」曾從日本接收台灣的事實而延伸「一中」的範圍到達台灣。果真如此，這對台獨是個災難，但對台灣人民反而是好事，因爲中共證明了「一中」不是「中華人民共和國」。在「中華民國」的「一中屋頂」下，雙方的華人「什麼事都好談」。台灣可以「獅子張大口」狠狠要中共讓步，例如要求福建併入台灣試行「一國兩制」(見後述)。

1971 年中共放棄以「中華人民共和國」加入聯合國，改以驅除「蔣家政權」的策略進行「與虎謀皮」，爭奪代表「中華民國」的權利。中共的「馬前足」阿爾巴尼亞在聯合國大會上提案要求表決取代「中華民國」的代表權，這樣「中華民國」就不能在安全理事會上否決自己的席次。1971 年 9 月 25 日這個阿案(A/L, 630 and Add. Land 2)「驅除蔣家政權，恢復『中華人民共和國』在聯合國的代表權」由 23 國附議成案。

這裏有一個非常重要的論點常被台灣人所忽略，即阿案把「中華人民共和國」和「蔣家政權」的位階放在一起相提並論。這應是台灣要求中共平起平坐而對等談判的基礎。「中華民國」的位階乃高高在兩個政府之上，所以雙方只是爭奪代表它的權力而已。在聯合國，中共不能否認「中華民國」的存在，因爲那等於把自己排除在聯合國之外。

1971 年 9 月 29 日，美國爲阻撓中共在聯合國取代蔣家政權，曾要求將阿案定位爲「重要法案」，這樣就需要超過 2/3 多數會員國支持才能通過，但這個路障在 10 月 25 日被聯合國大會以 59 比 55(15 票棄權)否決了。同日美國提案先表決阿案的後段「驅逐蔣家政權代表「中華民國」，它以 61 比 51(16 票棄權)獲得通過。這是很可惜的歷史一刻，若美國改以「驅逐台灣代表「中華民

國」為訴求，並讓這個案子通過，後來台灣可根據這個議案在聯合國翻盤。台灣可宣稱已在聯合國 26 年，現在不代表全部的「中華民國」，而只代表在台灣的「中華民國」。聯合國憲章並沒有排除會員國的規定，因此不能拒絕台灣這項合情合理的訴求。這樣聯合國就會建立「一中二表」的模式，它也可以做為中共堅持「一中」的架構，這樣反而為中共從未統治台灣而想統一解了套。

　　「蔣家政權」退出聯合國代表後，阿案付諸表決結果以 76 比 35(15 票棄權)通過。但這個議案(2758 決議案)只承認「中華人民共和國」代表「中華民國」，它並未接受前者代表台灣。這情形和 1991 年前蘇聯在聯合國的席次被俄國取代相類似。但「蘇聯」的其他共和國(如中亞及東歐各國)加入聯合國為普通會員國時，俄國並未動用否決權。根據聯合國憲章，聯合國無權開除安全理事會常任理事國，所以「中華民國」和「蘇聯」永遠是聯合國的創始國。「中華人民共和國」和俄國一樣只是繼承國(A Successor State)。聯合國的繼承權只是代表權，並未賦予其他國家或地區的統治權。既然未被俄國代表的前蘇聯共和國可以加入聯合國為普通會員，台灣當然可以比照辦理，代表未被「中華人民共和國」統制的台灣人民。

　　「一中」似乎是無解的死結，但「金剛經」早有化解之道。「金剛經」認為一切觀念會有「假觀」、「空觀」及「中觀」三個層次。例如我們說「見山是山」乃從普通認知看到山的存在。但科學家、哲學家和宗教家會認為山只是一堆原子，暫時因緣際會堆積成山形。理解這個層次就能「見山不是山」。但既使如此，山還是有它的功能(例如擋住風)，所以在透徹了解真像以後反而會「見山還是山」。台灣人把「一中」的概念想得太死了。「一個中國」為「假觀」，它就是「中華民國」這個「假名」。「一中」的內涵為「空觀」，因為它真正的意思必須在和中國談判後才能定義。例如中共曾同意在「一中」的架構下，台灣可以繼續保有軍隊。「一中」落實後，台灣的人民生活為「中觀」，其實這是「一語雙關」，因為「中觀」就是「一中的看法」，「中觀」會是影響我們子孫幸福的真正內容。例如本書建議在「一中」的架構下把福建併給台灣做為「一國兩制」的建國藍圖，在這個「一中」的「中觀」下，不僅台灣將「鹹魚翻身」

成為躍入龍門的鯉魚，中國也將龍騰虎躍，以「台灣福田」為標竿，發展「多核心」的「福田」。這樣中國就能主導全球的科技及經濟而把西方文明甩在後頭。

台灣如何入聯

　　2007 年 7 月 23 日，聯合國否決陳水扁以台灣重新入聯的申請案，其原因為台灣乃「中華民國」的一部份，它已在聯合國，不必再行加入。即使台灣以後每年重複申請加入聯合國，其為「中華民國」一部份的事實不能改變。因此陳水扁的「台灣入聯」為「水中撈月」，它只能在台灣內部做為一種選舉遊戲。但如台灣改名為「台灣共和國」再申請加入聯合國為新會員國，中共不僅會向台灣動武，更可以「中華民國」為安全理事會常任理事國的代表名義否決「台灣入聯」。所以「台灣入聯」不僅是「緣木求魚」，而且可能「玩火自焚」。這比中共當年在聯合國向「蔣家政權」「與虎謀皮」更沒有希望。老子說：「多言數窮，不如守中。」的確，陳水扁不僅在內政上「多言數窮」，在外交上更是「黔驢技窮」。所以台灣人民應該「不如守中」，回歸「一中」之道，即「中華民國」的道路。

　　中國文化的「易經」可把複雜的宇宙萬象以簡單的對稱關係說明。根據易經，「太極生兩儀」可說明「一中生兩制」。兩制可為同時的「陰陽互補」或同地的「前朝後代」。「一中」是「中華民國」，兩儀為台灣的「中華民國」和大陸的「中華人民共和國」。

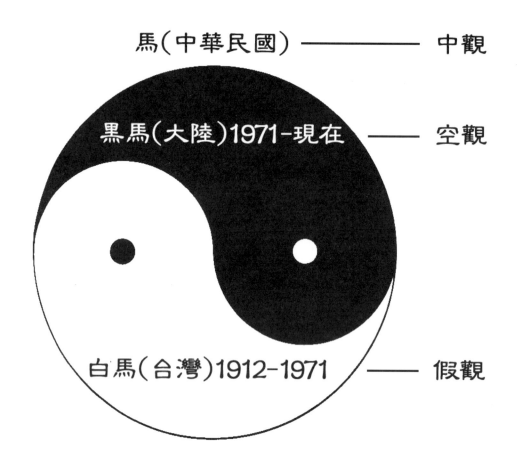

圖 1-1　聯合國代表權的今昔。由於「中華民國」爲聯合國創始國，中共在驅
　　　　逐「蔣介石代表」時不能更改國名，所以只好頂用「中華民國」的招
　　　　牌。若「入聯」以台灣名義爲之，中共在安理會可以不同意另一國家
　　　　加入而否決。但台灣若以「中華民國」要求入聯做爲只代表台灣人民
　　　　的第二代表就可以不經過安理會審查而直接交付聯合國大會表決。這
　　　　樣「中華民國」就有雙重代表，符合大陸與台灣互不隸屬的事實。若
　　　　中共及「中華人民共和國」承認「中華民國」爲可能的「一中」，台
　　　　灣就可以「中華民國」的部份代表和對等的「中華人民共同國」代表
　　　　在雙方承認的「一中」架構下簽定和平協定。果真如此，這是中國十
　　　　三億人民和台灣兩仟三百萬人民的共同福氣。

　　但沒有做不到的事情，只有想不到的方法。「台灣入聯」不能像陳水扁一樣以群眾運動在島內蠻幹，而應以智慧技巧在國際舞台上擊倒巨人。這個方法就是師法當年中共取代「蔣家政權」的手段「以其人之道還制其人」。台灣可以搬出比「中華人民共和國」更早的「中華民國」憲法證明蔣家政權早已在 1996 年總統普選後還政於民，現在是台灣人民代表「中華民國」的一部份，申請恢復它在聯合國對等部份的代表權。這是以「中華民國」返回聯合國的公投議題。陳水扁說：以「中華民國」爲訴求是和「中華人民共和國」爭取聯合國代表權是錯誤的。「中華民國」仍是聯合國的創始國，台灣只要求「中華民國」內未被代表兩仟三百萬人的權利。代表「中華人民」的中共不能否決「中華民國」其他部份的代表權。因此這個案子只需要大會多數會員國決議就可通過。台灣以「中華民國」的部份代表返聯不僅不必冒台灣戰爭的危險，也比較可行。

　　「中華民國」對中共是個刀槍不入的「金鐘罩」，因爲他們不能否認「中華民國」的存在。「中華人民共和國」在聯合國也只是「中華民國」的代表而已。尤有進者，「中華人民共和國」並未統治台灣，所以台灣有必要代表自己的人民。這個訴求對聯合國眾多小國來說極有說服力。如果「中華人民共和國」否認台灣爲「中華民國」的一部份，那不就是自打嘴巴，否認鄧小平「一國兩制」的主張嗎？台灣可以中共自己不承認「一個中國」揭穿「中華人民共和國」統戰的謊言。反之，如果中共夠聰明，讓台灣以「中華民國」的另一代表入會，這已宣示「一國兩制」與「一中各表」，這樣雙方就可以談判胡錦濤在中共「十七大」會議承諾的「和平協定」。

　　這個「和平協定」可取代「反分裂國家法」，排除「中華人民共和國」武力犯台的可能性。既然如此，中共就必須撤除部署的反台灣飛彈，這是皆大歡喜的雙贏結果。由於台灣可在聯合國設代表處，中國和台灣會像過去的「東、西德」及現在的「南、北韓」一樣爲「一國二表」。中共讓台灣也代表「中華民國」反而有利於它在將來要求統一的正當性，有如已經統一的「東、西德」和未來可能統一的「南、北韓」。如果中國人有智慧就該給後代留下這個雙方

子孫可以「中華民國」大團圓的選項。

　　戰國時，公孫龍曾提出「白馬非馬」的主張。由於馬有白有黑，白馬屬於馬但不等於馬。同樣的道理，大陸及台灣都屬於「中華民國」，但彼此並不等同。台灣應把「一中」這個緊箍咒脫下而套回中共頭上。「中華人民共和國」屬於「中華民國」，如果他們承認就可在這個「一中」的架構下談判。反之，如果中共不承認「中華民國」，他們就自己否認「一中」。更有甚者，這項否認也證明中共在聯合國的繼承權沒有法理基礎，所以「中華人民共和國」應被踢出聯合國，就像當年的「蔣家政權」一樣。

台灣的文化革命

　　國家貧窮落後時政客就會推動政治運動鞏固利益或爭取權力。毛澤東在大躍進失敗後就曾發動文化大革命，這樣不僅可鬥倒「拼經濟」的劉少奇，還可讓人民忘掉生活的困苦。南非政黨輪替後，經濟問題叢生，政府乃推動正名的運動把首都機場的名字改了多次。南非海港大城德班(Durban)則改名為eThekwini，而其城市街道也多改了名。蘇聯在共產時代把聖彼得堡(St. Petersberg)改名為列寧格勒(Leningrad)，但在蘇聯解體後又恢復了舊名。2007年陳水扁為了配合台灣大選也將中正機場及中正紀念堂改了名。李登輝早就公開反對「公投綁大選」。他在 2008 年「民視」專訪時說：「入聯公投造成美國不滿，問題很嚴重。未來美方不知會採取何種行動，但台灣新當選的總統一定很頭痛。」2007 年底李登輝接受中時電子專訪甚至表示擔心台灣會被陳水扁玩到「滅國」。對陳水扁發動的台灣文革表示：「蔣介石是領導者，這不能抹滅。不要選舉一到就用這種議題來刺激族群對立。蔣介石的功過交給歷史判斷。」

　　歷史常由當政者詮釋，但革命者會矯枉過正，政治的鐘擺效應在政權再度更換時才會逐漸平息。例如俄共取代沙皇乃以暴易暴，史達林死後被赫魯雪夫

鞭屍，俄共民主化後沙皇的評價才變得客觀。所以陳水扁批判兩蔣並非歷史定論。

皮之不存，毛將焉附？

　　孫文曾以彩券比喻世界主義而以挑竿代表民族主義。他說挑擔的苦力中了樂透就把挑竿拋掉，因而不僅失去了中獎的彩券也丟掉了謀生的工具。台灣政府不僅不藉「中國崛起」向前衝浪，反而把中國的文化視同共產的枷鎖加以摒棄。台獨人士以為去掉中國文化就可以回歸本土，殊不知這個本土的內涵並沒有歷史的根源。

　　全世界人民多在瘋狂學中文。日韓以中國文化立國，中國反而在文革時破壞傳統，但現在又試圖恢復固有文化。中國正在全球各地興建「孔子學校」(2010年將有 500 所)並藉以傳播中國文化及教說中國語文。前總經李登輝是崇日反中的領袖，但他有智慧分辨短期的中共政權和永遠的中國文化。他雖然高舉台獨大旗不見容於中國，但仍表示要追隨孔子的腳步重新周遊春秋時代的列國。台灣是保存中國文化最完整的地方，理應像發揚中華美食一樣，以文化廣結世界友人。但台灣政府不識寶物準備「去中國化」，他們會像上述苦力把裝了彩券的挑竿甩掉一樣失掉了「木土政權」的支撐。

文化為根本

　　「商業周刊」(2007，1037 期)提及訪問 Intel 的執行長 Paul S. Otellini 問到「跨時代來臨，你會給現代的年輕人什麼建議？」Otellini 說「學中文，我都叫我的小孩學，這很重要。」Otellini 不僅對中國看好也付諸實際行動。Intel

正在大連建設一個十二吋的半導體廠，預計 2010 年開始生產 90 nm 的先進積體電路。無獨有偶，有「華爾街金童」之譽的理財專家羅傑斯(Jim Rogers)認為十年內人民幣會漲四倍。他已把所有的美元資產出脫換成人民幣。他的一歲多的女兒已在學中文。羅傑斯甚至想搬到上海，這樣可以就近投資和融入中國文化。新當選的澳洲總理陸克文更早就是中國通，他不但會講流利的中文，還能唱出平劇。陸克文愛好中國文化影響了他的家人。他的女兒已嫁給台灣移民，長子正在上海的復旦大學唸書，而讀高中的小兒子也開始學中文。

不僅澳洲總理喜歡中國文化，法國的總理薩克奇(Nicolas Sarkozy)及前總理席哈克(Jacques Chirac)都熱愛中國文化，他們在總理辦公室都掛上了中國字畫。薩克奇在 2007 年還帶老母及兒子走訪中國，從秦漢首邑西安的兵馬俑參觀到明清都城北京的紫禁城。他們親身體驗了中國漫長的歷史及深厚的文化。

如果世界最穩重的科技公司，最靈活的投資大師及多國的總理都願意從不遠千里的外國擁抱中國，離中國最近的台灣為什麼卻恨不得遠離大陸呢？答案是這樣才對目前台灣的掌權者有利。這些人不考慮人民的真正利益，只想鼓動族群對立，以延續以「本土政權」為掩護的「自私政權」。

英特爾的共同創始人 Robert Noyce 曾說「不要被歷史所束縛，要走出去創造更美好的未來。」這句話對台灣何去何從的選擇同樣適用。我們已被歷史綁了超過一甲子(60 年)，幾代人的幸福因而犧牲了，難道我們的子孫仍要為祖先的錯誤再付出代價嗎？

公投的價值

政客以「愛台灣」進行文革的最新招數是推動「台灣入聯」公投再綁住總統大選(2008 年)。陳水扁以律師天性玩戰爭邊緣遊戲在選舉中無往不利，例如他在 2004 年就曾以防禦性公投綁住大選。但台灣獨立的小動作已使美國不能

再裝糊塗。美國在台協會主席蒲瑞光最近就指出「台灣入聯」為走後門的法理台獨，美國副助理國務卿柯慶生則說「台灣入聯公投」違背了陳水扁「四不」承諾的「不更改國號」及「不推動統獨公投」。美國在台協會台北辦事處楊蘇棣更指出「入聯公投是不必要的，它會引起兩岸的緊張關係，不利於台灣人民」。蒲瑞光又強調「入聯公投」剝奪了 2008 年新總統處理兩岸問題的機會。在這之前李登輝已指出陳水扁「越俎代庖」操作議題，壓縮了新總統的空間。

陳水扁辯稱「公投」乃普世價值，美國人自己舉辦公投卻如何拒絕台灣人民實施直接民意？但就像自由以不能影響別人為度，公投也不應造成國際緊張。「入聯公投」會逼迫美國和中國攤牌，美國當然要勸阻台灣做害人害己的不智之舉。更有甚者，2007 年 7 月美國智庫蘭德公司提出警告：「如果台灣向中國挑釁，美國就不會介入兩岸紛爭。中國大陸也就會在短期內完成兩岸統一。」台灣軍方一直希望美國售予 F-16 戰機(C/D 型)，甚至建議美國以台灣為戰略棋子對抗中國，但美國擔心的是「解決台灣問題後的美中關係」，所以布希政府任內不會同意這項軍售。

美國當然希望台灣獨立，但在一個中國的框架裏還能給台灣一個模糊的獨立空間。然而陳水扁逼迫美國表態，後者只好不再承認台灣本來就已經獨立的事實。例如美國前國務卿包威爾(Colin Powell)已公開說明台灣或中華民國並非獨立的國家。陳水扁現以政府經費推動台灣「入聯公投」使得美國助理國務卿 Thomas Christensen 公開指責台灣做「不必要的挑釁」(Unnecessary Provocation)。2007 年底美國國務卿萊斯(Condoleezza Rice)更指名「台灣入聯」為挑釁中國。美國認為台灣事實已經獨立，中國的所謂統一並沒有時間表，因此他們已經默認台灣獨立的現狀。陳水扁硬要把中國已心照不宣的台灣獨立大肆宣傳，中國必然惱羞成怒，這樣美國就難以要求中國協助維持其他衝突地方的國際秩序(例如打擊恐怖組織、對付伊朗發展核武等)。

歷史上的許多戰爭乃因誤會造成。西元 451 年匈奴王阿提拉向西羅馬帝國提親不成因而惱羞成怒，他親率五十萬大軍南下歐洲滅亡了這個西方文明的象徵－羅馬帝國。1644 年明朝的吳三桂因為李自成搶了他的寵妾也惱羞成怒。

他打開山海關放進清兵最後導致明朝的滅亡。1914 年奧匈帝國的王儲斐迪南在出巡時走錯一條街被塞爾維亞刺客槍殺，結果爆發了第一次世界大戰，全球有一千萬人因而死於非命。台灣比中國小很多，發生誤會時倒楣的會是小國，因此台灣總統一定要比大陸主席沈得住氣。當敵對雙方擦槍走火時沒有人能擋得住戰爭的壓力。台海戰爭爆發，不要說台灣人沒有尊嚴，生命財產都會在瞬間喪失。杜子美「離亂詩」也許可以描寫戰爭殘酷的萬一。「時難年飢世業空，兄弟羈旅各西東，田園廖落干戈後，骨肉流離道路中。」陳水扁口中喊「愛台灣」，但他於心何忍要冒這個「毀台灣」的危險，難道只為了抓住個人的權力及影響力嗎？

　　2007 年陳水扁與美國企業研究院進行視訊會議時，曾引述音樂劇夢幻騎士主題曲「不可能的夢」的歌詞描述他推動「台灣入聯」的心路歷程。這段歌詞為唐吉訶德說：「只要為了正義而戰，他準備奮戰至地獄為止。」唐吉訶德挑戰風車以現代人的眼光來看是自不量力的愚蠢行為。唐吉訶德犧牲的只是自己，但陳水扁則準備拖台灣兩千三百萬人下水。這不只是愚蠢，而是沒有天良。2008 年初陳水扁在電視接受鄭弘儀訪問時，他承認中國已安裝超過 1300 枚飛彈瞄準台灣。更有甚者，中國為統一台灣將在 2015 年完成軍事準備。但陳水扁說台灣的民主是最好的 TDM，可以對抗中國的飛彈。陳水扁的這番說法恍如「義和團」再現，可以肉身之軀抵擋洋槍洋炮。就算民主可以打下飛彈，但陳水扁在台灣已做了民主最壞的示範，不僅造成朝野對立而且經濟空轉，加上政府貪污橫行使民心盡失。陳水扁要用民主迎擊飛彈，要先把民主搞好再說。

「台灣入聯」為內政？

　　陳水扁私下承認「台灣入聯公投」只是選舉花招，所以「什麼事也不會發生」，而且「一切將回到原點」，他當然知道「入聯公投」即使過關也不可能闖進聯合國。就算聯合國大會結合普遍民意通過台灣入聯申請，也必會被常任理

事的中國否決。因此入聯是「鏡花水月」只能欣賞，不能成真。陳水扁對台灣選民說「台灣入聯」的公投可以影響美國人同情台灣，進而改變「一中政策」，甚至「全世界都會改變」。這個理想，的確偉大。但美國政府會爲只有全球人口3%的台灣人得罪即將成爲世界最大市場的軍事強權中國嗎？陳水扁曾批評李登輝「正名制憲是自欺欺人，做不到就是做不到。」正名制憲只是實施內政而已，「台灣入聯」則爲國際問題，兩個已任總統都做不到內政的正名，下一任總統怎麼反而做得到外交的入聯呢？陳水扁在台灣也許是皇帝，可以在茶壺裏興風作浪，但出了國他連英文都不會講，他如何說服各國修改聯合國憲章封殺中國的否決權呢？難怪李登輝要對美國人說陳水扁瘋了(楊憲宏語)。

然而陳水扁公開承認 2004 年以「防禦公投」綁住大選是他能連任的主因，因此入聯公投雖是「水中撈月」，陳水扁仍要在 2008 年重施故技而影響大選。有趣的是民進黨主席游錫堃誤以爲陳水扁推動「台灣入聯」是玩真的，因此要求在「正常國家決議文」內自稱台灣，但陳水扁怕玩火自焚乃強行刪掉這句話。游錫堃會錯意幹不下去只好辭職，陳水扁順勢以總統之位再接黨主席，他充分掌握了黨、政、軍的實權。陳水扁雖玩掉國家空間及個人誠信，但這個「戰爭邊緣」策略卻帶給他個人最大的利益，2008 年大選之後他仍將操縱台灣政客並不斷製造政治衝突，這樣他才能繼續「混水摸魚」。

圖 1-2　前總統李登輝在台聯六週年黨慶(2007/9/16)評論陳水扁推動入聯公投
　　　　時說領導者不要欺騙及利用老百姓。他又說「台灣已經獨立，還要和
　　　　誰說獨立？」李登輝當場拿出美國東亞政策中心主任卜睿哲的剪報
　　　　「讓台灣政治回歸中導」，他又強調政府有責任發展經濟，解決民眾
　　　　需求。

　　龍蝦在海底行進時會首尾相銜連成一線。領頭的龍蝦一定要有方向感，否
則大隊龍蝦可能被帶到漁民處被「一網打盡」。但是如果第一隻龍蝦繞了一圈
又接回最後一隻，這群龍蝦就會在原地不斷打轉。陳水扁的正名、制憲、入聯、
選舉、執政、沒事、原點，再不斷重覆台灣的群眾運動，這正是龍蝦自己繞圈
的翻版。聖經裏提到摩西帶領以色列人繞行西奈半島曾經迷途長達四十年才找

到出路。台灣的人民跟隨陳水扁即將虛度八年，不知還要迷途多久才會找到方向？

　　陳水扁為什麼要全民跟著他繞圈圈呢？答案是這樣「台灣人就會選台灣人」。如果中共問台灣人民，陳水扁能帶給台灣人的好處，中國可以加倍奉送。陳水扁一定說這是假的，既使是真的，台灣人未來不能選總統，只能選特首。這就是了，陳水扁根本沒有把「民之所欲，常存我心。」他搞「正名」、「入聯」並非要改善人民生活而只是要掌握個人權力。難怪他說經濟搞再好也選不上，而「選舉沒有師父，拼就有。」所以台灣人民只好跟在他後面拼命的繞圈圈，就像龍蝦一樣。

圖 1-3　陳水扁在台灣島內的「入聯公投」就是「什麼事都不會發生」的全民運動。

台灣的股災

　　愛爾蘭靠緊鄰的歐洲、芬蘭靠旁邊的俄國，這兩個小國都發展出全球頂尖的經濟。台灣若能學樣而靠中國的崛起成長，現在每個人每年的收入應該可以多一倍。李登輝最近說：「經濟搞不好，外國人不來投資，我們選錯人，我們自己被懲罰。」但是不幸陳水扁卻反駁說：「經濟搞好了也不見得會當選。」所以陳水扁不但不用緊鄰大國的優勢，反而不斷以中國打壓台灣在人民間製造衝突。

　　台灣不肯直航而迫使台灣旅客繞道上海每年高達五百萬人次。陳水扁擋不住台資外流，卻拒絕中資進入。在全世界爭相快速成長時，台灣的經濟乃在原地踏步。

　　台灣的利息是全球最低的國家之一。全台灣人民的利息收入受到壓縮，約 1/3 的人口乃投資股票市場。陳水扁在 2000 年時曾喊出股市上萬點，許多老百姓誤以為真，卻被迫搬進「總統套房」。2001 年陳水扁表面向連戰請益，卻在當天停止立法院立案的核能發電第四廠的營建。由於立法院反應激烈，101 天後陳水扁被迫同意核四復工。總統這種出爾反爾的兒戲施政使國家蒙受兆元以上的各種損失。外商不敢投資台灣，股市乃雪上加霜一路下滑。許多台灣「菜籃族」生活困難只好認賠斷頭賣出持股。

　　2007 年民進黨準備大選，陳水扁任命邱義仁為行政院副院長負責操盤選舉。邱義仁自稱不懂財經卻每週釋放出利多消息。他更邀外資進場和政府合炒股票並再喊出股市上萬點。在內外哄抬下台股乃飆漲約五成。這時散戶心動開始共襄盛舉，但外資卻獲利賣出，人民的血汗錢乃搬進了有錢人及外國人的口袋裏。邱義仁提出四十項財政利多，但短程的炒作改變不了經濟的大環境，股民感受到的反而是每週一震憾。政府長期壓低利息逼迫人民把餘錢投入股市，但政府又持續壓低新台幣的價值。有錢人乃紛紛把資產移到國外，在海外賺了錢之後回台買便宜的股票及房地產。台灣政府劫貧濟富是 M 型社會收入兩極化的幫凶。

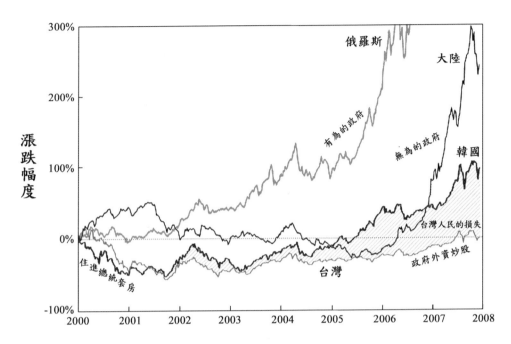

圖 1-4 陳水扁若不移走唐飛這塊「大石頭」台灣股市就不會有總統套房。陳水扁若不讓邱義仁拱抬股市，台灣股民不會受到二次傷害。陳水扁自己不懂經濟若能「有所不為」，台灣股市今天應上兩萬點。

　　韓國的股市在全球數年的大漲格局裏表現並不出色，但同為亞洲四小龍的台灣卻更形失色。其實搞好經濟非常容易，只要降低政治干擾就可以了。中國的改革開放使大陸經濟熱翻天，共產黨做的事情只是「有所不為」，讓經濟這隻「看不見的手」自由運作就可以了。英國、愛爾蘭及芬蘭的經濟發展速度超越世界平均也只拜「小政府」之賜。台灣政府「愛台灣」應開放直航及接納中國的遊客，也准許中資投資台灣，沒做這些「有所不為」的施政正是台灣經濟輸給韓國的所在。台灣只要做韓國政府做的事，台灣的個人所得追過韓國就輕而易舉，股票行情超過兩萬點也就可以期待。

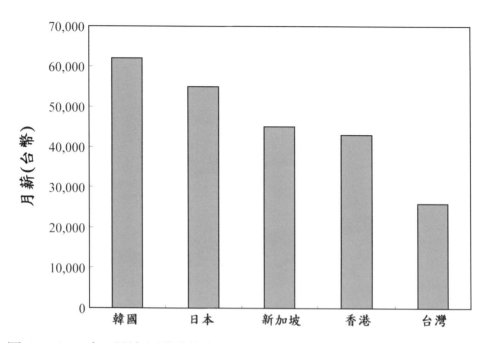

圖 1-5　2007 年亞洲各國薪資排名，台灣敬陪末座。

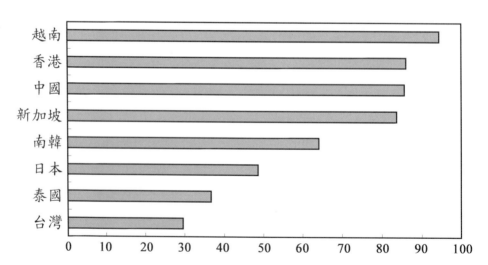

圖 1-6　根據國際萬事達卡(Master Card)公司 2007 年 12 月 13 日發佈的調查報
　　　　告，十三個亞太國家對 2008 年的消費信心，台灣不僅遠落人後而且
　　　　差距懸殊。

　　2000 至 2007 年台灣的平均薪資增加 8%，但韓國則提高 67%，不僅如此，在這期間，韓元的幣值又比新台幣增加 1/4。難怪韓國工作族的平均月薪要比台灣高二倍以上。這和政黨輪替前台灣薪資遠高於韓國真有天壤之別。韓國的經濟問題也很多，但至少他們的資產價值步步高昇。韓國若要解決他們的經濟問題可壓低韓元加大出口，但台灣的幣值已經相對大貶，因此已無退路，這是台灣經濟輸給韓國的地方。

　　全球的經濟發展在 2000 年後比 2000 年前的十年間要蓬勃得多。台灣的經濟成長率在同期間卻降了約一倍。除此之外，台灣的股市遠遠落後亞洲國家，優質股的落差則更為嚴重。高科技的公司在台灣反而較難成長，可見台灣政府是企業競爭力的殺手。科技業的價格與獲利之比(P/E)應遠高於傳統產業，但台灣科技業的 P/E 竟遠低於中國的傳產業，這已經證明了大陸的普通企業比台灣的科技產業未來的成長潛力更大。

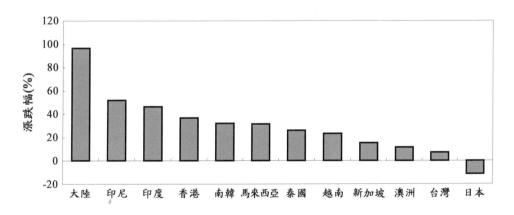

圖 1-7　2007 年亞洲主要股市成長，台灣幾乎吊車尾。

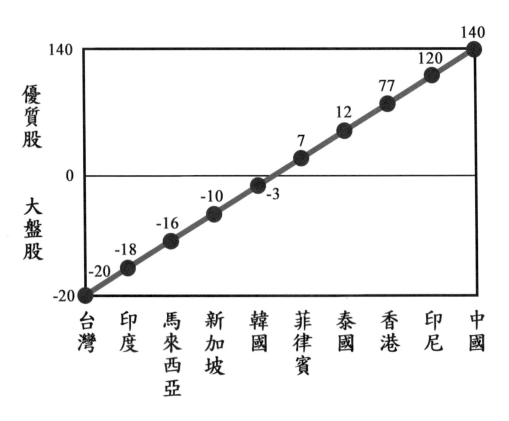

圖 1-8　2007 年亞洲國家優質股對普通的相對表現(%)，台灣乃「向下沈淪」。

地區/國家	2008 年
中國	10.5
越南	8.5
印尼	6.4
菲律賓	6.4
新加坡	6.3
馬來西亞	5.9
香港	5.4
南韓	5.0
泰國	4.8
台灣	4.8

圖 1-9　世界銀行東亞(不含日本)經濟成長預估值(%)，台灣再度敬陪末座。
　　　　2007 年台灣政府玩文字遊戲提高成長率，這是台灣以壓低幣值擴大
　　　　出口達成。除此之外，出超金額因新台幣相對歐元及韓元貶值，更高
　　　　估了約一兆元。台灣的成長率虛而不實。其他國家的成長乃對美元升
　　　　值時達成，因此為實質的成長。

台灣資產大縮水

　　台灣的經濟在政黨輪替後和以前相比也許還不算太差，但和別國相比就顯
出我國進步有如蝸牛爬行。以韓國為例，不僅台灣的個人所得由遙遙領先到快
步落後，台灣人的資產(不動產、薪水、存款)更在七年內少了約 1/4。不僅如
此，台灣銀行的利率和日本差不多，比經濟快崩盤的美國還低得多。台灣人把
錢放在銀行獲得利息遠低於貶值幅度，難怪有錢人要把資金移出台灣，也難怪
台商要投資大陸及越南了。

　　呂秀蓮曾指出因為有百萬台商「錢進大陸」台灣的經濟才被拖累。這種倒果為因的說法證明律師不懂財經。以 Intel 大規模投資中國大連預計在 2010 年生產 90 nm 的 300 mm 晶圓為例，美國政府不會怪 Intel 把工作移到大陸，而是慶幸 Intel 的製造成本會因此降低而在國際維持競爭力。如果 Intel 不到大連設廠，它的市場佔有率就會縮小，那時就算 Intel 在美國裁員也挽救不了營業的衰退。相反的，台灣不准晶圓雙雄到大陸卡位，直到 2007 年才勉強開放 180 nm 製程到大陸投資。張忠謀則擔心台灣以三流武器在大陸對抗 Intel 的一流武器。

　　台商在大陸向台灣採購成為台灣公司的客戶，這樣反而保全了台灣的一些就業機會。台灣對日韓貿易大量入超，但對大陸的出超(2007 年$450 億元)堵住了這個大漏洞。台商為救台灣經濟反而落得背負台灣政府無能的黑鍋，真是「打落門牙和血吞」。2008 年中國祭出新稅法及勞工法使台商成本大增，許多台商像遊牧民族一樣必須移往中國內陸或遷到異國(如越南)。他們有家歸不得，難道是故意要在異鄉流浪嗎？

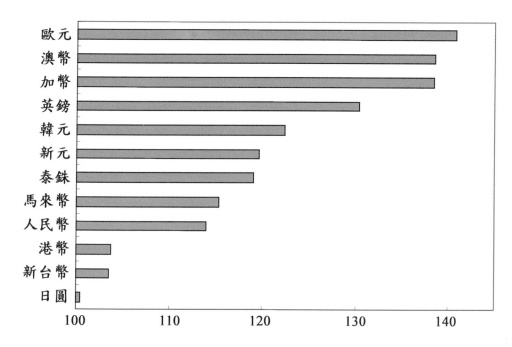

圖 1-10　2000 年至 2007 年各國幣值對美元的增值(美元為 100)。台日美的國
　　　　際市值相對全球主要經濟體乃快速下跌。

　　陳水扁在 2008 年元旦文告強調台商投資中國是造成台灣社會 M 型化的主
因。但不懂華語的日商及韓商投資大陸的金額比台灣更大，他們知道如果不這
麼做，不僅在本國生意難為，整體的出口更會蕭條。中國崛起之後，全世界的
中產階級都在流失。但到大陸佈局(如鴻海)，反而可以減少台灣的失業率。例
如 2007 年台商幫助台灣外銷中國出超了約 450 億美元。台灣 M 型社會惡化最
大的肇因為投資環境的惡劣。經濟部在元旦公佈調查報告顯示 2008 年台灣中
小企業願意投資的只佔 1.6%而不願者則高達 27.4%，其中兩岸通商的限制為
重要因素。若能和大陸直航，中小企業願意在台灣投資的比率會增加到 20%，
只有 6.6%的公司在三通後反而要出國投資。

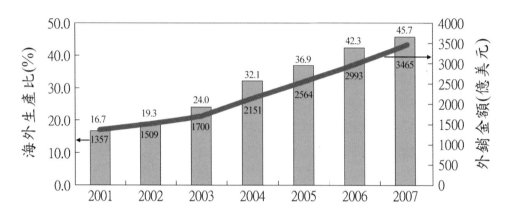

圖 1-11　台灣出口而在海外生產的比率。

　　台灣投資環境的惡劣因素很多，包括台灣不屬於東亞共同市場(如東協加六)，失去了關稅的優惠；台灣限制引進大陸的金流、人流及物流，失去了台灣投資的錢潮；新台幣對人民幣長期貶值，失去了投資的價值等等。俗話說「殺頭的事有人做，虧本的事沒人幹」，商人本來就沒有祖國，既然中國賺不到錢就只好到越南去，但卻不能回台灣。因此全世界都在成長，只有台灣卻留在原地。

　　中國崛起取代了全球大部份的製造工業，各國的中產階級乃逐漸消失，M型社會於焉成形。但由於台灣壓低匯率及利率，不但「中產階級」不見了，「下產階段」則大量增加。另一方面銀行投資卻步，為消失超過 4 兆元的游資，銀行只好冒險發放雙卡(信用卡及現金卡)，這是卡奴大增的原因。另一方面，由於原物料(石油、黃豆)大漲，新台幣因相對貶值加大了漲幅。人數大增的「下產階級」面對「什麼都漲，只有薪水不漲」的困境。許多人走頭無路，只好自殺(2007 年近 5000 人)，或棄嬰(2007 年超過 500 人)，連流浪狗的數目也暴增三倍。

　　台灣失業人口有數十萬，由於許多百貨業撤出市場(如中興百貨)，失業的

人口不斷增加。加上台商從大陸移往越南，回台找工作的台幹人數也會增多。台灣半導體的產能在 2008 年過剩(如 DRAM)，有些高薪人才也可能轉業或失業。2007 年台灣關門的公司數目高達五萬家，比 1999 年多兩倍以上。「亞歷山大健身中心」的倒閉只是「一葉知秋」而已。可堪諷刺的是許多營造廠因政府拖欠債務造成周轉不靈而倒閉。台灣老百姓生活的困苦程度可由某些行業的興衰顯示，例如當舖數目大增(2007 年超過 2000 家)而中古車行大減(2007 年關門超過 2000 家)。有些廟宇的香火錢也上揚，可見需要神明保佑的人數有多少。

　　與苦哈哈的「下產階級」形成對比的是人數較少但收入大幅增加的「上產階級」。由於政府壓低幣值及利率提供了雙重補貼，出口為導向的企業(如電子業)乃荷包滿滿，因而造就了高消費的族群。除此之外，當年把財產外移的有錢人把部份資金從海外移回買到了物美價廉的台灣股票(如 P/E < 20)及頂級房地產(如帝寶)。政黨輪替後貧富差距明顯擴大。其中卻有異數，例如三級貧戶出身的陳水扁坐擁億萬家財，因此陳致中可以不用工作就可坐享餘年。

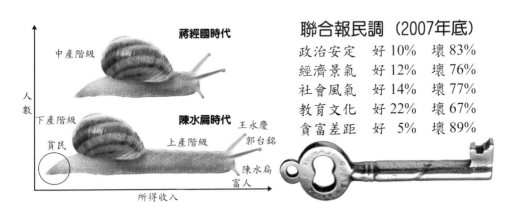

圖 1-12　台灣的社會不是真正的 M 型，而為鑰匙型，這是陳水扁及財團合併打造的金鑰匙。

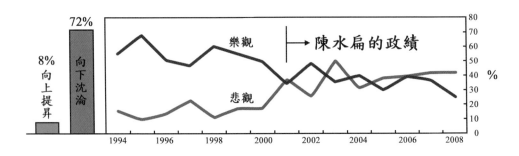

圖 1-13　2000 年李遠哲問選民要台灣「向下沈淪或向上提昇？」他的諾貝爾
　　　　　光環送陳水扁坐上總統寶座。八年後老百姓的 72%認為台灣已經向
　　　　　下沈淪(天下雜誌，2008 年 1 月 2 日，國情調查)。陳水扁曾說：「我
　　　　　當選就算好運，要不然你要怎樣？」2008 年總統大選，你要怎樣呢？

核四的兒戲施政

　　2001 年停建核四的駭然決策是總統應「有所不為而強為之」的例子。律師可能不懂科技及經濟，但做事到膽大妄為的程度卻讓人驚訝。核四的確有廢料及安全上的顧慮，但學過熱力學第二定律的人都知道任何發電方法都會產生垃圾，即所謂的熵(Entropy)。不同的發電方法產出垃圾的數量及型式不一樣。例如火力發電的垃圾為煤礦挖掘的髒亂及二氧化碳的排放。另外一方面，風力發電的穩定程度不足而且需要大片荒地。水力發電的投資龐大更會造成生態改變。地熱發電地區受限而且毒煙四溢等等。即使是太陽電池，它所使用的矽晶乃以大量的電力產生，所以並非是所謂的「綠色能源」，更有甚者，「太陽電池」的使用需要由納稅人補貼過半的成本。

　　全球發電的主力來自燃煤。煤礦工人的死亡人數遠大於核能發電的事故，而燃燒氣體的排放更是氣喘病患及溫室效應的肇因。政客知道天下沒有白吃的午餐，卻故意渲染核能發電的危險。核能是電廠用地精簡及產出垃圾最少的發

電方法，水力發電或風力發電產出的固體垃圾比核廢料多百萬倍。火力發電的氣體又比固體垃圾的體積多一千倍，例如燃燒垃圾產出的廢氣就比垃圾本身更加污染。與其他的發電方法相比，核能發電其實對環境的污染最輕微。核能發電與火力發電安全性的比較有如飛機與汽車失事率的差別。飛機自天上掉落是新聞報導的大災難，但陸上汽車失事的致死率卻遠比航空事故高得多。台灣的律師總統不懂這個道理，律師副總統也搞不清楚。下令停建核四的是律師行政院長，連提倡非核家園的前民進黨主席也是律師。核四是立法院通過建設的長程計畫，律師們對科學外行可以理解，但他們卻集體知法玩法，讓人吃驚。

核四建廠在 1982 年就已完成規劃，2001 年律師群執政後卻驟然停建。在立法院的壓力下核四撤工百天又再復工，但已造成毀約賠償施工延誤及其他重大損失，包括長期以替代能源發電的補貼。核四的停建使股票大跌，也嚇跑了一些外國的投資者。估計核四災難直接及間接的損失超過一兆元新台幣，佔台灣 GDP 近一成。政府的這個冒失決策使台灣每人須額外負擔五萬元，但更大的後遺症才將開始。核四不能按時發電，台電改以火力發電補足不僅增加支出，更擴大了火氣的污染。除此之外，石油價格漲到百元以後中油必須增加進口原油。台電及中油一向是國營事業的金雞母，現在卻面臨可能大幅虧損而由納稅人補貼的困境。2008 年為大選年，行政院秘書長陳景峻說：「只要中油還有盈餘，油價會一直凍下去。」但中油已在 2007 年的 12 月虧了六十億元，政府為選舉壓住油價的損失將由全民買單。

國際知名的科學期刊 Nature 在 2007 年的 11 月號指出台灣的台中火力電廠的二氧化碳排放量高居世界榜首。台灣的雲林麥寮電廠也排名第六，而六輕的排放量也名列前茅。以每人每平方米土地的平均排放量計算，台灣遠遠超過第二名的污染國。台灣停建核四使二氧化碳的排放量大增。台灣政府還大力推動連大陸都受不了的污染企業，包括大煉鋼廠、八輕大煉油廠及彰工火力電廠。台灣漠視全球暖化可能導致海水倒灌沿岸城市的危機，這種不負責的政府和沒道德的企業將面臨環保意識高漲的國際制裁。

表 1-1　CO_2 排放污名台灣第一

國家	總量 (億噸)	總量/人口 (相對數)	總量/人口/面積	人口 (百萬)	面積 (百萬 km^2)	密度(人口/ km^2)
台灣	1.5	65.5	**1821**	22.89	0.04	636
南韓	1.9	38.9	**391**	48.85	0.10	480
英國	2.1	35.2	**145**	59.67	0.24	246
波蘭	1.7	44.1	**141**	38.53	0.31	123
德國	3.6	43.5	**122**	82.69	0.36	232
義大利	1.7	29.3	**97**	58.09	0.30	193
日本	4	31.2	**83**	128.08	0.38	339
西班牙	1.5	33.3	**66**	45.06	0.51	89
南非	2.2	46.4	**38**	47.43	1.22	39
澳洲	2.3	109.3	**14**	21.05	7.68	2.6
美國	27.9	93.6	**10**	298.21	9.63	31
加拿大	1.4	43.4	**4**	32.27	9.97	3.2
俄羅斯	6.6	46.1	**3**	143.20	17.10	8.4
中國	26.8	20.4	**2**	1,315.84	9.60	137
印度	5.8	5.3	**2**	1,103.37	3.29	336

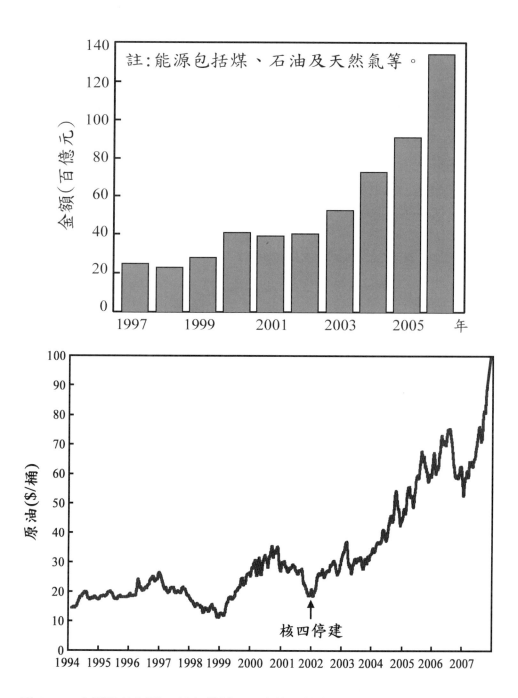

圖 1-14　台灣的能源進口增加快速，不產能源的台灣因核四停建而雪上加霜。

1997 年 35 國在日本京都簽下了京都規範(Kyoto Protocol)，其後它成爲聯合國氣候條約(UN Climate Treaty)的一部份，2007 年簽約國增加到 165 國。根據此規範，簽約國到 2012 年前要把造成地球溫室效應(Green House Effect)的排氣量減少到 1990 年的幅度。如果達不到此目標就必須付出排放碳氣的代價。許多以燃燒煤碳、石油、天然氣發電及取暖的國家紛紛開始復建或規劃建設核能電廠。美國、英國、法國(核能發電已高達全國發電量的 3/4)都表示要大力推動核電以減少地球的污染。芬蘭、德國及瑞典等「非核家園」也進行核能的「文藝復興」。中國、印度、日本及韓國更大規模的興建核電廠。印尼、越南、緬甸、孟加拉、泰國等也要跟進。曾反對核能的澳洲開始外銷鈾礦做爲核電原料並將在 2050 年前興建 25 座核電廠。面對全球轉向核能，諾貝爾獎得主李遠哲也不得不表達支持核四發電的立場。

台灣的能源角力經過多年的折騰終於回到原點，但全球興建及計畫中的核電廠已達百座，台灣就算要蓋核五，儲備原料就要十年。因此在油價飆到每桶百元美金的歷史高點之際，台灣不僅沒有油源也搶不到核料。民進黨推動的「非核家園」將使台灣人住進「限電家園」。錯誤的政策比大規模的貪污更可怕的例子又添了一樁。但遺憾的是犯下大錯的大官卻步步高昇，支持停建核四的經濟部長林信義爬到行政院副院長再落腳工研院董事長。行政院長張俊雄更受到陳水扁的賞識，他因停建核四有功再當第二任的行政院長。小民竊盜要重辦，大官禍國得重賞，這正是老子所說「竊鉤者誅，竊國者侯」的官場現形。

圖 1-15　台灣核四停建的一場鬧刻將使人民損失超過兆元及面臨未來可能缺電的危機。

韓國的「拼經濟」

　　加速經濟發展與提高民主素質，韓國的他山之石可以攻錯。韓國有位「愛韓國」的總統盧武鉉，他和陳水扁一樣，也常以「意識形態」「拼政治」。例如他要把首都從首爾遷到南部和陳水扁想把首都移到高雄如出一轍。盧武鉉和陳水扁都是律師出身，他們也都知法犯法，乃至縱容親信貪污。這兩個難兄難弟總統的民調都掉到兩成不到(盧武鉉後來靠走過扳門店和金正日握手而勉強爬到三成)。但是韓國選民上過當後學乖了，體認到做經濟比說政治重要。但台

灣人民卻可一再上當，還可以「拼政治」。韓國人現在流行對辜負民意的政客說：「你真盧武鉉」。但是在台灣，「你真陳水扁」反而有人覺得這是恭維語。盧武鉉在韓國有如過街老鼠，而陳水扁卻可在台灣理直氣壯的質問人民「阿扁做錯了嗎？」

　　韓國新當選的總統李明博(前首爾市長)說韓國已經迷失十年，必須重新找回方向。他的主要政見是陳水扁說而不練的「拼經濟」。但李明博「拼經濟」卻有 747 的指標，即在未來十年的平均成長率為 7%，個人所得達到四萬美元，及韓國成為世界第七大經濟體。看來原來落後的韓國將把台灣遠遠甩在後頭。

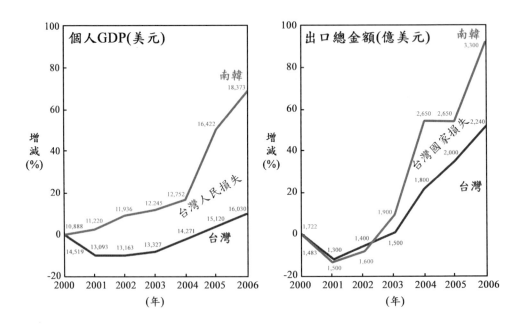

圖 1-16　韓國的經濟不算好，但台灣更差，這是「拼政治」優先於「拼經濟」的結果。

　　李明博說：「拼經濟就必須遵從經濟的邏輯。我們不能再把一切當成政治工具，必須強調現實，要尊重市場，這才是正確的方向。我們也不該太內視，國際關係更重要，處理北韓問題除了看今天，還要想像統一後的光景。今天在政府的治理下，投資者不來，工作機會減少，經濟成長減緩。黨派政爭讓生產力下降，彼此互信也快速消逝。我們必須從這惡性循環掙脫，鼓勵人民投資及工作。」(摘自「天下雜誌」2007 年 8 月 29 日的專訪內容)。李明博雖不選台灣的總統，但他的這番話對台灣候選人的「拼愛台」和「衝入聯」可謂「醍醐灌頂」。

　　李明博對 CEO 經濟學可謂身體力行。他還未上任，本書作者就收到他將在 1 月 30 日晚宴的邀請函。李明博只因作者和其他外國專家要到韓國半導體展覽會演講就安排大家一起聚餐。老子說：「天下難事，必作於易；天下大事，必作於細。」李明博「拼經濟」的動作可謂巨細無遺。陳水扁連「拼入聯」也會從「難」和「粗」著手，難怪台灣的經濟要瞠乎韓國之後了。

第 1 章　台灣的未來：人民的選擇

第2章 可惜呀！台灣

中國的崛起

中國以柔性的文化立國數千年，其間曾多次被異族征服，包括蒙古人建立的元朝(90年)及滿州人統治的清朝(268年)。但既使如此，至終這些「外國人」被同化成爲中國人。西方強國以剛性的霸權主導世局，包括海外的掠奪(如十六世紀的西班牙)、世界的貿易(如十七世紀的荷蘭)、全球的殖民(如十八世紀的英國)、軍事的佔領(如十九世紀的法國)、世界的警察(如二十世紀的美國)。剛性的霸權必須以外力維持，當力量不夠時帝國就會土崩瓦解，從此不能再度稱霸。但中國人累積的文化卻使朝代在沒落後數度東山再起。戰國之後的秦漢、三國之後的隋唐都是中國中興的例子。現在的中國正在重覆敗部復活並再次走向世界強國之路。

歷史上的中國朝代多爲盛世，也曾擁有全球最大的民生工業。然而在工業革命之後，歐美的產值開始超越鎖國的滿清王朝。民國建立之後中國長期陷入戰亂，包括軍閥的割據、日本的侵略及國共的內戰。共產黨建國後又以意識形態長期鬥爭(如文化大革命)，中國乃淪爲貧窮落後的國家。但是上世紀末中國開始「開革開放」，中國人的勤奮本性再度發揮，國家終於重新上路。本世紀初中國已成世界的生產工廠。不僅如此，中國的市場也快速成長(如手機市場爲全球第一、精品市場爲世界第三)，即將成爲全球採購的主力。中國快速爬升的影響所及使日本從多年的泡沫經濟脫困，韓國也從浴火的金融風暴重生。台灣電子業更可挾中國以令天下，控制了電腦及手機的生產鏈。儘管中國仍然髒亂落後，共產政權及社會秩序似乎難以維持，然而大趨勢不可擋，中國強久必衰而衰久再強的循環已然成形，二十一世紀就是中國人的世紀！

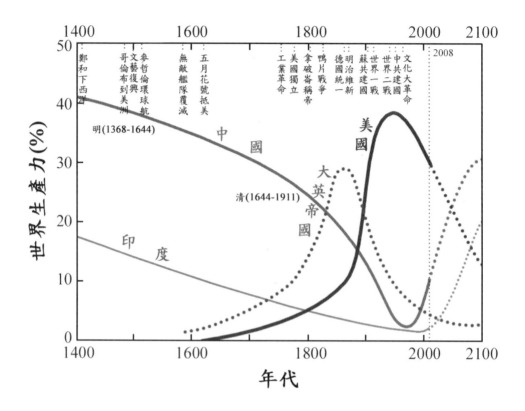

圖 2-1　世界生產力的起伏。中國將在 2020 年超越美國，成為世界最大的經
　　　　濟國。

　　毛澤東時代，中國的十億人口被關在大陸，他們對世界經濟的影響可以忽
略。但他死後中國人突然加入全球的生產陣容，結果大量取代了工業國家的製
造人力及中產階級，全球的 M 型社會於焉成形。但是中國為全世界製造各種
民生品，承受了普遍的工業污染，如果沒有勤奮而容忍的中國勞苦大眾，世界
各國的通貨膨脹會大幅上揚，全球人民就不能享受價廉物美的生活品質。

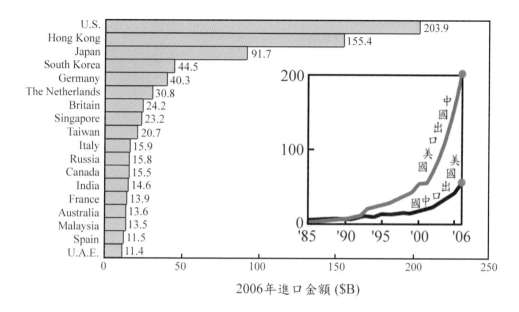

圖 2-2　中國已成爲世界製造中心，供應了全球低階的貨物。圖示中國貨在世
　　　　界的氾濫情況。

　　中國由於開發落後先進國家近百年，現在以衝刺速度追趕。爲了補足過去
生產的不足，中國乃過度製造並大量出口。中國又管制外匯，限制美元流入，
其結果爲過度壓制人民幣對美元的匯率。目前美國的工人薪資比做相似工作的
中國工人高出十倍，但雙方的生產力差異可能不到兩倍，因此將來人民幣的升
值不止一倍。奧運之後，中國若開放外匯讓人民幣自由兌換，人民幣將加速攀
升。中國人將不再盲目生產，他也會像美國人一樣購買奢侈品，這樣出口和進
口可以趨於平衡。由於市值大增，中國的 GDP 以美元計價會跳躍增加。

市值排名	企業	市值(億港幣)
1	Exxon	40,496
2	中國石油	35,374
3	General Electric	32,419
4	中國移動	31,628
5	Microsoft	29,226
6	Gazprom	22,390
7	Royal Dutch/Shell Group	21,979
8	中國石化	20,963
9	建設銀行	20,764
10	中國人壽	20,067

圖 2-3　2007 年全球市值最高的十大企業中國已佔 5 家。

排名	去年排名	銀行名稱	總部所在地	市值(10 億美元)
1	3	匯豐	香港	203
2	6	中國建設銀行	中國	202
3	2	美國銀行	美國	190
4	1	花旗集團	美國	156
5	4	友邦	美國	154
6	5	摩根大通	美國	152
7	9	柏克夏海瑟威	美國	152
8	12	桑坦德銀行	西班牙	134
9	16	UniCredit	義大利	109
10	11	富國	美國	106

圖 2-4　2007 年全球市值最高的十大銀行，中國佔了冠亞軍。

　　中國的 GDP 在 2007 年超越德國成為世界第三大(約 3 兆美元)，而其外匯存底的累積更將在年底超過 1.5 兆美元。美元的主要持有者散佈在亞洲、歐洲及阿拉伯國家。2006 年美元在美國本土的流通比率已降至 40 ％，未來中國人擁有的美金將比美國人還多。美國資產的一半也被外國人買走，而中國正在加速對美國及其他國家的投資，例如中國已搶先主要的開發國家在非洲大買礦產及油源。中國壓低人民幣的價值使其出口持續成長，美國大幅消費仍可避免失控的通貨膨脹。美國雖然債台高築，卻仍然揮霍無度，包括長期在海外用兵。由於不斷以債養債，美國已逐漸淪為「空心大老倌」，2007 年的房貸危機只是美國財政問題(如政府赤字及外貿入超)冰山之一角。美國已逐漸步上西方強國沒落的覆轍，它將在本世紀中葉淪為二流國家。

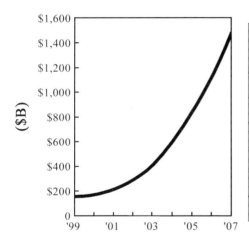

排名	國家	2007 年底外匯存底(億美元)
1	中國	15,000
2	日本	9,000
3	俄國	3,500
4	台灣	2,800
5	印度	2,750
6	韓國	2,750

圖 2-5　中國已成美國最大的債主，它有能力拖垮美國經濟，可以不戰而屈美國之兵。圖示中國擁有美元外匯的成長趨勢。

天下的回歸

　　在 2008 年北京奧林匹克運動會及 2010 上海世界博覽會之後，預期中國的外幣政策將放鬆使人民幣大幅攀升，到時中國的經濟實力將追上日本(2005 年 GDP 約 5 兆美元)。2020 年中國應可超越美國(2005 年 GDP 約 12 兆美元)成為世界最大的經濟實體。中國的幅員廣大，目前開發的沿海省份只佔全國潛力的約一成。中國正在大規模的開發中原，未來更將建設遼闊的西部，因此它經濟的高速成長可能延伸至本世紀中期；那時中國的 GDP 可能佔全球的 1/3，其在全球的主導地位將有如第二次世界大戰後如日中天的美國。除非有重大的動亂，中國正逐漸回復「天下」中心的歷史常態。

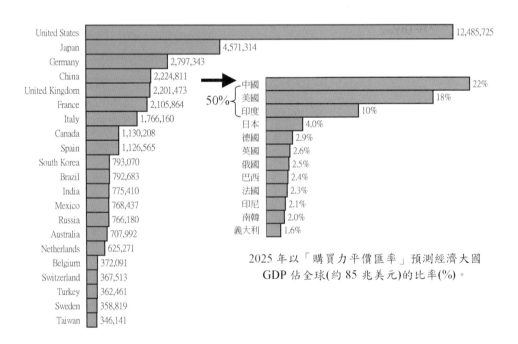

2025 年以「購買力平價匯率」預測經濟大國
GDP 佔全球(約 85 兆美元)的比率(%)。

圖 2-6　2005 年主要國家 GDP(百萬美元)的排名(全球 GDP 約為 40 兆美元)及未來的消長預測。

　　美國是英國殖民地時，中國仍爲清朝盛世。美國獨立後只經過一場南北戰爭，但是中國在上一世紀卻戰亂頻仍沒有喘息的機會。美國建設了兩百多年而中國破壞了兩百多年，其結果使美國成爲超強大國而中國淪爲酣睡巨龍。上一世紀中國變得赤貧主要乃肇因於人禍。未來中國長期和平發展，每個中國人的生產力應和美國人相當，因此雙方的 GDP 就會反映在人口的差異上。

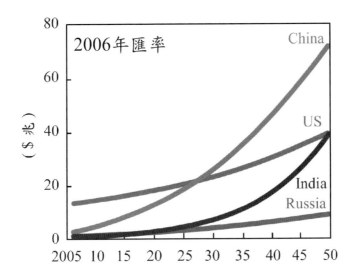

圖 2-7　中國的 GDP 在本世紀中期將遙遙先美國，成爲鶴立雞群的富庶大國。

軍事的消長

　　中國未來不僅會是經濟最大國，也將成爲軍事最大國。明代的海軍曾遠征東非，清朝的陸軍更西討中亞。然而軍事只是經濟力量的延伸，蘇聯的覆亡就是脆弱經濟撐不住龐大軍需的後果。美國雖是現代軍事的獨強，當中國的 GDP 超越美國後，它對美國的威脅也會比解體前的蘇聯大得多。

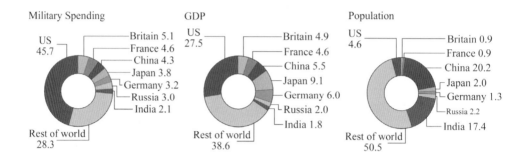

圖 2-8　美國是維持世界秩序的警察，但其生產力及人力卻不足以長期支撐昂
　　　　貴的軍事支出。圖示 2006 年大國的軍費、產值及人口佔世界的比率。

　　美國不僅在經濟上寅吃卯糧，在軍事上更打腫虛胖。在戰時軍事掛帥可以
理解，但長期維持超出能力的龐大武力會拖累經濟。蘇聯在冷戰時建造了無用
的核彈及潛艦在政權解體後多拆解成廢鐵，這應是美國加強核武及建造航母的
前車之鑑。

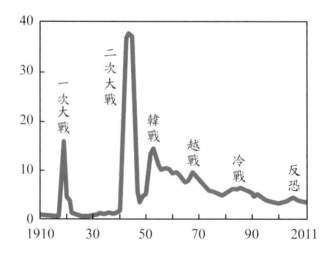

圖 2-9　美國軍費與 GDP 的比率(%)遠高於日本的 1%，但其生產力卻沒有相
　　　　對增加。

42

中國的軍力與美國比較顯得微不足道，但中國的軍事擴充比美國快得多。「路遙知馬力」，未來的中國軍隊會比冷戰時的蘇聯更可怕。除此之外，美國經濟外強中乾，龐大國防不能長期靠政府舉債支撐。估計再過一代(20 年)，中美的軍事消長就會重建冷戰時期蘇聯和美國的恐怖平衡(Mutually Assured Destruction，MAD)。但未來軍事競賽的結果可能是美國重蹈蘇聯經濟崩潰的命運，甚至可能在本世紀中期自動繳械。亞歐人口為美洲的五倍，當亞歐進入開發國家後，美國經濟會被邊緣化，而主導亞歐經濟未來走向的正是中國。

表 2-1　2006 年世界強國的軍力排名

	軍人數(M)	核武數	航母數
US	1.5	5,163	12
Russia	1.0	5,830	1
China	2.3	400	0
France	0.3	350	2
Britain	0.2	200	3
India	1.3	50	1
Japan	0.2	0	0

東風吹西草撼

中國的快速崛起逼迫美國調整全球的戰略。美國已不能獨立管控世界的秩序，必須由中國協助才能壓制區域性的挑戰(如北韓及伊朗的核武危機)。第二次世界大戰之後，日本的經濟和外交都要依靠美國。但中國地位的上升已提醒日本人他們的血緣關係與地理位置和中國難以分隔，因此日本已有人主張應該

回歸親中路線的歷史主流，甚至和中國建立同盟以確保日本的永續發展。中國落後後乃近兩百年的特例，其中日本為侵略中國的主要強權。例如日本曾擊敗清朝獲得遼東半島及台灣。日本又在第二次世界大戰時佔據中國的東部江山。如果日本能師法祖先和唐朝的合睦關係而和中國建立同盟，這兩個大國由相煎到相助將使世界的重心移回亞洲。

圖 2-10　日本近藤大介的著作已主張日本應棄美聯中。

　　中國對日本的影響力大增可從東京成田機場的旅客人數看出端倪。現在不僅中國人到日本旅遊的數目大增，經成田轉機世界各地的觀光客及商務人員也到處都是。成田機場的華語乃成為主要的外語廣播。日本最大黨自民黨的新任黨魁福田康夫(前首相福田糾夫之子)已在 2007 年成為首相(內閣總理)。福田主張由親美到離中美等距，他任官房長時就怕激怒中共而拒發李登輝訪日的簽證。福田也宣佈將來不會參拜靖國神社以免引起中國抗議。2007 年底福田訪問中國和溫家寶會談時更明示日本不支持台灣入聯，因此台灣要挾美日制衡中國的策略將失去支撐。

　　不僅日本將向中國靠攏，澳洲會講華語的新總理陸克文(陸克文是他的中文名，他的英文名為凱文拉德，Kevin Michael Rudd)也將如此。2007 年陸克文在雪梨的 APEC 會議就以流利的北京話向胡錦濤說：「您在我們國家是我們最尊敬的客人。」

　　美國最堅強的盟邦為歐盟，但其成員國也開始討好中國。2004 年台灣總統大選前，胡錦濤訪問法國時，席哈克(Jacques Chirac)總統公開支持一個中國政策，他還批評陳水扁推動的「防禦公投」。2008 年台灣再度大選，薩克奇(Nicolas Sarkozy)總統在中國不僅反對陳水扁的「入聯公投」，他還強調台灣是中國的領土。胡錦濤則回報大禮，簽署金額高達三百億歐元的採購合約，包括向法國買空中巴士、核能電廠及非洲鈾礦的經營權等。未來歐盟中將有更多國家向中國傾斜。如果這種趨勢持續發展，美國最後的死忠(Die Hard)盟邦將只剩北邊的加拿大及南邊的墨西哥。

世界的重心

　　翻開世界地圖就會看到亞洲、歐洲及非洲乃連成一個超大陸塊，而美洲卻被太平洋和大西洋阻隔成為孤懸在大海中的島洲。美洲乃被歐洲殖民後才成為

文明世界，但二十世紀的全球地緣政治卻被北美洲的美國主宰，這是為什麼呢？

美國之能異軍突起成為世界的仲裁霸權有其必然性及偶然性。必然性乃美國遠離亞歐強權干擾，可以長期和平的發展經濟。美國立國的偶然性則與英國皇室有關。原來英國的喬治三世患有血友病，難以冷靜看待世局。1767 年他派軍到波士頓強徵稅收，結果造成「波士頓屠殺」及「波士頓茶葉」事件。北美東岸的移民群情激憤乃開始反抗，導致革命美國後來就獨立建國。吃了敗戰的英軍則由大西洋轉往印度洋並征服了印度。英國在印度成立東印度公司。東印度公司為了買鴉片到中國被林則徐阻撓就爆發了所謂的「鴉片戰爭」。從這時起大清帝國快速沒落而「中華民國」隨後誕生。本來「中華民國」可以統一中國，但在多年戰爭後，最後卻被中共趕到台灣。然而中共卻師承俄共，也接受俄援，才能從東北打到江南。有趣的是俄共的革命也和英國皇室有關。俄國沙皇的尼古拉二世娶了德國公主，她具有英國皇室血統，因此也患了血友病。沙皇的太子也遺傳了這個基因缺陷，沙皇皇后為了對付血友病請了一個妖僧來治療。沙皇憂柔寡斷使得皇后和妖僧可以強勢主導國事，包括鎮壓農民的爆動。在一連串的政府和人民對抗中爆發了列寧領導的共產革命，建立了世界第一蘇維埃政權。蘇俄後來在日本投降前佔領中國的東北並把武器轉交中共。中共因此有能力打敗國民黨建立「中華人民共和國」。

綜上所述，歷史的偶然促成了必然，而必然又引發了偶然，因此英國皇室的基因病變點燃了美國革命及俄國革命。在一系列互為因果的發展下，形成了現今中台對峙的局面。然而歷史不能偏離地緣中心太久，過去數世紀的因緣際會造就了美國的獨霸，但是美國乃孤懸在大洋之中，如果亞歐戰爭頻仍，美國得以倖免而終於發展成經濟與軍事大國。但是如果亞歐和平互助，美國乃邊遠之地會逐漸偏離主流。對台灣而言，當美國逐漸沒落時應看出中國崛起的契機，否則台灣將隨美國沈淪，失去影響中國的關鍵時機。

亞洲和歐洲的陸地連在一起，中間沒有大海的阻隔。成吉思汗曾帶領蒙古軍隊把亞洲和東歐聯成一國。但幾世紀後歐洲開始工業革命並移民美洲，亞洲

故步自封乃逐漸式微。但本世紀中國及印度的崛起將使亞洲重回世界的舞台中央。中國已大力開發西部，它也正以「上海合作組織」聯合中亞及俄國，這樣就可以重建蒙古帝國時代亞歐的連結與交流。

加州大學柏克萊分校的 Steven Weber 出了一本書叫做「沒有西方的世界」(A World Without the West)。他指出千年以來中國和印度一直為世界發展的主力，直到近兩百年兩國才積弱不振。現在中、印的生產力都已逐漸復原，未來它們將佔據世界的舞台中心而歐美會被邊緣化，重回明代以前亞洲為「天下」的常態。

世界經濟的發展及全球網路的聯結使國界逐漸模糊。除了美洲與澳洲乃在孤立海洋中，亞、歐、非三大洲為連續的超級大陸。過去海運比陸運蓬勃，但中國、印度及歐盟經濟的整合已突顯陸路連結的重要。亞歐已經興建了兩條跨洲鐵道，取道南亞的第三條鐵道也已規劃完成。這三條「大動脈」將把亞歐完整連接。由於亞歐人口為世界的大宗(＞70%)，當這些人的個人所得和美國拉近時，全球的生產力和購買力將移往亞歐的重心，到時美洲將成邊陲地區。

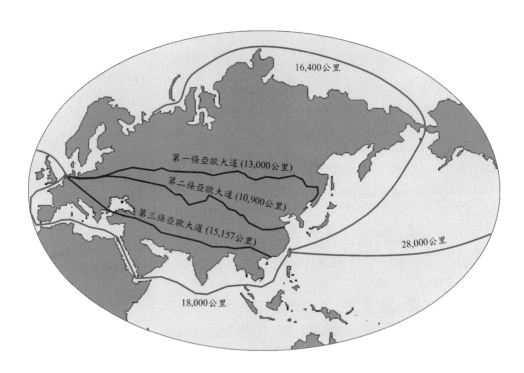

圖 2-11　亞歐三條陸路與三條海運距離的對比。這些通路可把亞歐經濟加成
　　　　整合，使美洲孤立在外。

當亞歐重回世界舞台中央時，中國將成名符其實的中央之國，具有主導全
球經濟、政治及文化的力量。二十一世紀的中期，中國將再成天下的代名詞。

中國文化已經在全球風起雲湧，中文的普及已超過英文。從首爾經東京到
紐約，到處都掀起一股中文學習的熱潮，唯獨最靠近中國的台灣政府卻極欲去
掉中國的文化。全世界都向中國傾斜，台灣本可成為中國與西方必經之路，現
卻因政府鎖國使自己離中國甚至比新加坡更遙遠。中國的崛起在未來只會加
速，陳水扁要當唐吉訶德挑戰打不倒的風車，台灣人若有智慧不能為已先落跑
的美日去「蹚臂擋車」。

台灣的通路

　　講華語的台灣人比外國人瞭解中國，已西化的台灣人比中國人熟悉外國。在東風逐漸壓倒西風的世紀大搬風中同文同種的台灣人應可成為主導中國現代化的關鍵力量。台灣海峽的寬度還不到台北到台南的距離，這個貼近中國的地理位置可以成為開發國家進入中國的門戶(The Gate of China)及中國前往海外國家的通路(The Chinese Channel to Overseas)。

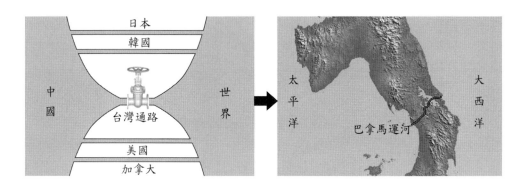

圖 2-12　台灣在東風對抗西風時原可兩面通吃(左圖)，有如巴拿馬運河疏通太平洋及大西洋(右圖)，但台灣卻把這個世界通路鎖住，放棄了人流、物流與金流。

　　巴拿馬徵收兩洋的通道費風光了一個世紀，現在它更在建設第三條運河增加通過的船隻數目。台灣封閉了海峽超過一甲子，目前通航仍然看不到曙光。近百年來台灣一直是中國和太平洋強權的平衡處，東西兩大勢力僵持時都想以台灣為棋子。台灣應避免淪為可能衝突的犧牲品，反而應以槓杆支點左右逢源，成為兩大陣營巴結的對象。

由於台灣和大陸不能直航，各國的航空公司都轉接東京、首爾、香港，甚至新加坡，台北的通路價值乃迅速降低。美國和中國正在彼此開放航權，2008年起雙方將直飛對方，因此聯邦快遞(Fed Ex)及優比速(UPS)等貨運公司將不再繞道台灣轉接。

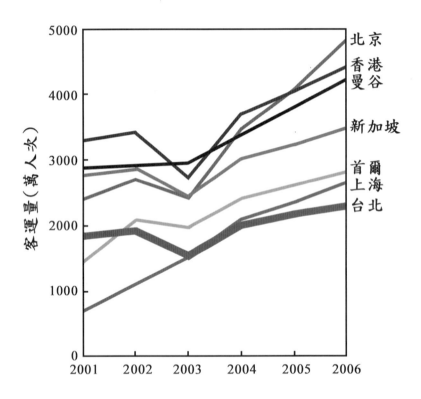

圖 2-13 亞洲主要機場的成長趨勢。桃園機場原可成為最繁榮的亞洲機場，
　　　　台灣卻把上門的客人推給他國。

台灣經濟乃仰賴出口，其中 41%則輸往大陸。台灣靠大陸生活，卻自綁手腳，不能通航大陸。台灣自廢武功，不僅促成了香港與澳門的繁榮，連日、

韓也間接受益。例如有些美洲旅客原可先到台北再飛大陸，因台北不能轉機中
國則只好取道東京及首爾。台灣的遠東航空也提供台灣旅客繞道濟州島轉機大
陸的便利，2007 年已有六十萬人次的運客數量。

　　台灣海峽的封閉也限制了高雄港的成長潛力，它的吞吐量在 2007 年已被
荷蘭的鹿特丹甚至中東沙漠的杜拜超越。美國聯邦快遞也結束小港機場的轉運
業務。台灣已不在主流的商務通路內的明顯指標為國際商展的參與公司。2000
年前世貿中心的訪客車水馬龍，現在跨國公司則多改在上海及香港展出。

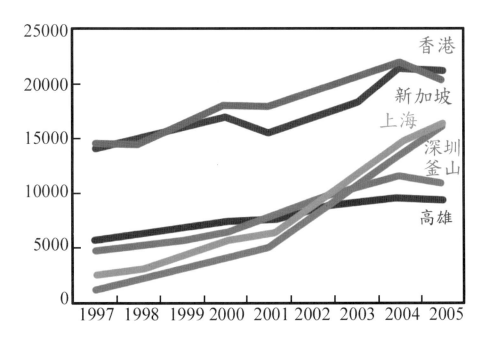

圖 2-14　東亞主要海港貨櫃裝卸量的變遷。由於海峽不能直接通貨，2000 年
　　　　　仍為世界第三大的高雄港漸被邊緣化，它已失去了成為東亞貨櫃轉
　　　　　運中心的契機。基隆更成為蕭條大港，基隆市失去北台灣大門的優
　　　　　勢，其失業人口大增，而自殺率(十萬人每年 28 人)更三年蟬聯台灣
　　　　　冠軍，堪稱台灣的「自殺之都」。

香港的震盪

　　香港割讓給英國時只是一個小港，但在中國採取鎖國政策的期間它成為西方世界進出大陸的管道。在大收「買路錢」後，香港乃成長為亞洲四小龍之一。1997 年富裕的香港勉強回歸貧窮的中國，但在調整心態後香港反而藉中國經濟的起飛持續發展成為世界最大的貨櫃港口及亞洲的金融中心。「彈丸之地」的澳門也因台灣不肯通航而以「一機到底」，大賺中台旅客的方便錢。澳門更發展博奕吸引華人的賭客，2007 年它的賭博收入竟高達百億美元，直逼「台積電」。澳門的個人所得(2006 年約百萬台幣)乃大幅超越台灣，甚至凌駕香港。澳門不僅超越美國 Las Vegas 成為世界賭博首都，2006 年其遊客數超過台灣的總人口，而為觀光(商務除外)台灣遊客的十倍。一個不比澎湖大的「彈丸之地」能吸引這麼多的遊客，難道對經濟不振的台灣沒有啓發嗎？

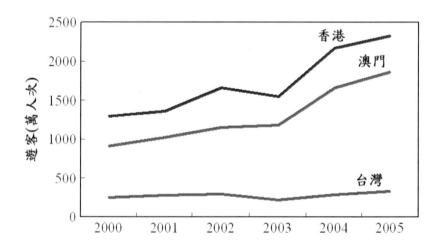

圖 2-15　香港及澳門的觀光客大幅成長，其中一半以上為出手闊綽的大陸「豪客」。台灣每年三百萬人次的訪客只有 1/3 為遊客。台灣若能像香港一樣吸引大陸人前來遊覽，這個「無煙囪的工業」的產值會超過台灣引以為傲的半導體工業。

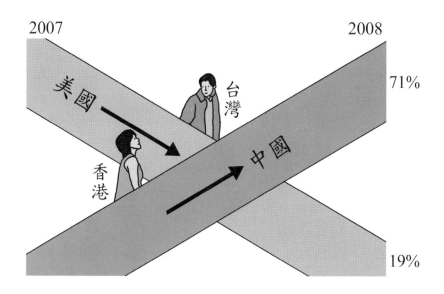

圖 2-16　台灣或將隨美沈淪或順中國崛起，2008 年為關鍵時段。到時中國將
　　　　舉行奧運正式宣告成為世界經濟大國，台灣也將選舉總統決定統獨
　　　　走向。2008 年元旦，全球民意權威的 TNS 及 Gullop 宣佈針對亞洲
　　　　十一國的信心調查，香港對 2008 年最為樂觀，而台灣則最為悲觀。

　　1997 年香港回歸之前，大家都以為香港已被判處終身監禁。許多人賣掉
祖產移民加拿大、英國及澳洲。十年之後香港靠中國繁榮，當初移民國外再移
回香港的居民發現他們的錢只能買到以前自己家居的一個小部份。不僅許多香
港人因「恐共」財產大為縮水，台灣人在退出聯合國及和美國斷交時也有同樣
的經驗。當年有辦法移民的人紛紛出脫財產，但多年之後他們回國卻悔不當
初，因為「逃亡」不及的朋友留在台灣反而更為發達了。

　　香港人現在知道和大陸切分難以生存，相反的若和大陸聯手則可以順中國
的崛起「衝浪」。香港的經濟主要來自服務業(如金融)，他們正在思考和深圳
合併再聯合廣州的製造業來主導珠江三角洲的經濟，這樣才能和長江三角洲龍
頭的上海爭奪進出中國的主要門戶。

珠江入南海－大香港

長江入東海－大上海

渤海灣腹地－大北京

圖 2-17　中國經濟的三大水域，其城市網各有台灣規模的人口(兩千萬以上)。
每個經濟水域連同腹地的產值已遠高於台灣。

中國人正在改變

　　世界在變，中國更在驟變。民間企業不變不能生存，有為的政府更應洞悉
趨勢，在大變之前未雨綢繆。過去台灣政府變不了，只好喊出「處變不驚」自
己壓驚。現在政府變得了，卻仍延續「以不變應萬變」的僵硬政策，以致坐任
機會的流失。

　　過去的中國共產黨的確可怕，「解放軍」席捲大陸後對內流血鬥爭，殺人
無數。他們又準備血洗台灣。那時美國已經放棄支持敗逃台灣的蔣介石，麥克
阿瑟甚至暗示主掌台灣軍隊的孫立人可取而代之。誰知北韓的金日成突然大舉
南侵，幾乎滅亡了南韓，美軍在仁川登陸曾勢如破竹打到中韓邊界的鴨綠江。
中共「志願軍」卻湧入北韓把美軍逼退回到三十八度線。美國為圍堵中國乃下
令第七艦隊協防台灣，這個不沈的「航空母艦」乃倖免成為中共的「淪陷區」。
蔣介石「鹹魚翻身」後，台灣成為圍堵中國的前峰。中共雖然無力攻台，但佔
領金門、馬祖卻易如反掌。但毛澤東為留「藕斷絲連」，在八二三砲戰後故意
留下「金馬」，做為國民黨口中「反攻大陸的跳板」。

　　「家窮怕分產，人富怕團圓」。中國「一窮二白」時曾高喊解放台灣。但現在中國逐漸進入「小康」境界，統一台灣已失去了優先性。尤有進者，思想僵化的共產黨人已成上一代的「古人」，本世紀開始中共沒有能發動戰爭的強人。中國的改革開放乃以工程師建設國家，因此軍人的蠻橫已被學者的理性取代。新一代的國家領導人已回復中國人的本性而以治理天下的心態看待世局。一般年青人仍對台灣獨立運動情緒激動，但「向錢看」的中產階級也能以平常心看待台灣問題。再過一代，中國人變得富有，民族主義就更失去吸引力，那時台灣是否獨立已無關宏指，而股票是否上升才是讓人關心的話題。

　　中國人對八國聯軍在清朝掠奪自圓明園十二生肖頭像的反應可以看出來他們對台獨的想法。過去許多中國人認為這些被搶劫的國寶應無條件歸還，現在的主流民意則認為中國不妨花大錢將它們買回。2007 年澳門賭王何鴻燊在蘇富比拍賣場以港幣六千九百一十萬元買下馬頭捐贈給北京政府，即為一例。有些中國人覺得古物當年若不被外國人搶去，在文化大革命時反而會被破壞，因此應該捐贈給國外維護文物的博物館永久展示。大陸人民對台灣獨立與否的反應也和國寶應否歸還一樣逐漸由激動轉趨平和。例如計程車司機在談到「台獨」時的反應由「玉石俱焚」到「樂觀其成」都有。台灣政府與其向外國人民解釋何以已經獨立的政權還要再次獨立，還不如下功夫說服中國人民尊重台灣人選擇自己的生活方式，這樣反而會更為有效。

　　中國共產黨已經質變，其領導人不再不可理喻。台灣早就獨立根本不必急著刺激中國攤牌，如果雙方把氣氛搞好就什麼事都好談。台灣的統獨問題可以分居的夫婦做比喻。若太太堅持離婚改姓，而且向先生的情敵告狀，先生必然惱羞成怒並準備打人。但若太太不談法理而動之以情，不僅可享受分居離婚的事實並且可以維持雙方友好的關係。再過幾年離婚手續是不是要辦，雙方都不會在意。台灣以小博大不能蠻幹而必須講究技巧，這樣才能四兩撥千斤，達到目的。

台灣的落伍

　　台灣的格局比香港及澳門大多了，而且它的工業實力在世界開發中國家中名列前茅。台灣應可成為東西文化的匯聚之處、經濟貿易的樞紐之地，投資大陸的金融櫥窗、航空公司的轉機中心(Hub)及海運貨櫃的集散碼頭。但非常可惜的是國共內戰遺留的歷史傷痕使兩岸政府的意識形態仍處於敵對狀態，因此台灣和中國政府不但不能利用互補的優勢拉抬經濟實力反而彼此惡言相向，甚至不惜以戰爭威脅對方。

　　美國長期以武器支援台灣，希望台灣能和日韓聯手圍堵中國，這樣中國才不致挑戰美國在太平洋的軍事霸主地位。中國唯恐台灣永遠獨立乃以上千枚飛彈瞄準台灣冀圖嚇阻，台灣則以正名制憲作勢分道揚鑣。兩岸政府的敵意使雙方飛機不能飛越海峽通航。台灣人到大陸必須長期繞道香港或日、韓，顯著延長旅客乘機的時間及運貨的成本。例如從台北直飛上海只需一個半小時，但現在都要多花半天轉道香港或日、韓，台北因此比亞洲大城(如新加坡)離上海更遠。台灣離中國近若比鄰卻遠如邊埵。台灣海峽在中國落後時保護了台灣，但台灣政客在中國進步時卻限制了台灣。

　　時間就是金錢和商機，以台灣的金融業為例，李登輝執政時代台灣的銀行規模大於中國，那時大陸急需引進台灣的金融知識以便和世界接軌。但台灣自綁手腳失去成為外資「錢進大陸」的通路。2007 年西岸銀行排名的前十名已無台灣銀行。相反的，香港的銀行早向大陸發展，香港乃成為亞洲的金融中心。

表2-2　兩岸三地的銀行排名已無台灣的金融業

名次	公司	營收收入 (億元)	總部所在地
1	匯豐控股	21,307	香港
2	中國工商銀行	12,260	中國
3	中國銀行	9,947	中國
4	中國建設銀行	6,331	中國
5	交通銀行	1,831	中國
6	招商銀行	1,589	中國
7	上海浦東發展銀行	1,249	中國
8	中國民生銀行	1,204	中國
9	中銀香港(控股)	893	中國
10	恆生銀行	758	香港

註：2007 年中國工商銀行已超越美國花旗銀行具有世界最大的資產。而建設
　　銀行更超越美國銀行成為全球市值最高的金融企業。

　　台灣的製造業大部份出走大陸，但金融業卻「龍困淺灘」。台灣政府不僅禁止銀行偷渡，但無法像韓日一樣和大陸談判融資台商。台灣的銀行手上有四兆多元餘錢沒有人借，既使政府長期壓低利率也撐不起場面。銀行冒險放貸則引發了雙卡(信用卡+現金卡)風暴。政府以降免營業稅及其他方式投入八千億元打消呆帳，其後再以民營化之名退出官股，結果使國泰及富邦以小吃大資產暴增。陳水扁的金融改革以全民買單的方式造就了吳、辜、蔡的金融王國，在過去的七年間三大家族的資產已由三兆暴增到超過十兆，相當於台灣一年的國民所得。台灣人民的辛苦血汗錢放在銀行幾乎沒有利息，原來這些錢已由五鬼搬運進入了別人的口袋。

　　台灣的金融業在政府綁手綁腳下已不僅失去放款台商的契機，而且只能陷

在台灣「坐以待斃」。但「上有政策，下有對策」，本土銀行紛紛換上外資招牌並借殼經營。既然如此，中資就能進入台灣的金融業。例如中國銀行、工商銀行、建設銀行正準備聯手收購新加坡淡馬錫(Temasek)所持有渣打銀行(Standard Chartered)17%的股權。果真如此，中資就會入主新竹商銀在台灣正式營業。

表 2-3　台灣本土銀行成為外商銀行的狀況

本土銀行	外商銀行
新竹商銀	渣打銀行(100%)
華僑銀行	花旗銀行(100%)
台東企銀	荷蘭銀行(標售)
玉山金控	淡馬錫(15%)，保誠人壽(5%)
大眾銀行	凱雷私募基金(近4成)
安泰銀行	隆力集團(51%)
日盛金控	新生銀行(31.8%)
台新金控	新橋(23%)，野村(3.4%)
京城銀行	匯豐銀行
萬泰銀行	美商奇異(24.9%)
第一商銀	日本住友銀行策略聯盟

外國銀行入主本土銀行時，因台幣相對貶值而撿了大便宜。不只如此，外資銀行和海外聯營已搶走台灣客戶也把客戶資金移到國外。外資銀行也挖角台灣人才並派往海外。本土銀行逐漸失血以致難以競爭。例如合作金庫有近300家的分行其獲利竟然不如只有數十家分行的花旗銀行。外資銀行一再鯨吞台灣同業及不斷蠶食台灣客戶，本土銀行走不出台灣，只能眼睜睜的看到自己凋零。陳水扁怕本土銀行「資匪」而進行鎖國，結果卻把台灣的金融業拱手讓人。

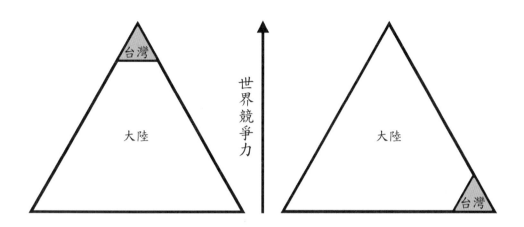

圖 2-18　台灣產業在大陸主導供應鏈(如鴻海等電子業)與留在本土坐等被併
　　　　　吞(如合庫等金融業)的主客易位圖。

　　中國的外匯存底已快撐爆儲蓄撲滿，它已公開宣佈將仿傚新加坡的淡馬錫
控股成立國家基金在全球投資。世界各國莫不期待中國資金的挹注以提昇經濟
成長率。台灣卻反其道而行，全力阻擋中資進入而自斷了財路，也難怪台灣的
股市不振而是幣值不強。然而資金無祖國，它會四處流竄而且無孔不入。台灣
自然不能在地球村的經濟裏置身事外，所以台灣圍堵資金不如疏導金流。台灣
政府的「積極管理，有效開放」(陳水扁語)應用來引導中資入台而非限制台商
投資大陸。

　　2000 年陳水扁上任時大陸銀行業仍在學習過程，那時急需台灣經驗支
援。若台灣金融業能採用許信良的主張「大膽西進」，今天台灣的銀行界不會
像迷途的鯨魚一樣擱淺沙灘。陳水扁協助銀行界贖回高達八千億元的呆帳並將
之整併。陳水扁以為台灣金融業難以發展是家數太多，其實魚養不大是魚池太
小的限制，而非魚數太多的結果。

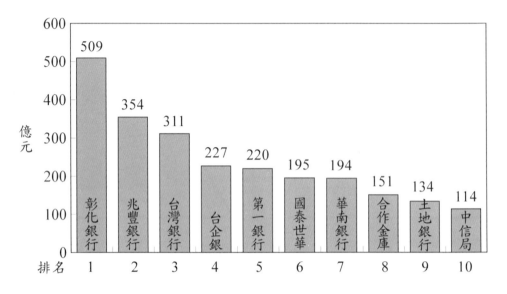

圖 2-19　陳水扁時代的台灣十大呆帳銀行。

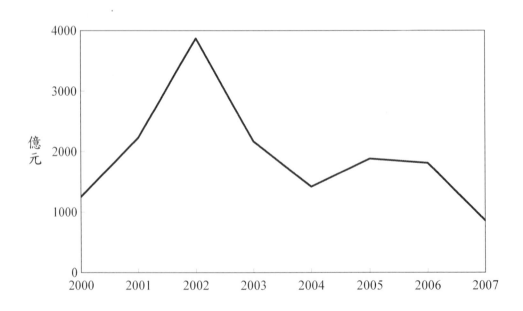

圖 2-20　陳水扁政府以調降營業稅及壓制存款利率打消呆帳圖利財團的驚人
　　　　　金額。

國家只是地理名詞

　　國家是一個地區的人民為維護共同利益而建立的組織。國家存在的目的是提供人民安居樂業的環境，讓大家可以各自追求更美好的生活。在上一個世紀，弱小國家曾受到強國的侵略及殖民，而其居民更會被統制國家踐躪。然而第二次世界大戰以後帝國主義已經式微；冷戰之後蘇聯的共產制度也已解體。隨著自由民主的普及和基本人權的認知，所剩無幾的極權國家最後終將消失。有鑑於此，國家對人民的保護已不重要，反而是它的經濟政策決定了大家的福祉。小國不支出龐大的國防經費而全力發展經濟可成為富裕的社會；在全世界兩百多個國家中國民平均所得(Per Capita GDP)最高的幾個國家都是比台灣人口還少的小國，包括盧森堡、挪威、冰島、瑞士、愛爾蘭及丹麥。

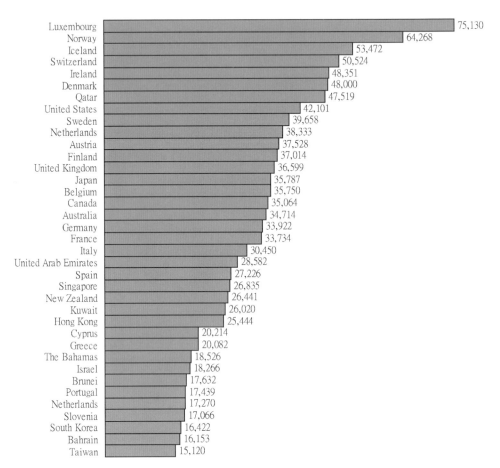

註：中國為$1703，排名第 110 名；印度為$714，排名第 135 名

圖 2-21　2005 年個人所得(per capita GDP)的國家排名，台灣雖為亞洲四小龍
　　　　之一，但個人所得則為最低。

　　世界正在加速改變中，國家的功能已遠不如上一世紀的殖民時代。現代人
民的活動更沒有國界的區隔；宗教、思想、文化、教育、科學、技術、藝術、
電影、音樂、醫療、運動、觀光，都可在全球各地自由交流。跨國公司的投資，
生產、管理、研發、訓練及銷售也來去自如。電腦使用的普及及資訊網路的建

立更使人類有望融合成為一個「地球村」，專業人士可以不同語言在世界各地合作。世界有 20 億人可無線上網，他們溝通的內容五花八門。2007 年美國男女朋友有 1/4 乃在網上認識，其中不乏異國情侶。人民對生活品質的要求已普遍超越國家的認同。

意識治國的危害

意識形態掛帥的國家都是落後的，例如文革動亂的中國、冷戰時期的俄國乃至現在宗教治理的國家(如伊朗)等。當資源及精力不用來生產及創造而消耗在對立及破壞時，國家及人民都會變得貧窮，倒楣的百姓更可能難以潦生(如北韓)。歷史的經驗已經在在證明政府必須揚棄意識形態才能全力發展經濟。事實上最有作為的政府對人民的干擾最少，中國的成長就是來自共產黨放鬆對人民的管制。

台灣多年陷入統獨的爭議乃至造成藍綠陣營長期的對決，以致兩岸人民不能直航。然而現不僅跨國公司和中國貿易不必繞道台灣，連台灣的大公司(如鴻海)也直接從海外和中國互通有無。台灣已經喪失了取代香港成為「亞太營運中心」的先機，我們的國民所得乃由遙遙領先韓國到快速落後。若台灣能像韓國過去一樣成長，現在每人每年會多得五千美元，全國每年的經濟損失可能超過參兆元新台幣，錯誤的政策比貪汙可怕萬倍於此得到明證。

「知錯能改，善莫大焉。」遺憾的是台灣政府應仍然認為綠色執政的經濟很好。選舉年到了，政府發佈讓人震驚的高成長率數字。原來這魔術數字使用年初的新台幣匯率，低估了進口而高估了出口，所以順差多算了約一兆元。很多台商在台灣接單而在大陸生產，但國外的收入不敢匯回。政府的魔數也包含台灣半導體業大規模投資十二吋晶圓廠的折舊費。政府打腫臉充胖子也比不上韓國人吃東西長胖了。但台灣另有一個阿 Q 解說，即台灣人的錢賺得少，但

購買的價值卻比韓國人多。這個說法有點像是中國人的購買力和日本人或美國人差不多。如果台灣關起門來不進口貨物，則食、衣、住、行的購買力有其意義，但韓國人可以買進口貨取代國產貨提高生活品質，台灣則只能省吃儉用愛用國貨，難道這就是「綠色執政，品質保證」嗎？

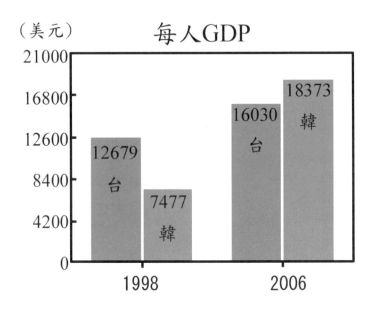

圖　2-22　台韓經濟實力的消長乃因韓國對中國可以雙向對流人力、物力與財力，而台灣只能單向流向大陸。

　　台灣政府對韓國的經濟還有其他「酸葡萄」的說法。例如韓國大學生的失業率很高，但這是高所得社會的失業現象，台灣大學生則也找不到低所得工作。李遠哲領導的教育改革使台灣的大學增加到 163 所，是世界大學密度最高的國家。有些大學規模不及一般的高中，台灣研究生總數更高達二十萬人，許多研究生畢業就失業，所以不敢提交論文，許多學校則面臨招不到學生的困境。

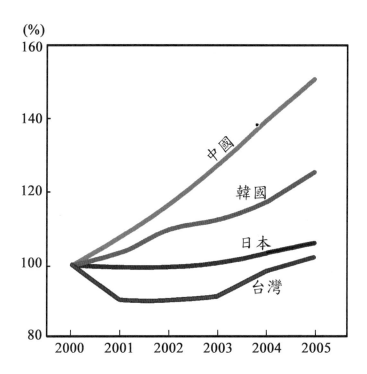

圖 2-23　亞洲國家個人所得($)的成長率(2000 年為基準)。曾為「亞洲四小龍」
之首的台灣已經多年敬陪末座。

政府的債留台灣

　　2007 年台灣政府欠債高達四兆元新台幣，相當於 GDP 的約 1/3。然而稅
收只佔 GDP 的約 1/8，政府每年的預算光付利息就去掉約四成。台灣政府還
有許多計畫中的支出(如公共建設的預定徵收地)高達十兆元。因此全國人民一
年不吃不喝其全部收入還不夠付高築的債台。既使如此，執政者仍然揮霍無
度，在選舉年開出更多地方建設的支票。為了支應龐大開銷，政府大賣祖產，
陳水扁在七年內就賣三千公頃以上的國土。若非如此，政府可能經營不下去。

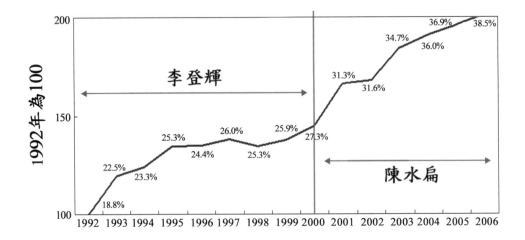

圖 2-24　台灣政府的赤字逐年攀高，留給子孫的債務與 GDP 的比率有如圖示。
政府財政由蔣經國的量入為出，經李登輝的寅吃卯糧到陳水扁的以債
養債。2008 年起每個嬰兒在出生時就要負擔約 100 萬元的債務。上述
高築的債台還不包括數倍於此的政府計畫支出。

　　2000 年民進黨上台，喊出「綠色執政，品質保證」，那時的標準普爾的國
際評等為 AA+，其後評等每況愈下，2007 年政府的財政赤字高達 GDP 的 32%，
借款更佔 GDP 的約四成。標準普爾的國際評等降到 AA-。龐大債務使台灣的
競爭力繼續沉淪。民間的企業(如鴻海、台塑)在台灣必須付出更多的籌資成本
降低了投資意願。

表 2-4　台灣政府寅吃卯糧的預算赤字(億元)

年度	金額	年度	金額
1998	1193	2003	-3129
1999	537	2004	-2267
2000	-1823	2005	-1755
2001	-2211	2006	-2834
2002	-2780	2007	-2355

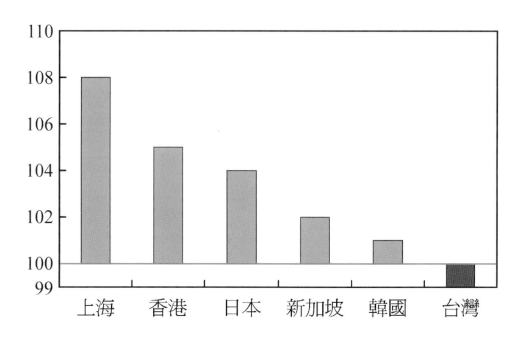

圖 2-25　2006 年底台灣的股市價值漲幅遠落後亞洲國家(2000 年底的指數為 100)。

　　台灣的人民真可憐。當全球幣值及股票雙雙大漲多年後，新台幣卻跟隨美元持續向下沈淪，台灣股市也在原地踏步，因此台灣人的財產大幅縮水。有辦法的人紛紛丟掉新台幣換成外幣投資國外基金或地產。台灣外逃的資金估計超過一年的 GDP。除此之外，台商也大量投資大陸，台灣乃上演了「空城計」。幸虧近年中國經濟熱絡，台商仍可大幅向台灣採購機器，加上大陸已不歡迎沒有先進技術的投資，部份台商乃「鮭魚返鄉」，帶動了台灣高檔的地產價值。

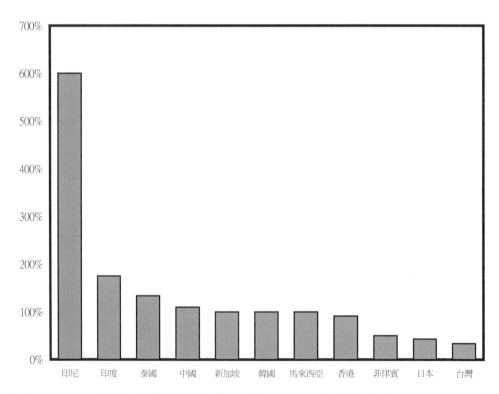

圖 2-26　2005 年外商對台灣的投資已漸枯竭(2000 年的指數為 100)。

鎖國的失策

自 1996 年台灣實施戒急用忍以來，不但不能堵住資金外流，反而加速台商在大陸的佈局。2007 年估計台商投資大陸已超過十萬家，其累積金額可能超過十兆元新台幣，相當於台灣的 GDP。但台商的大幅投資已為台灣多年出超中國賺回。不僅如此，近年大陸工資高漲，環保意識抬頭，許多台商功成身退後回台投資。台商的「鮭魚返鄉」擴大了台灣的 M 型的消費市場。

圖 2-27　投資的流向如水之就下，台灣以鯀的短視圍堵，不知以禹的常識疏導。若能「有效開放」大陸資金投資台灣，金流可進可出成為活水。這樣台灣就能「鹹魚翻身」，重登亞洲四小龍之首。

由於台灣政府對投資大陸設限，台商賺的錢不敢回流反而轉向海外投資。台商也不願回台籌資改在香港或新加坡的股票市場掛牌。台灣過去總共約兩千家上市公司，2006 年則只剩約 600 家。這意味著台灣企業不僅大量出走，連小公司也沒有人願意再投資。台灣人民多半坐等「變天」，希望兩岸能夠三

通使台灣經濟好轉。政府實施經濟鎖國雖然希望台商能「立足台灣，放眼世界」，但許多台灣企業家卻寧願「立足世界，經營中國」(例如鴻海)。商人無祖國，這是台灣政府沒法阻擋的現實。

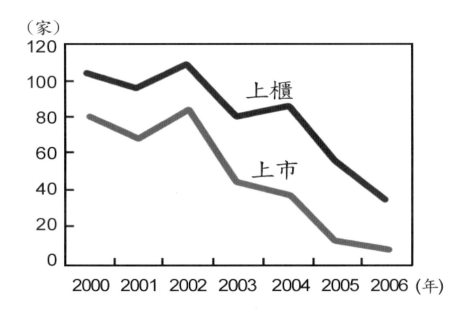

圖 2-28　台灣加入股市的新公司數目與年漸減。

台灣的關門減資

　　由於資金外流及工作外移，台灣的新增公司數目大減。許多公司寧可到香港，甚至新加坡上市籌資。不僅如此，台灣本土的公司數目也急速下降。綠色執政後，倒閉的公司數目已經倍增，甚至經營良好的電子公司也大幅減資，例如「台積電」和「聯電」就大買庫藏股。2007 年上市公司的減資超過 2000 億元，而新公司的增資才 600 億元。

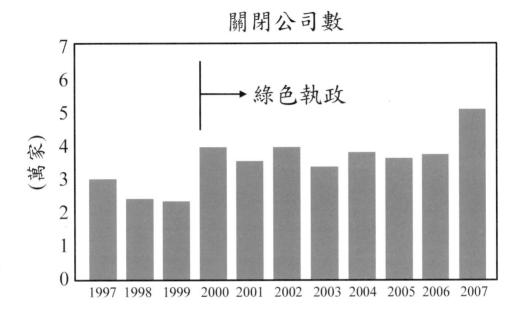

圖 2-29　台灣已成倒閉公司的墳場，這是拜「綠色執政，品質保證」之賜。

　　由於新台幣價值相對下跌，歐洲公司發現台灣已成購買公司的天堂。台灣獲利公司的本益比奇低而歐元比新台幣加大了約 1/2，所以歐洲公司乃在台灣大買傳統產業，例如高爾夫球頭廠。政府的低匯率政策使台灣的資金出走而外國撿便宜的資金湧入。許多台灣人的老板轉爲外國人，連本土公司的樣板「台積電」也形同外國人的投資公司。可憐的是台灣的老百姓跑不掉，只好爲外國老板賣命。本土政權排除了政治的「外來政權」，卻轉型成經濟的「外來政權」，這是台灣民主的一大諷刺。

台商的貢獻

　　台灣第一大公司的「鴻海」在 2008 營業額可能超過兩兆新台幣，相當於台灣 GDP 的 1/5。「鴻海」在深圳的「龍華科技園區」顧用了三十萬人，建立了 3C 產業(電腦、通訊、電子)的「中央廚房」，它可以大量的生產零組件而快速運到「鴻海」遍及亞歐美洲的裝配工廠出貨給客戶。

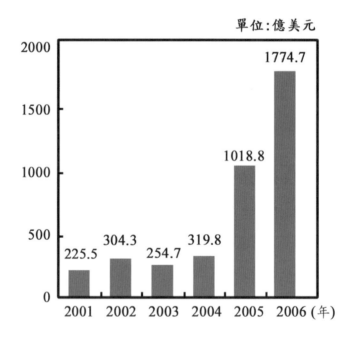

圖 2-30　中國貿易的順差，台商推波助瀾貢獻良多。

　　台商在中國向台灣大量採購物料貼補了台灣向日本購買機器及向韓國購買商品的鉅額入超。2007 年台灣出超$700 億元，其中的 2/3($450 億元)乃賺自大陸。如果沒有台商在中國的慘淡經營，台灣可能成為入超國家，而經濟的成長更逆轉為空前的蕭條。

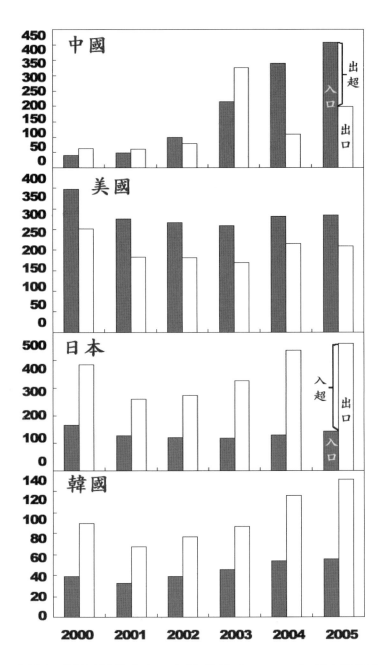

圖 2-31　台灣主要貿易國的出入口金額(億美元)。2007 年對大陸的出超高達
$450 億元。

　　台商在大陸經商的成效勝過有政府做爲後盾的日商及韓商，百萬名「台幹」早已成爲中國製造業的管理階層。2006 年中國進出口額高達 $1.75 兆而順差爲$1750 億，其中台商的貢獻良多。台商的管理及中國的製造創造了大量的外匯，中國的外匯存底在 2007 年底已突破 1.5 兆美元，遠超過其他的國家。

表 2-5　2006 年外匯存底(億美元)排行前十名國家

排名	國家	金額	排名	國家	金額
1	中國	10,685	6	印度	1,773
2	日本	8,969	7	新加坡	1,353
3	俄羅斯	2,992	8	香港	1,332
4	台灣	2,661	9	德國	1,126
5	南韓	2,390	10	法國	956

　　台商在大陸買台灣的貨品支撐了台灣的出超，台商也支援中國的製造業擴大了大陸的出超。台商是避免中台政治攤牌的幕後英雄。諾貝爾經濟獎得主海克曼(James J. Heckman)就曾指出「兩岸經貿關係越密切，台灣就越安全」。台商扮演的角色正是避免中共爲台獨動武的過河卒子。

　　台商蓽路藍縷在「異國」跌跌撞撞創業，不僅沒得到政府的奧援，在兩岸關係緊張時還要爲台灣政府緩頰。中國的沿海地區經濟已經起飛，中國政府乃過河拆橋，對台商設下多種限制(包括查稅)。台商得像遊牧民族一樣向內陸搬遷重啓爐灶。有些台商轉往越南發展，少部份台商則如鮭魚返鄉，把錢轉匯回台灣。

拼政治不能拼經濟

　　台灣不是聯合國的一員，但卻無妨它成為全球的貿易大國。瑞士曾長年自絕於聯合國之外也無損於它極高的生活品質。台灣希望加入談判已觸礁的 WTO 成為「世界村」的貿易國，但代 WTO 而興的則是與台灣無緣的區域性自由貿易聯盟(Free Trade Association- FTA)，其中對台灣貿易殺傷力最大的為 2007 的美韓 FTA 即可能成形的美日 FTA。除此之外，以「歐洲聯盟」為樣板的「亞洲聯盟」正在醞釀中，而其中的「西太平洋聯盟」，例如東協十國加中國及可能其他五國(日、韓、印、澳、紐)正在迅速發展。這個貿易聯盟佔世界人口近一半，而且它涵蓋全球開發速度最快的市場。台灣在亞洲的區域聯盟成形後將加速邊緣化，產品輸出不僅要加關稅還可能被杯葛。台灣出口的競爭力會持續降低而本土公司的出走潮將更為擴大。

　　巴比倫滅亡以色列後猶太人被逐出巴勒斯坦乃散居全球各地造成所謂 Diaspora 的悲劇，但流亡的猶太人早已成為許多國家(如美國)上層的菁英分子，本土的以色列人反而需要國外猶太人的金援。台灣的國民所得原可追上以色列但卻反讓韓國超前。以色列在敵國圍繞下可以全力「拚經濟」，台灣則放棄中國的機會而不斷「拚選舉」。菲律賓以選舉治國最後淪為以外勞賺錢貼補家計，這種結局可做為台灣的殷鑑。

　　台灣因怕被貧窮的中國併吞一直陷在是否獨立的胡同裡而難以脫身。然而中國的經濟起飛使得當政的共產黨更有自信，他們已經不把統一台灣做為優先的政策，因此只要台灣不急著所謂的「法理獨立」，中國主張統一也只是留個面子而已。既然統一沒有時間表，台灣的政治家應以落實經濟政策改善人民生活為第一要務。兩岸的華人若能一起「向錢看」，雙方的敵意自然就會降低。中國大陸人民「向錢看」的證據為 Google 搜尋引擎的關鍵字。全球搜尋關鍵字的排名榜首多和「性」字有關，但中國對關鍵字「錢」的搜尋卻名列前茅。

圖 2-32　兄弟若都是把鈔票擺中間的「鈔人」，統獨就可以放閒置兩邊。

　　革命不是請客吃飯(毛澤東語)，獨立也不是嘉年華會。從大國(如俄國)內分離的小國其獨立過程通常必須經過長年的流血抗爭。例如車臣的自殺烈士雖然前仆後繼敢與俄國人同歸於盡，但人民犧牲多年，車臣卻仍難獨立。五十年前的台灣也許還有很多人可以為獨立拋頭顱灑熱血，現在則不會有幾個願意躲在中央山脈裡打游擊。台獨大老施明德(民進黨前主席)及台獨教父李登輝(國民黨前主席及中華民國前總統)早就說過台灣事實早已獨立，因此沒有必要冒戰爭的危險再獨立一次。另外，2000 年政黨輪替之後台灣人更已當家做立，正名也只是徒具形式而已。名稱有如衣服是可以更換的，台灣也不是這個島嶼本來的稱呼。我們既使現在以「台灣國」正名，未來這個國名仍然可能再被改變。台灣沒有必要惹惱要面子的中國人承認台灣已經長期獨立的事實。

第3章 台灣的選舉誤國

「小而美」的台灣

新加坡是個小國卻在全球競爭力中名列前茅，其關鍵在於對內團結不同族群，對外則「天涯若比鄰」。香港是個小島但它已成為亞洲金融中心，其方法為是不分彼此，大家都靠中國崛起賺錢。同樣的道理，芬蘭以俄國為腹地，愛爾蘭和歐洲做生意，它們都成為世界最富庶的小國。台灣比全世界都靠近中國這個世界工廠及人民市場，但這個地利卻反成為政治障礙，以致國民所得遠遠落後上述的諸多小國。

台灣地小人擠沒有石油和礦產，只有靠「天時、地利、人和」才能在世界各具優勢的競爭中找到定位。乘中國崛起是台灣的天時，與中國緊鄰是台灣的地利，和中國合作是台灣的人和。陳水扁拒絕了中國的人和卻失掉了台灣的地利，更錯過了台灣的天時。這不僅是他的無知，更是台灣人的不幸。

台灣在上一世紀不幸是中國的敵人，但本世紀卻可幸而成為中國的親友。這樣台灣雖小卻可挾中國以治世界。新加坡的李光耀一直希望有機會成為中美之間的溝通管道；但新加坡太小，又離中國太遠，起不了作用。台灣不大不小，就卡在中美文化、政治、經濟及交通的要道上，我們可藉雙方的矛盾爭取自己的優勢。可惜的是台灣卻把鄰國羨慕的通路封死，讓世界繞過台灣取道香港及韓日等前往中國。

小國如何和大國相處，古有明訓。老子說：「大國不過欲兼畜人，小國不過欲入事人。」大小兩國各取所需並沒有不能解套的利害與矛盾。以大人和小孩共處為例，兩人也許人權相等，但大人的能力和小孩的需求不一樣。

若小孩硬要和大人爭取齊頭式的平等反而會吃暗虧。因此大人與小孩交惡(如俄國與車臣)，倒楣的就是小孩；反之若兩人友善(如俄國與愛沙尼亞)，獲利的也是小孩。

　　老子又說：「大國以下小國，則取小國；小國以下大國，則取大國。」小國要佔大國便宜就要採取低姿態，給大國面子以獲取裏子。這就是為什麼芬蘭及愛沙尼亞曾被俄國統治，現在仍要低聲下氣討好俄國，這樣才能全力發展經濟，使生活水準遠勝於俄國。同樣的道理，中國這個大人可以不要台灣這個小孩而繼續發展，但台灣卻不能不靠中國跟上世界的腳步。台灣沒辦法搬離中國就不能與中國長期為敵，反而要利用中國的優勢。但台灣反其道而行，以致當全世界都在和別人比進步時，政府只敢和過去比，台灣自然落伍了。

　　台灣選舉不斷，政客以中國威脅為由，把島內的人民分為親中的統派及反中的獨派。因此已經獨立的台灣卻仍陷在是否再獨立的迷思裏不能自拔。選舉本為民主的手段，但台灣卻把它當做目的。執政者為求延續政權乃以再次勝選做為施政的最高優先，政府沒有長程的目標，當然就沒有累積的政績。

　　選舉不但耗費龐大，政客又不斷加入無意義的議題，如所謂的防禦公投、和平公投、入聯公投等。舉辦一次全國公投就得耗費 10 億元，而選舉的宣傳及造勢更多倍於此，這還不計政府官員為選舉耽誤國事所造成的損失。更有甚者，選舉後政府把資源用來攏絡選民，例如建設許多華而不實的所謂蚊子館(如屏東機場)及掌控資源(如陳水扁晉升 26 名平均任期只有一年四個月的國軍上將)。台灣的資源如此浪費，難怪陳水扁大賣國土後仍然加高債台了。

台灣錯失成長良機

　　長期陷在恐共迷思裏的台灣錯過了快速超越鄰國的成長機會。台灣的「鴻海」沒有政治的包袱，以大陸為基地建立了世界最大的電子集團。2007年，「鴻海」在大陸的獲利就高達 300 億元新台幣。郭台銘早就看出台灣不直航會失去競爭力，所以他不僅往大陸建廠，也在世界各地佈局。「鴻海」成為「日不落公司」後，郭台銘反而認為台灣三通已不重要，「鴻海」可以完全在台灣之外作業。

　　大陸不僅是世界工廠，更是世界餐館，僅泡麵一項，每天就賣出 400 億包。統一、旺旺及康師傅早就深入大陸各地發展成為中國最大的食品公司。除了食物外，大陸的 13 億人也需要各種服務。例如寶島眼鏡在台灣只開了300 家，但「錢進大陸」後，它準備開設 6000 家的銷售網路(2007 年已設 700餘家)。

　　若李登輝不以「戒急用忍」劃地自限，台塑集團已在大陸建立「海滄王國」並主導了大陸的石化工業。果真如此，現在淪為台灣最大污染企業的「台塑」可望成為全球市值最大的公司之一。台積電若早到上海松江投廠，不僅可避免中國的「中芯」乘機坐大，Intel 也不會到大連建設 12 吋(90 nm)的先進工廠。

　　民進黨的總統候選人謝長廷在競選時終於承認，台灣政府限制民營公司去大陸投資反而助長了台商及資金的出走，所以他主張「大赦」不守惡法的「偷跑者」，希望這樣可以吸引部份台商及資金回流。但台灣不直航也不開放陸資及觀光客來台，這種「大赦」對積極引進投資的助益不大。

排名	公司	總部	營業額 (億美元)
1	中石化	中國	1343.72
2	中石油	中國	864.10
3	鴻海精密工業	台灣	405.27
4	中國移動	中國	370.43
5	台灣中油	台灣	239.05
6	和記黃埔	香港	235.66
7	中國工商銀行	中國	227.81
8	中國電信	中國	219.66
9	寶山鋼鐵	中國	197.90
10	中國建設銀行	中國	190.12

圖 3-1　2007 年十大華人公司，台灣只剩靠大陸成長的「鴻海」和靠台灣政府補貼的「中油」而已。「鴻海」投資大陸在 2007 年獲利高達 280 億元新台幣。

　　台灣的金融市場很小，粥少僧多的金控及銀行若能及早參與大陸台商融資，它們早成大陸銀行業的模範。台灣的銀行像乾涸池塘的魚一樣等待變天。政府雖然以減稅及其他方式協助銀行打消呆帳，又縮減了金融公司的數目，但小池長不出大魚，它們的獲利在亞洲主要國家仍敬陪末座。

　　台灣位於最大洲(亞洲)與最大洋(太平洋)的主要通路上，理應成為平衡中國與美國的槓桿支點。台灣一直是列強的殖民地，從清末的明鄭經大戰的日本，到反共的民國，曾長期受制於移植的外來政權。但台灣民主化後已經實質獨立，只是名稱仍沿用「中華民國」而已。台灣緊鄰中國，若中國積弱，台灣可以不沈的航空母艦投靠美國成為圍堵共產黨的前鋒。但如果中國繁榮，台灣應成為中國市場的發貨中心及中國工廠的研發中心。最怕的是台灣在「東風壓倒西風」時成為「中流砥柱」，以致把台灣玉當防波堤而暴殄了天物。

　　第二次世界大戰時，台灣幸運的全身而退。韓戰時美國協防台灣，那時我們若全力發展工業，可能在 1950 年代超越曾爲廢墟的日本。但可惜蔣介石要「反攻大陸」，坐失了這個黃金時代。幸而蔣經國自認自己爲台灣人並開始「十大建設」，結果以世界罕見的持續高成長率(每年＞15%)創造了經濟奇蹟，台灣乃跳過當時小康的菲律賓成爲亞洲四小龍之首。

　　中國崛起後，共產黨逐漸採行專制的資本主義。本世紀開始，中國已有足夠自信會再成爲世界第一強國，因此對台統一已沒有急迫感，不但沒有時間表，甚至只要有個台灣不排除統一的面子就可以了。毛澤東在中美建交談判時提到「我們解決台灣問題願意等一百年」。中國文化大革命時曾喊出「血洗台灣」的口號。「改革開放」後鄧小平發明「一國兩制」並在香港和澳門先行實施。中共現行的對台政策則以「反分裂國家法」表明「台灣不獨，大陸不武」的意願。

「一中」名辭學

　　李登輝主政時有所謂的「九二共識」，它的精神爲中國及台灣各以口述「一中各表」，即大陸只談「一中」，但不否認「各表」。台灣則可以口頭主張「一中」爲「中華民國」。陳水扁認爲「一中各表」沒有書面資料，而且大陸從未公開承認「各表」，所以沒有「九二共識」。殊不知「各表」只是中、台各自對內的宣傳用辭，雙方「心照不宣」互不說破就可以了。「九二共識」可說是不排除「統一」選項的口頭承諾。1999 年中國上海市長汪道涵代表「海協會」即將訪問台灣，李登輝怕「九二共識」「生米煮成熟飯」，他就在「德國之聲」錄影時緊急拋出「特殊國與國關係」的「兩國論」。由於破壞了「一中各表」的默契，江澤民乃禁止汪道涵訪問台灣落實「九二共識」，中、台的政局僵局自此每況愈下。

　　過去中國堅稱世界只有一個中國，即「中華人民共和國」，而台灣爲「中華人民共和國」的一部份。但胡錦濤在中共「十七大政治報告」說「1949 年以來，兩岸尚未統一」，他已將「一中」重新定義爲「只要承認(大陸和台灣)兩岸同屬一個(尚未統一的)中國」，其實這已是「一中各表」的文字陳述。對台灣來說，「一中」可以是「中華民國」而非「中華人民共和國」。事實上，「中華民國」的「一中」已經在聯合國實現。聯合國憲章由中華民國、美國、英國及蘇俄起草，於 1945 年 6 月 26 日簽約。1971 年 10 月 25 日「中華人民共和國」加入聯合國只取代「蔣介石代表」而仍沿用「中華民國」之名，迄今並未修改。換言之，1971 年後的「中華人民共和國」乃和 1971 年前的台灣對等，雙方輪流代表「中華民國」，中國在聯合國則自行簡稱爲 China。「中華民國」不僅在台灣是獨立的政治實體，「中華人民共和國」在聯合國也承認它的存在，難道這不是「一中各表」的公開宣示嗎？

　　有心把事做成，再困難的問題也可以克服；不願完成工作，再微小的歧見也會成爲藉口。陳水扁要搞台獨才能以「愛台灣」號召佔選民 3/4 的福佬人投票給代表「本土政權」的民進黨，所以他和李登輝一樣怕「九二共識」「弄假成真」。陳水扁乃聲稱找不到文字敘述的「九二共識」而否認它曾經爲雙方擱置爭議而妥協的口頭承諾。

「一中」的循環論證

　　「九二共識」雖已胎死腹中，但胡錦濤願意接受一個未來包括大陸與台灣的「新中國」，他呼籲雙方以此框架「協商正式結束敵對狀態，達到和平協議」。中共並不斷宣稱「在一中的架構下，什麼事都好談。」沒有解不開的死結，只有想不到的步驟。中台數十年來的僵局爲台灣怕「一中」就是「中華人民共和國」。雖然大陸可同意「一中」是「中華民國」，但目前卻不能表態，所以台灣可把「一中」做爲「什麼事都好談」的第一選項。這是

把「雞生蛋」或「蛋生雞」的無聊話題變成雞和蛋同時「生出與被生的」創意思維。對台灣來說，這是一點風險都沒有的妙招。台灣先承諾「一中」，但不是「中華人民共和國」(胡錦濤已暗示可以接受)，然後在談判時先提出「一中」爲「中華民國」，並指出中共的開國元勳多曾爲「中華民國」國民，許多參與黃埔軍校的中共要員(如周恩來及林彪等)代表「中華民國」參加過「北伐」。毛澤東更接受蔣介石領導以「中華民國」之名對日抗戰。除此之外，現在聯合國中國的「正名」仍然是「中華民國」。如果中國不同意這項論述，則在「一中」的框架下「什麼都好談」已經破局，由於談判失敗，那時台灣再反對「中華人民共和國」代表「一中」也不遲。

1931 年著名的邏輯大師 Kent Gödel 曾以數學邏輯證明「不全定理」(Incomplete Theorem)，它不僅毀滅了論證數學(Formalism Mathematics)以假設(Assumptions)論證命題(Propositions)，更顛覆了機械宇宙(Mechanical Universe)缺乏「自由意志」的宿命論(Superdetermination)，這是人類思維的一大革命。「不全定理」證明在任何有限的前題下(Assumptions)都有不能涵蓋的命題(Propositions)，包括自我引證(Self Reference)的結論。例如以「我講真話」爲前題的命題「我說謊」三個字即不能自圓其說，若我講真話就不是說謊，若我說謊就不講真話，兩者都證明「我講真話」及「我說謊」不能成立。根據這個邏輯學的循環論證，即「若 A 則 B」的 B 包括 A 的定義時，那麼「若 A」就已不是 A。同樣的道理，以「一中」爲前題可以衍生許多不是「一中」的結果，或不受「一中」限制的議題，例如「一中」不是「中華人民共和國」的論證。自我引證的命題不僅不受前題約束，它的真假事前不能得知，也沒有方法事後檢驗。

「不全定理」已證明像「一中」這樣的框架並不能決定台灣的未來，只有台灣人民的「自由意志」才能決定自己的命運。因此「一中」只有象徵意義，並無實質限制，所以中台雙方一定可以各取所需。由於胡錦濤在「十七大」已表態「一中」可由兩岸共同決定名稱，中國應可接受「中華民國」爲「一中」。既然如此，台灣就可要求中國立刻撤除所有瞄準台灣的飛彈，然

後藉談判完成有安全保障的航空直航乃至開放台灣海峽的雙向海運。這樣台灣就可超越香港成爲世界走入中國的大門，也搶前上海成爲中國走出世界的通道。果真如此，台灣就可落實爲亞洲金融中心、研發中心、物流中心、營運中心及轉機中心。

天真的理想

政治的理想與現實有天壤之別。以共產黨爲例，「各盡所能，各取所需」的社會天堂的確理想，但政府不能改變人民自私的天性，所以蘇聯集團經七十年的共產實驗終於瓦解。中國共產黨設立的「人民公社」也早就失敗，所以必須以市場經濟建設「有中國特色的社會主義」。然而北歐各國早藉務實的資本主義實現具有共產理想的社會主義。這種殊途同歸的社會實驗證明資本主義是通往共產主義最快的捷徑，北歐人民不空談理想而以務實的方法走到了目標。

老子在道德經裏說：「天下難事，必作於易；天下大事，必作於細。」大同社會爲天下難事與大事，共產黨要一步登天，當然做不到。北歐人可以人性化的資本主義「做於易」和「做於細」，這樣才建立了「有北歐特色的社會主義」。

同樣的道理，台灣的國際實力乃建立在「做於易」的經濟基礎上。台灣不須「做於粗」而冒險獨立，只要等待中共完成民主程序再決定是否更換國家名稱就可以了。國家必須依附於人民，人民卻沒有必要隨政客起舞。老子說：「勇於敢則殺，勇於不敢則活。」這是「振聾發聵」的警語，台灣人民不可等閒視之。

若台灣正名過於冒進，中共可能腦羞成怒以武力犯台，就像他們在六四事件屠殺人民一樣。如果真的兵戎相見，台灣可能不止是經濟退回日據時

代，死傷的慘重將遠高於荷蘭人、明鄭人、日本人及民國人侵台的總和。在這裏，老子有另一個可怕的預言：「天下無道，戎馬生於郊。」即兵荒馬亂時連戰馬都必須在戰場生產。老子又說：「禍莫大於不知足，咎莫大於欲得。」台灣已經實質獨立，如果還不知足，恐怕保存現有的成果也不可得。激進的台獨就像狂熱的共產反而會欲速而不達。台灣更上層樓的扶梯是經濟而非政治，就如同社會主義乃來自資本而非共產一樣。共產主義沒有經濟支撐乃「緣木求魚」，台獨理念不想耐心等待則為「與虎謀皮」。

斑馬是黑的嗎？

　　台灣的政治多為口號與標籤，缺少視野與行動。政府的人事與作為都和選舉有關，在選舉時沒有看到政策辯論而只聽到互相漫罵。陳水扁望之不似人君，常以總統之尊和小民對罵(例如指責賣眼鏡及賣豬肉的小販不應抱怨生活太苦等)。2008 年的大選驚奇是陳水扁批評已故馬鶴凌的骨灰罈寫著「化獨漸統」，他表示這代表馬英九不「愛台灣」。除此之外，陳水扁又學電視「名嘴」不斷爆料炒作新聞。例如他說收到恐嚇信，因此家人惶恐不安。但李安妮(李登輝之女)卻大不以然。她說以總統的地位收到各種怪信會裝滿一「拖拉庫」。總統平時不處理國事反而疑神疑鬼，簡直和市井小民沒有兩樣。果然就在李安妮批評之後，陳水扁動用國家機器終於找到寫這封信的人，原來他只是一個頭腦不清的弱智者。

　　陳水扁參加經濟會議時面無表情，但談到選舉時則眉飛色舞(謝金河語)。陳水扁「拼選舉」的能耐驚人，他以總統及黨主席之尊從南台灣到北台灣一天可以趕十幾場站台及造勢大會。他雖然以手肘彎曲為由躲過兵役，卻可在選舉場合擊鼓揮旗勇猛無敵，可見他是天生的選舉動物。

　　2008 年陳水扁爲了拼選舉，經常乘坐「空軍一號」南北趕場。總統每到一處使用的安全人員可能超過千人。陳水扁說：「選舉無師傅，選票拼了就有。」他領的是國家元首津貼，用是納稅人的血汗錢。陳水扁可以不做總統的工作，但他以總統的職位爲黨員拉票卻違反了政府中立的立場。

圖 3-2　台灣政治只知對內鬥爭，不知向外競爭。政客以「愛不愛台灣」區
　　　　 分選民，民主的「選賢與能」乃淪爲空談。

精神戰勝物質？

全世界都在努力提高人民的生活水準，台灣的官員卻在民生用品高漲時叫人民不吃貴的蔥(前行政院長謝長廷語)、買五塊錢一把的菜(農委會主委蘇嘉全語)、麵粉貴改吃地瓜(行政院長張俊雄夫人語)及改開省油的小車(經濟部長陳瑞隆語)。過去大學生畢業可選擇職業。現在找不到工作的人數大增，而應徵小公務員的錄取率竟百中不及一。但有趣的是台灣的當舖數目卻創歷史新高(超過二千家)，到當舖典當家物和到便利商店買東西一樣容易。然而卻仍有人認為現在的台灣人民「身在福中不知福」(新聞局長謝志偉語)，因為比起戒嚴的時代，台灣人還是自由多了，例如可以向總統抱怨。然而民主一定要和過去的極權比爛嗎？小民的生活困境是陳水扁治國無能的顯示。

陳水扁把國幣的價值糟蹋得和美元一樣，以致新台幣計算的原物料(如進口原油)價格大漲。陳水扁又把銀行關在台灣讓超過四兆的餘資貶值。陳水扁又壓低人民儲蓄的利息讓銀行可以有點盈餘。有錢人眼看台幣資產可能腰斬乃投資海外造成資金大量外流。老百姓薪水不增而利息無著，加上失業率高又食品大漲，大家的生活自然困苦。毛澤東在大陸人民一窮二白時發動文化大革命讓老百姓沒有機會抱怨生活貧困。文革時，紅衛兵喊出「打倒孔家店」。陳水扁則發動全民「拼入聯」強調「尊嚴」比經濟重要。「拼入聯」時，「綠衛兵」喊出「打倒蔣家廟」。陳水扁的「需要尊嚴，不要油鹽」的作法和毛澤東「寧要原子，不要褲子」的口號有異曲同工之妙。然而，畢竟台灣選民的程度還是比文革時的大陸人民高得多。不說慌的呂秀蓮在 2007 年底公開呼籲教育部長杜正勝要為拆下中正紀念堂「大中至正」匾額的粗魯作法道歉。很多選民認為這不是文明政府的作為，因此造成民進黨立委選情的低迷。陳水扁似乎因「文革」過火可能失去選票而對蔣介石動了「惻隱之心」，他不再對紀念堂內的蔣介石銅像開刀，而改在銅像之後貼上二二八受難事件的海報表示抗議。

選舉的悲劇

　　台灣的選舉頻繁，不僅競選花費驚人(平均每年百億元以上)，而且選舉支票亂開的花費更是驚人。例如台灣有 150 座各種建設乃爲迎合選民而蓋，這些沒有經濟效益的所謂「蚊子館」至少浪費了納稅人 500 億元。選舉不僅浪費資源而且激化人民對立。選舉的造勢並非願景及政見的發表，而多爲攻擊和煽動的言論。政府施政爲了配合選舉而走捷徑，在大選年官員更到處趕場根本不問政事。台灣政府不做對的事，拖累了民間企業的競爭力。

圖 3-3　選舉時立委領薪水(每人加助理每年約三千萬元新台幣)不辦事乃成常態，官員出差時忙站台也是合理。

　　台灣的激烈選舉也使許多家庭失和，甚至造成重傷悲劇。陳水扁的夫人吳淑珍就在選舉謝票時被一個扁迷開車撞成半身不遂。台中市長胡自強的夫人邵曉鈴也在選舉趕場時翻車重傷幾乎身亡。有趣的是陳水扁以吳淑珍被對手故意撞傷為題在選舉時炒作新聞，爭取同情。胡自強則全力救活邵曉鈴後宣佈台中市長做完就會在家照顧太太，所以不再參加選舉。男人雖是政治動物，但有些可以為家人退出政壇。陳水扁則為選舉機器，因此家人既使不便也必須配合演出。2007 年末，吳淑珍因肺炎發燒，陳水扁則因感冒沙啞。但既使如此，陳水扁仍要趕場站台及錄音。他說我就是靠這張嘴競選，所以聲音再啞也必須喊下去。總統對選舉如此著迷，選民對他治國能期待嗎？

「愛台灣」的比賽

　　愛情與麵包孰重孰輕？當有麵包時當然愛情至上，但柴米油鹽缺乏時的愛情是不能當飯吃的。所以李登輝在評論民進黨只在選舉時喊「愛台灣」時說「人民吃不飽，怎麼愛台灣」？

　　台灣的政客在選舉時口口聲聲「愛台灣」，但選舉後施政卻「愛之適足以害之」，這應驗了老子說「智慧出，有大偽」的預警。有趣的是英文名稱常和台灣(Taiwan)混淆的泰國(Tailand)有個「愛泰黨」。它的黨魁戴克辛(Thaksin Shinawatra)是泰國的前總理。戴克辛雖然政績斐然，但泰國軍方以戴克辛及其家庭貪污將他驅逐出境。更有甚者，「愛泰黨」也被法院判決支持貪污的領導人必須解散。泰國的「愛泰黨」和台灣的「愛台黨」都支持貪污的第一家庭，但其結局卻大相逕庭。台灣百姓對總統及其家人行為顯然比泰國人民容忍得多。和陳水扁迥異的是戴克辛發展民生經濟在泰國甚孚眾望，2007 年戴克辛支持的人民力量黨成為國會最大黨，因此戴克辛有機會捲土重來。

　　台灣的選舉為彼此消耗的民主制度，政客為了爭取選票常把選民一分為二(如所謂「外來政權」的統一派、號稱「本土政權」的獨立派)，但他們當選後又沒辦法合攏競選時雙方產生的敵意，以致國會裡抗爭不斷。先入為主的意識形態跟不上時代，它破壞了社會的和諧，也限制了人民的想像力。

圖 3-4　台灣選舉高喊「愛台灣」的激動場景。這是撕裂台灣而非建設台灣。

　　「愛台灣」必須做出結果而不能只給「甜言蜜言」。聖經裡有個關於索羅門國王的寓言。所羅門以睿智出名，有一次有兩名婦人到他面前爭奪一名嬰兒，她們都聲稱是這名嬰兒的母親。所羅門建議把嬰兒劈成一半分給兩人，其中一名婦人認為這是公平的判決；另一名婦人則哭著說願意讓出嬰兒。所羅門立刻看出第一名婦人口說愛這個嬰兒是假的，而怕傷害嬰兒的才是真正的母親。喊「愛台灣」的政黨及政客的確希望把台灣一分為二，如以族群劃分(如舊移民對抗新移民)或以地區隔離(如南台灣對抗北台灣)。台灣人沒有所羅門的智慧，但所羅門一眼就看出愛的真偽，台灣人看了八年「愛台灣」的熱鬧還看不出門道嗎？

「愛台灣的勇者」

　　「愛台灣」不能坐著說而要起而行。真正「愛台灣」的人包括生在中國而娶俄國人為妻的蔣經國。蔣經國曾為狂熱的共產黨員，年輕時曾痛罵父親蔣介石的獨裁作為。但蔣經國後來以威權統治延續了蔣介石在台灣的政權。但他以台灣為家並自比為台灣人。他起用科技的專家(如李國鼎、孫運璿)以專業管理建設台灣。在蔣經國的十年經營下，台灣的 GDP 高速成長成為世界經濟發展的楷模。蔣經國又以身作則建立清廉政府，因此台灣的貧富差距比現在小得多，這是另外一個經濟奇蹟。通常高速發展的經濟會造就一些暴發戶，貪污橫行的社會則增加了貧窮人口。蔣經國不懂經濟卻做到了經濟學家所稱羨的均富境界。

　　不僅如此，蔣經國長在極權的俄國，又長處於極權的中國與台灣，他卻可以在權位達於顛峰時的晚年廢除戒嚴，甚至容許異議份子組織反對黨(民進黨)。可惜天不假年，若蔣經國不因糖尿病早逝，他會完成極權到民主的過渡，成為一名受人民擁戴的退休者。雖然未完成民主大業，但蔣經國在位時已指定受日本文化薰陶的留美博士李登輝做為替手。有趣的是李登輝不僅幫他完成了台灣的民主化，還一鼓作氣，順勢瓦解了國民黨的威權統治，這樣就兵不血刃的做到了政黨輪替。台灣在經濟奇蹟上乃更建立了政治奇蹟，這應是全世界民主進步史少有的特例。偉大的政治家可放棄權力成就民主。蔣經國和李登輝都是「有所不為」的政治家。

　　「愛台灣」的民主鬥士還包括前民進黨主席許信良及施明德。許信良敢在白色恐怖的陰影下批判國民黨，他是有政治良知的民主勇者。1977 年許信良被國民黨開除後競選桃園縣長。國民黨在選舉時做票爆發了「中壢事件」。既使如此，許信良仍然當選。1979 年許信良聲援「叛亂」的余登發又被罷免公職。他乃和黃信介及施明德等異議份子發行「美麗島」雜誌，並開始組織沒有黨名的反對黨。同年國民黨搜捕「美麗島」組織的領袖，許信良乃流亡美國。其後他在洛杉磯開辦「美麗島」週報，並提出「台華」的主

張。1986 年許信良在美國籌組「台灣民主黨」，但在台灣「民主進步黨」成立後併入後者。1989 年許信良經中國偷渡回台被逮捕，其後因「叛亂罪」被判刑 10 年，但一年後獲得特赦出獄。1991 年許信良當選民進黨主席，但隨後主動辭職。1995 年許信良提出「大膽西進」受到黨員的圍剿，但次年他再任民進黨主席。在許信良的領導下民進黨候選人贏得台灣超過半數的縣市長職位。但陳水扁落選台北市長後卻擠掉了許信良代表民進黨參選總統的機會。讓人感嘆的是許信良的「大膽西進」現成為 2008 年民進黨候選人謝長廷的主張。但台灣已搓揉了關鍵的 13 年。若陳水扁執行許信良的西進政策，台灣現在的國民所得仍會大幅領先韓國。這樣民進黨就可以永續執政。陳水扁沒有許信良的智慧與遠見，他也沒有足夠的道德與勇氣，陳水扁不僅輸了台灣，也輸了民進黨，更輸了自己。

　　許信良具有革命的熱誠及建國的理想。當年蔣經國為攏絡他曾暗示他可以接任台北市長。如果他接受了，後來就不可能有陳水扁市長乃至陳水扁總統。然而許信良不願被收買而甘願流亡海外。許信良從政的最大弱點為他沒學到官場的「厚黑學」，因而他多次在權力高峰時自動引退。但也因為如此，他成就了「愛台灣」「成功不必由己」的高尚典範。許信良沒選上總統是台灣人沒有福氣，否則到 2008 年，不僅台灣的經濟仍然遙遙領先韓國，台灣人在大陸也會成為一般主導力量。

　　「愛台灣」的施明德可謂台灣的曼德拉(Nelson Rolihlahla Mandela)。他是「美麗島」事件主謀曾為此坐牢長達 25 年半。早在 1962 年，施明德就在小金門因「台灣獨立聯盟案」被捕並判無期徒刑。在偵訊中他被刑求以致脊椎嚴重受損而牙齒全部脫落。1970 年台東泰源監獄的台獨囚犯發動革命，施明德罪加一等被移送綠島監獄隔離監禁。1975 年蔣介石過世，施明德獲得減刑乃在 1977 年出獄。1979 年施明德負責「美麗島」事件的總指揮職被通緝後易容逃亡 26 日被捕。國民黨的軍事法庭第二次判處他無期徒刑。

圖 3-5　美麗島事件總指揮施明德笑傲法庭被判無期徒刑時，陳水扁、呂秀
　　　　蓮、林義雄、謝長廷、蘇貞昌、張俊雄、游錫堃、姚嘉文等都噤若
　　　　寒蟬。他們後來靠「美麗島」事件發跡成為總統、副總統、行政院
　　　　長及黨主席等，成為「鐮刀收割」派。這些「事後勇者」靠施明德
　　　　的犧牲獲得了政治暴利。

　　1980 年施明德在軍法大審中指出「台灣已經獨立三十多年，現在的名字叫做中華民國。」這個聲明正是解決當年及現時台灣定位的智慧創見。1983年諾貝爾和平獎的得主波蘭工運領袖華勒沙(Lech Walesa)曾在次年提名施明德為受獎者。1983 年起，施明德在牢中絕食抗議並被插管餵食高達 3040次。1987年施明德拒絕了蔣經國的特赦。1990年施明德又撕毀李登輝就職總統的特赦令並堅持無罪釋放。李登輝後來宣佈「美麗島」事件判決無效，施明德才從容出獄。施明德自由時的第一句話竟是「忍耐是不夠的，還必須寬恕。」這種偉大情操可媲美耶穌無私的愛，這是「愛台灣」的最高境界。

　　1994 年施明德任民進黨主席並在次年宣佈「台灣已經是一個主權獨立的國家，民進黨不必，也不會宣佈台灣獨立。」這其實是民進黨吸引中間選民的核心價值。施明德又提出政治大聯合及社會大和解的「愛台灣」主張。

2000 年陳水扁當選總統，施明德功成身退並婉拒陳水扁多項任職。施明德以「愛台灣」之心建議陳水扁應效法民主先例和立法院多數黨組成執政聯盟。陳水扁不願分享權力，施明德在遭到拒絕後退出民進黨。2006 年施明德因陳水扁親信及第一家庭貪腐，發動百萬「紅衫軍」遊行的倒扁運動，但因陳水扁厚黑的道行深厚，因此不為所動。若陳水扁當年採行施明德的建議進行朝野大和解，台灣今天族群和諧，大家共同奮鬥可以再創經濟奇蹟，這樣民進黨可以永續執政而陳水扁也能名留青史。但陳水扁知識不足而且心胸狹窄，以致錯過台灣歷史的轉折點。台灣政治蹉跎關鍵性的八年，這不僅是人民的不幸，也是民主的倒退。

　　施明德的處事哲學為堅持正義時永不妥協。他的政治家風範為功成身退時絕不戀棧。施明德寬恕仇敵並包容異己的胸懷只有極少數政治家(如甘地、曼德拉、戈巴契夫)可以比擬。如果施明德和陳水扁一樣的厚黑，他大可煽動台灣人報復外省人而獲得權位。果真如此，施明德可能當選總統使陳水扁成為跟班的小老弟。可惜台灣人沒福氣，否則施總統必會促成朝野的大團結使舉國群策群力，這樣台灣的經濟發展和政治進步會遠勝於韓國。台灣的更上層樓會更使中國不敢小覷，這樣反而容易達成雙方的對等談判。施明德「愛台灣」的方法是以犧牲小我成全大我。台灣需要更多這種偉大的政治家及人道者。

圖 3-6　「愛台灣」的領袖群像。

有所不爲真領袖

政治家要有開闊的心胸可以容納異議，也要具豐富的知識可以了解事實，更要能深入觀察可以洞察趨勢。政治家一旦當選，應團結人民達成共識，也需知人善任才能落實政策。

政治家(如孫逸仙)有理想的願景(如大同社會)，也有執行的方法(如實業計劃)；政客則只提供「海市蜃樓」的憧憬，讓人民暫時「望梅止渴」，這樣他們就可以騙取選票。「人民有權，政府有能」，國家要治理好，其領導人必須理解國事的運作及任用賢能的官吏。總統更應跳脫黨派的鬥爭，以願景說服百姓取得民意的支持。政府官員應具有科技、工程、經濟，財務及國際事務的經驗才能在變化快速的全球局勢裏維持競爭力。

一個公司要能永續經營管理階層的背景及能力應該互補，這樣才不會遇到共同的盲點而做出錯誤的決策。台灣的高官卻多是律師，總統、副總統及多任行政院長、副院長的專長是玩弄「零合遊戲」。律師從事的是破壞性的對抗，因此較難理解建設的千頭萬緒。律師知道法律的侷限性，所以行爲可能更不受規範。例如美國一位罹患「廣泛抗藥性肺結核」(XDR-TB)的律師 Andrew Speaker 就不顧醫師及衛生官員之勸阻而二度跨洋飛行到歐洲結婚及旅行。這個律師的病菌在封閉的機艙裡可能感染了近百人。但他在 CNN(Larry King Live)的專訪中竟聲稱「沒有法令限制我搭乘飛機」。這個自私的律師和陳水扁相若可以游走法律邊緣，他們的道德標準顯然低於常人。

圖 3-7　法律是行爲的最大公約數，價值則爲最小公倍數。

　　總統的權力最大，因此應「有所不爲」，否則就是濫權。陳水扁的濫權
次數頻繁，例如宣佈台灣面對中國飛彈威脅須啓動人民公投購買武器。雖然
公投沒有超過門檻，2007 年陳水扁卻公開承認他贏得 2004 年大選的關鍵即
爲公投綁住大選。台灣選舉不以願景服人而靠操弄議題勝出，這真是民主的
悲哀。

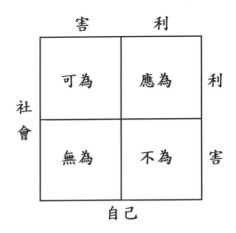

圖 3-8　有權力的人要有所不爲才能贏得對手的尊敬。

實習的閣員

　　台灣選舉頻繁，競選時官員馬不停蹄的趕場造勢，根本沒有精力去做該做的事。政府施政多爲了選舉需要。例如行政院副院長邱義仁要求部屬事情「若有選票就要做」。總統任命百官的考量包括意識形態(如教育部長杜正勝)、派系平衡(如海基會董事長洪奇昌)、人事酬庸(如經濟部長宗才怡)、選舉操盤(如行政院副院長邱義仁)及論私行賞(如昇任三名侍衛長爲上將司令官)。台灣閣員的要務乃在職學習，他們無心也不能開創新局。2000 年起七年之間行政院長換了六人，包括一個軍人和五個律師。財經官吏等重要閣員也更迭頻繁。陳水扁也晉升了 26 名上將，他們平均在職一年四個月就退休了，每個人的退休月俸乃由十萬元增至二十萬元。這些人一年可以多領三千萬元而且可以一直領到死爲止。總統競選時承諾的「有夢最美」成爲百姓的「有夢易碎」，而諾貝爾獎得主李遠哲「往上提昇」的加持則變成「向下沈淪」的事實。

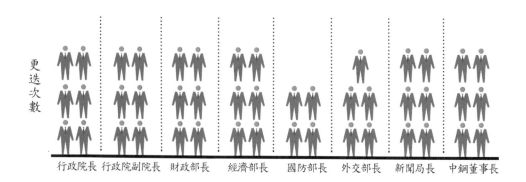

圖 3-9　台灣官員的上下台有如走馬燈，因此政策沒有連續性。圖示民進黨執政 7 年官員的更換次數。更有甚者，2008 年 1 月 28 日他們又得全部總辭，新上任的大官做到 5 月 20 日還要再全部下台。

總統的濫權

2007 年底李登輝承認台灣人民選錯人，以經濟搞得一塌糊塗，外交也觸怒後台老板的美國，台灣人現在得自己承受苦果。李登輝對陳水扁的貪污政權尤其不滿，他罵「我沒有看過一個國家，不到幾年就有十多個部長貪污被抓進去，只有台灣。」他又說明：「總統夫人也好，大家都會拿東西，什麼錢也來，東西也來。」「男怕選錯行，女怕嫁錯郎」，選舉時看錯人的確可能使大家付出超乎想像的代價。

總統權力很大，應該知所節制而有所不為。陳水扁卻濫用權力操弄選舉。他的策略是激起選民反對中國的情緒，這樣可以獲得大多數福佬人(佔台灣 3/4)的支持。他在 2004 年競選連任時聲稱「國家遭受外力威脅致主權有改變之虞」(公民投票法第 17 條)，乃發動所謂的「防禦公投」。陳水扁公開宣稱這是他當年勝出的主因。為延續民進黨政權，2008 年陳水扁又際出「台灣入聯」的公投。雖然入聯必會遭到中國否決，而且須獲聯合國 126 個國家支持(2/3 會員數)，因此「台灣入聯」不能成真。陳水扁自己也承認公投後「什麼事也不會發生」。但他認為這種全民運動會大幅提高民進黨的得票率，因此總統就不務正業全力推動「入聯」。人民追求的應是生活會更美好，陳水扁竟能把「入聯公投」把人民忙得團團轉後忘掉他們生活的目的。陳水扁說「經濟搞好未必選得上」，他果然是天生的選舉機器。台灣選舉不談如何創造財富，只從事內耗的零和遊戲，這是台灣民主幼稚的地方。

總統應負朝野分裂之責

陳水扁心繫選舉，因此不能專注施政。他除了說「拼經濟」無助於當選外，也還怪罪在野黨在立法院杯葛法案影響了經濟民生。陳水扁顯然要把朝

野協商的失敗也換成同情民進黨的選票。但是美國耶魯大學教授 David Mayhew 在 Divided, We Govern(分裂，我們治理)一書中證明美國數十年來總統和國會分屬不同黨派時，通過法案的數目與同屬相同政黨的期間相當，甚至還可能超過。台灣立法院的運作端視有行政資源的總統是否有意願協調施政。陳水扁為了選舉不惜分化選民，但他卻不懂選完後要團結異己才能有所作為。陳水扁怪立法院不配合施政全屬選舉語言，為的是掩飾他沒有能力和在野黨溝通的事實。立法院立案的核四在陳水扁和連戰會談的當天就冒然停建，這件事證明了陳水扁雖然選舉時煽動有餘，但倒行逆施時卻能「沈默是金」而讓人民大吃一驚。

商業周刊 1020 期曾刊出訪問印度 Infosys 董事長 N.R.Narayana Murthy 的報導。Murthy 是一個社會主義的信徒，但他從印度的貧窮領悟到分配不能改善生活，因此乃以資本主義創造財富。但他自比慈悲的資本家(Compassionate Capitalist)，要把 Infosys 經營成最受人尊敬的公司。陳水扁不僅不懂創造財富，更不懂分配所得，使台灣人民窮人更窮。他使台灣政府競爭力下滑，若向 Murthy 學習，今天不會民調跌到十幾扒。

王安電腦為殷鑑

王安曾是華人首富，也一度列名美國十大富豪。他所創立的「王安電腦」當年曾使「藍色巨人」IBM 聞之色變。王安若在 1970 年代進軍個人電腦，今天縱橫 PC 產業的不會是 Apple、HP 及 Dell 等。然而王安的成功卻使他躊躇滿志以為電腦天下大勢已定，他的驕傲乃成為後來失敗的肇因。1986 年王安 36 歲的兒子王烈接任總裁實習經營，但他「小孩玩大車」以為自己「天縱英明」乃以改革之名逼走許多開疆闢土的元老功臣。三年之後王安電腦的股價重挫九成，王安眼看帝國即將崩潰乃重新掌舵試圖力挽狂瀾，但在次年他卻憂煩成疾而病逝，兩年後王安電腦正式宣告破產。

　　王安電腦的崛起與倒閉的軌跡可提供台灣政府參考。台灣之父爲延續「本土政權」交棒給台灣之子，台灣之子不知創業維艱，開了大車到處衝撞。不僅如此，他還不斷變賣祖產(如以八千億元打消銀行呆帳後讓給財團)及舉借國債(如政府債務餘額在八年內增加了約兩兆元)。幸虧「台灣錢淹腳目」，陳水扁的揮霍還不致於使政府破產。王安電腦在破產後由「外來政權」重整轉型並成功的東山再起，1998 年它的營收高達三十五億美元。那時公司見好就收，賣給了荷蘭的 Getronics NV。台灣之子下台後不知台灣的經濟是否也可能像王安電腦一樣重振雄風？這要看台灣人民選出的總統是只會喊「愛台灣」的選舉機器，還是肯用心「愛人民」的政治人物。政治家不以選舉爲目的，而以治國爲優先。政治家思索的問題爲如何發揮台灣地緣的優勢，例如以「最近西方的中國出路」及「最近中國的西方門戶」爲台灣開創出嶄新的格局。

第 3 章　台灣的選舉誤國

第 4 章　政治的鐘擺：民主的迷惑

(原載於中砂季刊 2007 年 7 月)

真理的「中庸之道」

專制政權演變成民主社會有一個轉型階段，長期被統治的沈默的大眾要學習做主人，如何解讀真正的民意是民主的難題。由於每個人乃從自己的角度判斷公眾事務，他們的意見分歧，多數人則對未來的事務無所適從。他們投票只憑藉政治人物的粗淺印象，因此常會選擇敢吹噓誇大的人。有鑑於此，孫文在百年前就曾預測民主不能一蹴而就，而必須經過一段學習過程；他乃在三民主義內建議實行民主的三個階段：軍政、訓政與憲政。孫文的先見已在許多民主學步的國家內驗證，例如菲律賓、泰國、巴基斯坦都有獨裁者假借民主之名行使專政之實，這些國家的生活水平，甚至人權保障都可能比極權的中國還差。

獨裁者被推翻後，另一種形成的專制常取而代之。例如俄國的沙皇及中國的滿清政府倒台之後又被共產集權長期統治，至今仍未落實民主。政治的鐘擺可由一個極端甩到另一個極端，例如希特勒的納粹黨為了報復第一次世界大戰的戰勝國，利用民粹運動發動第二次世界大戰。政治鐘擺經幾度「矯枉過正」之後人民開始以平常心看待民主，施政者也不會有報復心態處理公眾事務。台灣由過去的威權統治過渡到現在的民主政治其過程還算平和。然而過去的歷史包袱仍重，許多人仍陷在族群歸屬的迷思裏，例如陳水扁、呂秀蓮、蘇貞昌等政府高官都因美麗島的民權運動而當選。人民投票的心態為補償受害者而非選賢與能。政府的施政也多考量現在的分配而少想到未來的

103

方向。如何兼顧現在的處境和未來的發展不僅是民主的課題，更是公司的經營之道，乃至個人的生涯之路。由現在的狀態看到未來的趨勢是決策者最大的貢獻。這種趨勢在最大的格局內已定型，包括宇宙的演化及生物的進化。因此現在與未來的平衡可由其中得到啓發。

　　根據「熱力學第一定律」，宇宙的總體能量不變，因此「無」不能生「有」，「有」也不能化「無」，所有的變化都顯示在能量的分佈狀態上。能量之間可以是相關的，也可以彼此無關；前者稱爲「焓」(Enthalpy)，而後者叫做「熵」(Entropy)。「焓」是秩序的表現而「熵」爲雜亂的顯示。根據「熱力學第二定律」，相關的能量會逐漸失去關聯，因此宇宙大勢已定，次序不斷散失而混亂持續介入。次序依據時間而混亂佔據空間，宇宙的演化乃以時間換取空間，這就是「大霹靂」(Big Bang)的歷史。然而就在「焓」與「熵」的大戰正酣之際卻有「意識」乘虛而入促成了生命的誕生。「意識」不斷強化次序，生物由無知的細菌演化成爲靈敏的動物乃至進化成爲智慧的人類。宇宙是一場「序」與「亂」的拔河，結果是「序」失「亂」生；生命是一幕「智」與「愚」的競賽，過程爲「愚」減「智」增。「序」和「智」是「焓」的彰顯，「亂」和「愚」則爲「熵」的表現。宇宙由「相關」的「整」分散成「無關」的「零」，生命則由「無關」的「菌」合併成「相關」的「人」。宇宙越來越「亂」，這就是宇宙空間越來越大的原因。「意識」越來越強，這就是生命智慧越來越高的緣故。宇宙的亂訊轉變成生命的資訊使存在變得有意義，而民主正是強化這個意義的手段。

　　存在的狀態是「絕對」和「相對」的僵持。宇宙乃由「絕對」的規則放鬆到「相對」的雜亂，但生命的「意識」則自「相對」的混沌進步到「絕對」的智慧。「絕對」與「相對」都屬「過猶不及」，只有其拉距的消長能產生意義，而其中離兩個極端等距的「中庸之道」具有最豐富的內涵，包括靜態之真、平衡之善及動態之美。中國哲學的陰陽互補即爲「中庸」的平衡狀態。真像的模糊(Fussiniss)、萬物的碎形(Fractal)、運動的混沌(Chaos)、生

物的演化，乃至生命的摸索及民主的迷失都在到達「中庸之道」時才能顯示出「真善美」的境界。

物質的鬆緊結構

　　人類由數萬年前的移動狩獵逐漸發展到史前的定居農耕。人口大量增加後社會階級就應運而生，少數統治多數的專制體系乃開始成形。獨裁者順勢建立帝國，對內奴役人民獲得資源，對外發動戰爭擴大版圖。兩次世界大戰之後全球的主要帝國相繼瓦解，由多數人決定政策的民主制度乃蔚為主流。民主如果能「群策群力」可以加快社會建設的腳步。但若意見相左的黨派彼此僵持則會使社會動盪。民主也許可以避免獨裁的貪腐，但人民卻常有何去何從的迷惘。經濟學有所謂「看不見的手」(Invisible Hand)能把每個人自私的活動轉化成社會上建設的動力，但政治「聽得到的話」卻可能使群眾更加迷惑甚至產生對立。如何行使個人的自由意志而找到集體的共同目標是台灣民主進步的學習之旅，這裡可以參考台灣經濟成長的主力產品－半導體的設計。這個設計其實融入了上述真理的「中庸之道」，即以物質的鬆緊適中控制資訊的密集程度。

　　物質乃由原子構成，原子排列太密時外層的電子可以自由流動，這就是導電的金屬。另一方面，原子排列太鬆後電子只由相鄰的原子佔用，這就是絕緣的塑膠。若原子排列適中，電子有時可以共通，有時又成為私有，這就是半導體。半導體的狀態兼有無私的(0)與自私的(1)，它們的排序可以千變萬化而組成雙元數碼(Binary Code)，所以半導體具有豐富的資訊，它比金屬的集體行動(0)及塑膠的烏合之眾(1)更多采多姿。以物質構造比喻人類社會，沒有自由的共產國家有如金屬的 0，而完全自私的民主社會好比塑膠的 1。這兩種極端制度的人民其生活都受到很大的限制，他們都不能決定自己的命運。

但當公與私互補共存時，社會可在和諧中成長，這樣人民才會成為真正的主人。

半導體可以產生資訊的原因是它可以綜合「焓」的合與「熵」的分；前者很簡單，後者太零亂。但合與分的中庸之道可以組合成具功能的結構而越複雜(Complex)的結構其資訊(Information)也越豐富。生物的 DNA 是四元的條碼(Quaternary Bar Code)，人體更是這個條碼運算得出的複雜的結構，它其實是 DNA 操作的機器。這個機器擁有不同的功能器官，包括大腦及四肢等。如果以社會比喻人體，其中的聰明人當大腦而一般人做為四肢，那麼人民的力量不會彼此抵消，反而能集中建設。這是有效分工的和諧社會，它才是真正民主的展現。但是躁動的民主卻沒有大腦制衡以致四肢各行其是，身體反而因此難以行動。

「鑽石」是寶石之后，它也是材料之王，更為半導體之最。「有機物」(Organic Materials)乃以鑽石結構的碳材做為骨架組合而成，它們比所有其他元素所形成化合物的總數更多。生物的細胞就是以碳的鑽石結構撐起支架，再在其上掛滿水(H_2O)，胺(NH_2)或羰(CO)等「工具」。「有機物」更在人體發揮得淋漓盡致。人體重量的約 1/4 為碳，而其中一半以上具有類似鑽石的結構。它們的原子鍵結強大但其晶格卻相當開放，所以細胞內的蛋白質可以像積木一樣的排列組合而形成各種器官(Organ)(例如：肝、肺等)。這種密集又鬆散的分子組合可以儲存生命，它們使死寂的宇宙活了起來。民主的社會應參考鑽石結構的有機功能，使其成員具有堅硬的支撐及鬆軟的膠結，這樣才像是一個大家庭，可以合諧互補而各司其職。

圖 4-1　密集的排列變不出花樣(左圖)，鬆散的個體使不出力量(右圖)，內處
　　　　密集而外部鬆散的結構才能拼湊出圖像(中圖)。

民主的價值

　　「意識」不僅使科學家探索宇宙的來源及研究生物的演化，也使工程師
製造生產的機器和建立物質的文明。「意識」更使人類的社會由少數人專政
的極權統制過渡到多數人管理的民主政治。然而就像物質界的鬆與緊乃「過
猶不及」，極權與民主亦為社會的兩個極端。極權箝制個人就像金屬綁住原
子一樣使大家沒有自由。但政府則擁有資產及權力，因此專制政權若做對事
它們的行政效率可超過鬆散的民主體系。例如現代中國及過去台灣的經濟能
高速成長都是開明的專制政府協助民間建設的成果。但極權若被濫用(如中國
的毛澤東)，經濟就可能全面崩潰(如「大躍進」)，人民生活就會「水深火
熱」。在另一個極端，沒有集體「意識」的自由社會也可能分崩離折，政府
沒有做為而朝野持續鬥爭，這時人民就只能自求多福了。

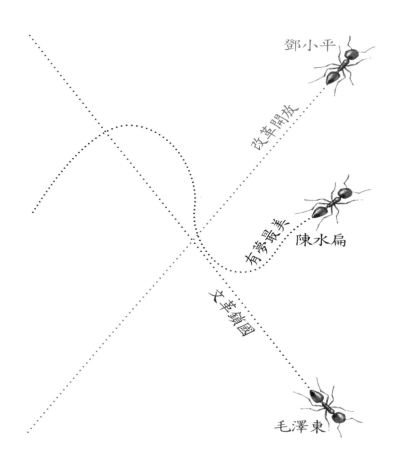

圖 4-2　獨裁者可使一國急速沉淪或快步崛起。夢遊的民選總統則可能在原
　　　　地打轉。

　　民主可終止獨裁但卻不能避免貪腐，例如蔣經國雖是獨裁者卻比民選的
總統更清廉。相反的落後的民主制度反而可能掩護了獨裁者的劣行。例如菲
律賓早就是個民主的國家，但馬可士及其家人貪污的金額卻超過許多惡名昭
彰的大獨裁者(如希特勒、史達林、毛澤東等)。

　　民主雖是一個普世的價值，但它卻可能降低行政效率，甚至成為政客操弄的民粹運動。大多數人民為不知不覺的追隨者，政客可抄作不幸的歷史事件而鼓動群眾的報復情結。情緒激動的民眾根本不會去思考重要的議題(如未來願景)。然而世界情勢的發展卻和人民一時的注意力無關，看似不重要的變化(如資金外流)卻可能累積效果造成未來的災難(如金融風暴)。因此人民以平常心看待選舉，這時的感性腦(小腦)不衝動而前額頁(大腦)可思考，這樣才能實現民主。

　　政客沒有長遠的規劃，他們多以負面資料攻擊對手，希望激將選民把票投給自己。台灣的選舉是靠鼓動群眾認同族群，極少人談及建國藍圖，更少人檢討行政缺失。在大型的造勢場合，政府官員全體出動，民意代表一字排開，大家談的都是如何分配現在的資源(如老人年金)，卻少人討論創造未來的財富(如引進投資)。許多競選者在選舉時亂開支票，諾貝爾得主李遠哲甚至主張承諾的政見只是選舉語言，因此並不需要兌現。大部份老百姓的思想單純，他們不珍惜過去篳路藍縷的成果而天真的相信政客的口號(如「有夢最美」)。當人民作不出理性的抉擇，民主就成為政客奪權的工具。台灣的選舉並非民主的實踐；人民並沒有成為主人，他們反而被政客綁架，甚至為政府錯誤的施政背書。

政治的鐘擺

　　政治的鐘擺是一個民主學習的過程，例如德國的民主被希特勒以民粹挾持引發第二次世界大戰，德國真正的民主乃在戰後的廢墟內重建。中國在經歷「文化大革命」的徹底破壞後才領悟到劉少奇「包產到戶」的先見，因此鄧小平在「文革」後的「改革開放」就可以一路挺進，直接走向資本經濟的不歸路。台灣則在反共銷國之後了解到當年創造經濟奇蹟的難得，未來和中國直接「三通」才可能成為人民的共識。

　　民主也有自己的鐘擺效應。上一世紀中葉共產國家越來越多，那時包括美國在內的民主國家都擔心未來民主的前途可能不如共產光明。但蘇聯解體之後，許多共產國家一夕之間轉型成民主政治，民主國家乃大幅增加。從歐洲南部到非洲南部、從亞洲東部到南部、從歐洲東部到俄國共有 60 個國家加入民主陣容。但由於民主需要學習，許多民主制度變成奪權工具，當選的政客更以民主挾持人民，對內收斂資源，對外交換利益。例如喬治亞強人薩卡希維利(Mikhail SaaKashvili)宣佈國家進入緊急狀態並鎮壓反對群眾。巴基斯坦強人穆沙拉夫(Pervez Musharraf)以凍結憲法來逮捕異議份子。2007 年巴基斯坦大選時，前總理布托夫人(Benazir Bhutto)被暗殺身亡。在這之前的 1979 年，其父阿里布托(Zulfikar Ali Bhutto)(巴基斯坦首位民選總理)也被軍方以絞刑處決，其後他的兩個兒子也先後被謀殺。

　　捷克前總統哈維爾(Waclaw Havel)對東歐的民主學步曾批評說「專制後的民主乃虛偽和謊話，以及各種胡作非為的藉口。」民主觀察家 Larry Diamond 稱這種開倒車的民主為民主衰退(Democratic Recession)。民主衰退會使極權者用以宣傳民主不是最佳的政治選擇。例如中共就可指出台灣實施民主導致內部鬥爭及經濟不振。所以台灣的政黨輪替是民主學步的不良示範。果然，2007 年初，標準普爾(Standard & Poor's)的國家競爭力調查就指出台灣和巴基斯坦一樣為激烈的政治活動國家，必須派觀察員到台灣調查 2008 年的選舉活動。

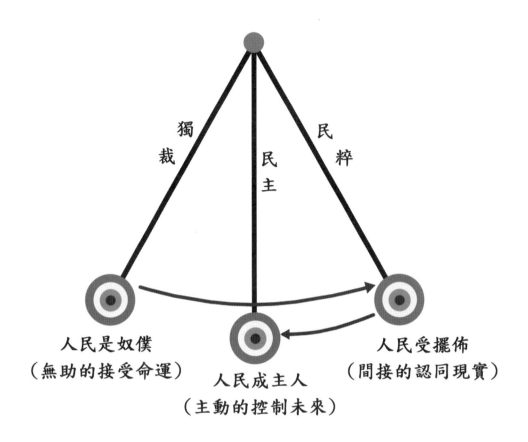

圖 4-3　政治的鐘擺效應及民主的校枉過正。

民主的深化

　　政治家應該主張國家走向及建議施政藍圖，在執政後更要組織團隊落實政策。但政客深諳「政治是高明的騙術」，他們會推出嘩眾取寵的承諾，人民需有足夠的素養才不會被政客的謊言迷惑。一般的選民知識不多而且缺少智慧，所以難以判斷政治家和政治客的差別。作家陳之藩就曾說過：「民主是一群會投票的驢」。政客知道人民善忘，但嘴上卻稱讚選民的眼睛雪亮。

台灣的選舉頻仍，政客可以一再「畫餅充飢」獲得勝選。執政後政客又「殺雞取卵」討好選民。選民則在一時「爽」下忘了短暫的「快感」可能會失去長期的「快樂」。陷在「劣幣驅逐良幣，庸才取代賢才」的惡性循環裏，投機的政客就取代了有理想的政治家。諾貝爾詩人葉慈對此感嘆說：「上層沒有信心，下層充滿狂熱。」這就是台灣民主的寫照。

　　民主要有智者帶領愚者，而非鼓動愚者。要帶領群眾，智者的視野必須比群眾更寬廣，而思維也要更久遠。

圖 4-4　人民「不識盧山真面目，只緣身在此山中」，政治家要從置高點看出整個地形與可行路線再說服大眾跟隨他或她的腳步穩建前行。

　　領袖除了要高瞻遠矚之外，還必須善於溝通，這樣才能傳佈遠大的理想，感動人民追隨。換言之，政治家要以熱情感動群眾而非以激情激將選民。

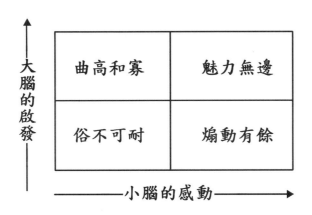

圖 4-5　政治人物必須要有智慧看到願景並以口才說服群眾支持。

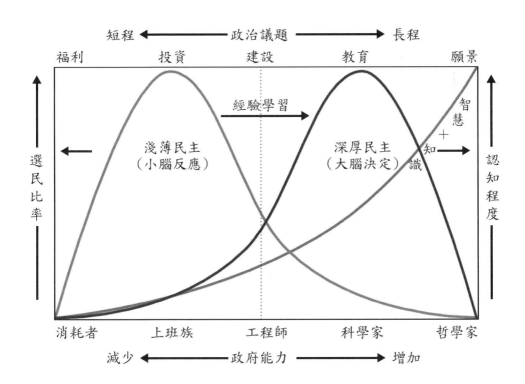

圖 4-6　無所適從的多數人民常被政客操弄而淪為愚民政治或民粹運動。

　　想像學生若以投票方式任命老師他們的成績雖好卻沒有知識；員工若以好惡選擇老板，他們的薪水再高也沒有未來。國家大事的專業程度遠勝於學校的老師或公司的老板，但人民卻一再的以小腦選舉國家的總統及議員，難怪台灣政府的競爭力遠遠的落後我們所討厭的中國共產黨了。

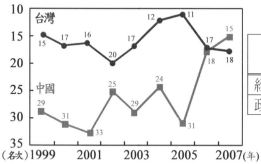

項目	1999 年		2007 年	
	台灣	中國	台灣	中國
經濟表現	21	4	16	2
政府效能	16	30	20	8

圖 4-7　瑞士洛桑國際管理學院(IMD)公佈 2007 的國家競爭力排名呈現中國超越台灣的黃金交叉。台灣的民間企業仍有進步，但政府反而成為企業超前的絆腳石。

煙硝迷漫的大選(本文寫於 2004 年 4 月)

　　台灣是迷信之島，各種宗教大行其道，更多人燒香拜佛，幾乎家家都有神桌以家人難得一吃的食物供奉從未出現的「神明」。很多人相信土地公長鬍鬚、觀世音流眼淚，甚至宋七力能昇天等怪力亂神。更多的人喝「能量水」、吃「排毒餐」、帶「磁能珠」等，希望可以治病強身。至於經常拜廟上香捐獻財物的更多如過江之鯽。台灣人的天真易騙可從電話詐欺案普及多年驗證。幾乎每個人都接過千奇百怪的詐騙電話(如中獎、退稅、小孩被綁架

等)，但奇怪的是不僅天天有人被騙，有的人還被騙多次。就是因為台灣人這麼好騙，許多政客乃各展神通以各種方法騙取選票。

　　2004 年 3 月 19 日，陳水扁和呂秀蓮在下午約二時被不明人物槍擊。根據楊憲宏在陳文茜的電視節目(2007 年 1 月 7 日)中透露，呂秀蓮在下午三時許在奇美醫院電告他和陳水扁都受了輕傷，選舉還可以如常舉行。但其後陳水扁和呂秀蓮卻避不見面，而由邱義仁說明狀況，但他語焉未詳，暗示總統及副總統傷勢嚴重。次日大選開始時，台灣全島沒有人知道槍擊的真相，南部地下電台傳佈的謠言滿天飛，多指向國民黨勾結中共意圖暗殺台灣人的總統。許多人在情緒激動下投票，他們多因憤怒或同情圈選了陳水扁。也有很多民眾本來不想參與雙方「比爛」的選舉，但聽到煽動的言論乃義憤填膺的投下「正義」的一票。在選前多種民調顯示連戰和宋楚瑜搭擋的票數大幅領先陳水扁和呂秀蓮，副總統候選人宋楚瑜更預測藍營會贏一百萬票。槍擊新聞播出後，宋楚瑜曾建議暫停選舉，連戰則認為領先幅度會縮小，但仍然勝券在握，因此並未要求延後選舉。結果陳水扁和呂透蓮以不到三萬票(<0.22%)的差額險勝。總統及副總統中槍輕傷的次日當選連任在全世界選舉史上不僅沒有先例，也不可能會在未來發生。這種空前絕後的戲劇性發展造成了藍綠長期的對立，它是台灣民主發展的一大挫折。

圖 4-8　2004 年 3 月 19 日投票前一天下午陳水扁和呂秀蓮拜票時被槍擊受
　　　傷。但當天有失職守的安全人員後來多昇了官。

　　2004 年 3 月 20 日大選，陳水扁及呂秀蓮到底因槍擊案後得多少同情票
可能很難估計。例如以統計學的方法可根據民調去算出有多少人是因槍擊案
而改投陳水扁，但這種事後的調查會因主辦單位的不同及調查方法的選舉產
生很大的差異。以原投票趨勢來反映非理性投票人數，則可能計算出非理性
選民的票數。這個方法的基本原理是在任何一個投票區(可以縣市為劃分單
位)，如果選民沒有因突發的事情(如槍擊案)而產生激情，則其投票的結果會
反映出理性的選擇。如果投票的人數夠多，那麼選連宋和選陳呂的比率不會
因投票的時間而改變。例如上午的藍綠得票比率和下午的會差不多，而且會
反映出該投票區選民的平常傾向(即基本盤)。這種投票比率是選民經長時間
觀察雙方候選人所做的決定。它才能反映真正的民意，投票結果和它相符才
是真正的民主。

　　如果同一個投票區上午的藍綠得票比率和下午的明顯不同，這意謂者投票者受到某種突發事件的震撼，情緒反應使他們作出非理性的選擇。有的人本來不準備投票，聽到地下電台的煽動言論認為連宋使出卑鄙的招數，乃義憤填膺而挺身而出。更多的中間選民改投了原本不想選的候選人。這種激情投票的結果乃被少許人操控的事件所影響了。要找出真正的民意及實施有效的民主必須惕除情緒性的投票數目。它可由每個投票區藍綠票數的比率與其時間的關係估計出來。一個比較精確的計算方法是把每個投票區的票數依投票時間(如每小時)的順序分開計算，每小時藍綠得票比率的變化會顯示出趨勢。不隨投票間時間改變的藍綠得票比率即為理性投票的結果，而隨時間動盪的比率則反映出感性投票的影響。

　　根據上述分析，如果槍擊案的確有重大的影響，那麼感性選民的在得知槍擊發生時情緒最激動，而隨著時間的過去其情緒會逐漸趨於穩定。由於投票期間乃槍擊發生的次日，所以情緒性的影響可能涵蓋整個投票過程，但其影響力仍會因時間的過去而逐漸減少。這個減少的趨勢可反映在藍綠得票比率隨時間的過去而逐漸增加的走勢上。

　　在3月20日開票時後投的票會先行開出，因此連宋的得票率初期會領先陳呂。但先投的票因離搶擊的時間較近，所以陳呂乃反可超前，乃至終於勝出。這個戲劇性的變化可以開票結果陳呂得票後來居上解讀，這是群眾的激情隨時間淡化的結果。

　　支持陳呂選民比率越多的選區，其選民受槍擊影響的幅度可能就越大。因此分析南北選區藍綠得票比率的變化趨勢就可判定槍擊案影響的大小。先前不看好的陳呂是否因槍擊案而翻盤就可藉分析各投票區雙方得票比率的變化得知。下圖顯示一種得票比率可能的變化。

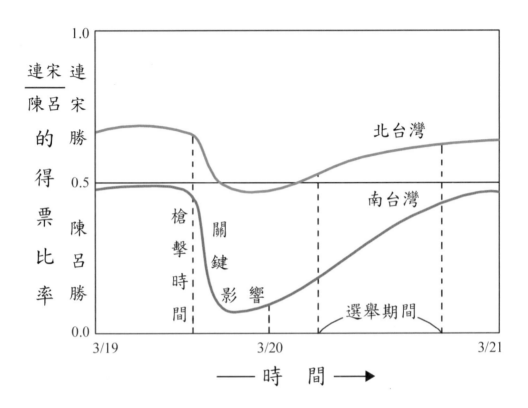

圖 4-9　2004 年大選台灣北南投票的可能選民情緒曲線。上述假設可以開票
記錄驗證。

　　上圖為根據激情選民的可能投票傾向而畫出的假想曲線。分析即有的得
票比率很可能不會顯示明顯的差異，但以統計學的分析方法應可在跳動的比
率間找到可能的趨勢，再由不同投票區得票比率的走向找到槍擊案影響選民
的人數，最後就可由此人數判定陳呂是否因槍擊而由輸轉贏。如果的確如
此，那麼選舉的結果乃顯示情緒的反映而非理性的選擇。反之，如果分析顯
示陳呂的得票率並未隨投票時間降低，那麼陳呂的當選並非意外而為必然。
這樣不管是陳呂本來就應連任或者是連宋應該當選，雙方應能理性接受。果
真如此，社會的動盪可以平息，民主的價值才可以彰顯。

台灣一台兩制

　　2004 年台灣的總統大選陳呂可能因槍擊而僥倖勝出。連宋本可在 3 月 19 日要求選舉延期以免激情影響選民投票。既使這項要求並未被中選會接受，連宋也可呼籲支持者罷選而迫使中選會宣佈選舉無效。但連宋錯失危機處理的第一時間。其後連宋改以驗票及其他訴求意圖翻案，最後終歸失敗。然而連宋在選後不久可根據上述選票的得票趨勢而以此基礎訴諸民意，即推動公投來重辦總統大選。由於民進黨已宣稱公投為普世價值，因此難以拒絕這項建議。在公投的同時也可提出另一個題目，即陳水扁不接受公投結果而辭職時，北台灣的選民可以選擇是否脫離陳水扁政府獨立。如果第二項的答案為是，那麼北台灣可擁連戰(或其他人選)為總統，陳水扁則可在南台灣稱王。這樣北台灣的人民不會因台獨而擔心中共的大軍押境，而南台灣的人民也可以大方的正名制憲，陳水扁也不必委曲的搞假性台獨的各種群眾運動。果真如此，雙方各取所需，彼此都有所得。南北台灣也可互通有無，以發展經濟為共同目標。這個方法可以解決政黨之間長期鬥爭而使台灣的有限資源充分用在建設。

圖 4-10　2004 年陳水扁因被槍擊而僥倖當選連任引發人民長期的抗議示威
　　　　　(左圖)。2006 年陳水扁及家人受到貪污起訴，「紅衫軍」更萬人空
　　　　　巷要求陳水扁下台(右圖)。總統應有能力癒合選舉的分裂，但陳水
　　　　　扁不僅不能融合族群反而使人民更為對立。

　　陳水扁在台灣以入聯搞族群對立。立法院民進黨為少數，陳水扁也不效
法國外慣例和多數黨分享權力。既然陳水扁要「整碗捧去」做台灣人民的總
統，就應該讓北台灣藉公投獨立，這樣兄弟登山就可以各顯神通。這種「一
台兩制」可以分辯出泛藍的「拼經濟」和泛綠的「拼尊嚴」到底哪一種「愛
台灣」的結果對台灣人民生活較好。在台灣的「南北朝」時代，人民可以腳
投票，移居到經濟繁榮的北台灣或尊嚴崇高的南台灣，人民也能用手投票決
定分治的台灣在未來是否要重新統一。這才是有意義的公投議題。

　　一對夫婦如果貌合神離，乃至每天吵鬧還不如分居或甚至離婚，這樣雙
方不會彼此折磨反而可能變成好朋友。同樣的道理，人民因信仰或理念不合
也應彼此分離或獨立，以免長期內鬥消耗，甚至發生內戰，造成極大的損
失。東歐的捷克斯洛伐克(Ceskoslovensko)曾和平分合多次，1993 年再分離成
捷克(Czechia)及斯洛伐克(Slovemsko)。南斯拉夫則是另一個分裂的國家，蘇
聯解體後分出斯洛維尼亞、克羅埃西亞、波士尼亞赫塞哥維納及馬其頓。剩

下的塞爾維亞、蒙特哥羅和科索沃在戰爭中又再度分隔成不同的國家。蒙特哥羅和科索沃也正在醞釀分裂。最近西歐的比利時也在鬧南北分家，北部的Flemish較開放也因此較富庶。他們講荷蘭語言，願意和周邊各國交往。南部的 Walloon 較貧窮封閉，人民只講法語而且強調「愛比利時」。這種南北差異和目前的台灣倒很相像。在亞洲，泰國的政局也朝向南北對立發展。支持流之總理戴克辛的人民力量黨在北方普獲民意，而南部則為民主黨的大本營。兩者僵持不下，泰國可能上演南北朝。

同船共渡五百年修，同島合住更是緣份加福份。理念相合可以同心協力共創未來，但「道不同不相為謀」就應好聚好散，這樣可以留給子孫更大的發展空間。中國的民主制度還未開始可能不懂這個道理，所以一昧堅持統一。台灣人民自由平等，應當示範以民主方式決定分合。

政治家的視野

柏拉圖認為哲學家具有敏銳的思想，可以從大格局看透表像，他們可以為未來設計藍圖。Carly Fiorina(前 HP 執行長)認為歷史家可以過去為鑑而避免犯同樣的錯誤。她認為領導人最需要的是綜觀全局的能力，才能以「內在指南針」領航跟隨者。領導人應對大局的微妙變化先知先覺，並指出未來的方向。掌權者更要在保守和冒險之間取得平衡，並不斷修正自己的判斷。台灣是緊鄰中國的島國，中國的影響力遠超過台灣的外交與國，總統必須看清中國的強弱並調整對應之策。中國過去是軍人當政的貧窮國家，而且一直有併吞台灣的野心，因此聯合美、日圍堵中國可以保障台灣的安全。但曾幾何時，中國已非「吳下阿蒙」，如果還沿用過去的招式對付中國，反而會失去利用中國崛起的優勢。

不知不覺　　　半知半覺　　　後知後覺　　　先知先覺

市井小民　　　　政　客　　　　政治家　　　　哲學家

圖 4-11　未來的視野受限於個人的智慧及學識。

　　總統是舉國仰望的領導人，不僅要看清時勢，能提出有見地的主張，更要說服人民去異求同，這樣大家才能齊心協力共創未來。例如已故的美國總統雷根(Ronald Reagan)曾是一名樂觀的政治家。他一度是共產黨的同情者，後來反而極度厭惡共產制度。雷根雖不懂複雜的經濟學，但靠著常識就可認知財富乃來自建設而非分配。雷根曾推行所謂的雷根式經濟學(Reaganomics)，即供應面經濟學(Supply-Side Economics)。他大幅砍稅(最高稅率在七年內由 70%降到 28%)使前任卡特政府不知所措的三高(通貨膨脹率、失業比率、銀行利率)急速下降。美國經濟乃擺脫困境漸入佳境。雷根看出蘇聯軍備雖然龐大，但經濟體系卻很脆弱。他乃快速建軍冀圖以軍備競賽拖垮蘇聯經濟。雷根的演說極有說服力，在美國贏得「偉大溝通者」(The Great Communicator)的美譽。他稱蘇聯為「邪惡帝國」(Evil Empire)。為了要終結超過半世紀的冷戰，雷根要求國會支持一個匪夷所思的「星際防衛科學」(Stratigic Defence Initiative 或 SDI)。雖然 SDI 只是虛張聲勢(如以「死光」擊落敵人飛彈)，蘇聯卻信以為真乃全力發展對抗科技。蘇聯的經濟果然不勝國防重擔，共產制度乃因而解體。雷根「不戰而屈人之兵」，不僅重開了關閉七十年的歐洲「鐵幕」(Iron Curtain，Winston Churchill 語)，避免了相互保證毀滅(Mutually Assured Destruction 或 MAD)的核戰，他更使俄國及東歐各國建立了民主制度並致力於經濟發展。

圖 4-12　雷根是創造時勢的英雄，1987 年他在柏林圍牆大門的布蘭登堡大門
　　　　　(Brandenburg Gate) 邀請蘇聯的總書記葛巴契夫(Mikhail Gorbachev)
　　　　　一起打開大門並拆除圍牆(Open this gate ,tear down this wall)。1990
　　　　　柏林圍牆果然倒塌，其骨牌效應導致 1991 年起蘇聯及東歐共產政
　　　　　權的崩潰。

　　雷根的偉大之處在於敢想能做，他勇於說服對手使反對他的人也支持
他。雷根執行建設性的經濟政策，美國的成長乃成為長期的走勢。尤有進
者，冷戰後美國的國防負擔大降更延伸了持續的成長力道。雷根競選連任時
曾「秋風掃落葉」，只輸了黑人為主的華盛頓特區。2007 年 Gullop 的民意調
查顯示美國人認為雷根是有史以來第二偉大的領袖，超越有如國父的華盛頓
(George Washington)而僅次於解放黑奴的林肯(Abraham Lincoln)。

圖 4-13　雷根的「敢想能做」成就了偉大的歷史轉折。

　　與雷根「夫唱婦隨」的英國「鐵娘子」柴契爾(Margaret Thatcher)把雷根的「小政府」觀念搬到英國。她更大幅拓展市場經濟(例如把國有企業私營)。英國的個人所得乃由德、法之半急速增加乃至超越兩國，甚至日本。2007 年英國將在倫敦爲柴契爾立像，這是在世前首相第一次有的殊榮。

心態的差異

　　1981 年雷根總統就任才 69 天就被槍手襲擊，子彈幾乎打到心臟，當時醫生曾認為他可能回天乏術。雷根是共和黨人，在送醫進行急救手術時，他還忍住疼痛笑問醫師是否也是共和黨人。醫師回說當天美國全國一心，大家都是共和黨人。雷根在極度痛苦時還能幽醫生一默贏得了全世界的稱道。與雷根被打成重傷仍可談笑自若相比，陳水扁被槍擊時不覺得痛，也沒見到流血，他自以為只是被鞭炮炙到。陳水扁到奇美醫院時還能步行走進病房，但其後他卻消聲匿跡，由選舉大師邱義仁在謠言滿天飛時故步疑陣，激起選民普遍的同情。陳水扁在投票當天才以錄影說明受到槍擊，但仍然隱瞞傷勢。陳水扁對槍擊的懸疑處理和前美國總統雷根的開放報告真有天壤之別。

　　陳水扁僅受皮肉之傷卻在關鍵時刻賣弄懸疑，讓人民在情緒激動時投票而僥倖當選。即使如此，他未照民主慣例和國會多數黨組閣，因此形成朝野多年的內耗。在兩岸關係上陳水扁也沒有雷根能看出蘇聯可能轉向的智慧，因此不能體會中國對台灣的影響力道已遠大於毛澤東時代。

　　美國總統卡特(Jimmy Carter)競選連任時被雷根擊敗，其後他就投入推廣人權的運動。美國的副總統高爾(Al Gore)在競選時贏了總票數但輸了選舉人數。他後來就全力宣揚地球環保的理念。卡特及高爾都贏得了道德勇氣最高的諾貝爾和平獎。陳水扁不懂科技及經濟，他的專長只是選舉。可惜他把兩岸的政局玩僵了，否則他可在卸任後到大陸訪問並介紹台灣的民主經驗，化解雙方的敵意。這樣他也許未來可像卡特或戈巴契夫一樣獲獎。

夜郎的自大

　　國家的領導人應該在國外長期住過才知道外面的世界有多大。毛澤東從未留學國外，所以會在大陸關起門來搞「文化大革命」。鄧小平曾在法國「勤工儉學」，因此他知道必須「改革開放」。陳水扁學毛澤東在台灣搞「文革」，以「本土意識」對抗中國文化。陳水扁甚至把外交當做選舉的延伸，在訪問邦交小國時帶領台灣大批記者到海外開記者招待會，評論的主題不是為台灣爭到多少利益，而是對台灣選舉發表意見。

　　總統應該謹言慎行而且言而有信，但陳水扁選舉時開支票卻常「講完就算做到」。例如他曾到金門說要蓋一座「金門大橋」以方便人民前往對岸訪問，但副總統呂秀蓮卻隨即聲稱這只是選舉語言。呂秀蓮又說毛澤東是「槍桿子出政權」，但她和陳水扁只靠一張嘴就可以「拐」到選票當選，誠實的她的確說出了台灣民主的真諦。

　　在國民黨威擁的統制下，許多台灣人受到所謂「白色恐怖」的迫害，人民乃以補償的心態選舉被迫害者的代表來領導國家。但這些「革命者」的本事只是對抗威權，他們其實沒有治國的想法，甚至不知建設的重要。毛澤東和蔣介石都是革命家，他們把國家搞得亂七八糟，最後由鄧小平及蔣經國重新建設才有今天中國及台灣的地位。國家的經濟必須靠專業人才領導發展，過去的台灣十大建設是如此，現在中國的十個五年計劃也是如此。

　　陳水扁沒當過二等兵卻成為台灣的三軍統帥，不曾出國留學卻要主導外交政策，未從事建設卻聲稱要「拼經濟」。這情形有如一個公司繼承人沒管過人卻要指揮幹部，沒理過財卻要負責盈虧，沒製造過卻要監督生產。治理一個國家當然比管理一個公司要複雜萬倍。前經濟部長宗才怡在任職 48 天後辭職下台，她聲稱自己是「小白兔誤闖叢林」。宗才怡部長有羞恥心，所以他才會怯場逃離現場，陳水扁律師受教的為「厚黑學」，所以永遠不知退讓。陳水扁不僅「小孩玩大車」，而且更橫衝直撞。陳水扁的厚黑功力在百

萬「紅衫軍」「天下圍攻」時，發揮得淋漓盡致。外國的總統遇到大規模的示威多會引咎辭職，但陳水扁毫無所動。事實上在他的八年任期內各種抗爭不斷，然而陳水扁卻好官我自為之。他應是最厚黑的民選總統。

　　有趣的是陳水扁雖然無能卻有偉大的理想。他曾說他不信基督教，也不信佛教，但卻相信「國父遺教」。他認為「國父遺教」的內涵為自由、平等及博愛。陳水扁說：「如果不是為了下一代，我們這一代的努力都沒有意義。」列寧及毛澤東都同意這個理念，否則他們不會奴隸人民，建造他們所謂的社會主義天堂。共產主義放棄了這一代但也失掉了下一代，陳水扁就在重蹈這個犧牲別人而白忙一場的覆轍。

圖 4-14　陳水扁信仰國父遺教？

　　孫文也曾仰慕共產主義，所以曾實行聯俄容共的政策。陳水扁的反共心態卻師承孫文的叛徒(孫夫人宋慶齡語)蔣介石，因此他應該更相信「蔣公遺教」。然而陳水扁卻罵老蔣為屠夫，不僅改掉了「中正機場」的門面，也拆下了「中正廟」前「大中至正」的招牌。陳水扁的反蔣倒和毛澤東異曲同工，兩人都不懂英文，也都喜歡坐井觀天。但毛澤東的「中國井」很大，可以在裏面興風作浪並鼓動數億人大搞文革。陳水扁的「台灣井」小得可憐，但他「相信台灣」，乃在「茶壺」裏吃起「入聯」的風暴。中國觀光客到台灣時可能大吃一驚，陳水扁居然在台灣推動毛澤東式的文革(如砸廟宇、破四舊)。

政治大玩家

　　有「民主先生」之稱的前總統李登輝曾以國民黨主席的身份分化了國民黨，因而幫助號稱「台灣之子」的陳水扁當選。李登輝自比「摩西」準備帶領台灣人民正名建國。他曾高度期待「本土政權」會優於「外來政權」，但卻大失所望。李登輝初期以「只會選舉，不懂治國」批判陳水扁，其後則以「沒品味，缺教養」直接開罵。後來柏楊說陳水扁講話粗魯，沒有禮貌，呼應了李登輝對陳水扁的評語。2007 年李登輝訪問日本時更公開指責政客的道德淪喪，以致「一人掌權，全家撈錢」。的確，政治家必須有品味才能提出願景，有教養才能理解國事，有操守才能避免貪污。

　　2007 年底李登輝公開宣稱台灣人民選錯總統以致後來自己被陳水扁的劣行懲罰。他說：「經濟搞不好，外國人不來投資。簡單講，我們選錯人，我們自己被懲罰。」他又說：「投給陳水扁，根本就是開玩笑，這樣下來，台灣就完蛋！」「愛台灣就投民進黨，台灣人又不是肖仔(傻子)。」

圖　4-15　　李 登 輝 當 初 支 持 陳 水 扁 ，「 後 悔 得 腸 子 都 青 了 」
(http://www.chinareviewnews.com　2007-12-10 01:43:37)。

　　李登輝終結「外來政權」，建立了「本土政權」，所以贏得「台獨教
父」的名號。雖然如此，他仍然不齒「台灣之子」操作入聯議題以公投綁住
2008 年的總統大選。李登輝批評陳水扁「又不是在做皇帝，要怎樣就怎
樣」。李登輝也擔心陳水扁和美國關係惡化到「未來十年內都難以恢復」。
他也指出陳水扁不應兼黨主席，否則只能做半數人的總統。李登輝也表示過
去七年政府不知道在做什麼，選舉到了就推「每週一利多」。例如要釋出一
萬公頃在高鐵站附近的農地以圖利特定人士。李登輝對陳水扁的家人及親信
貪污尤其不滿，他說政黨輪替七年來，有十幾個閣員「歪哥」嚇死人。他又
說當總統透過太太什麼都可以送過來，所以「總統比仙更有辦法」。李登輝
說蔣經國告訴他用人之前要先觀察這個人的太太是個怎麼樣的人。李登輝後
悔當初他提拔陳水扁時沒有看出吳淑珍會「什麼都可送過來」。

　　李登輝曾接受日本維新、美國科技、中國文化的洗禮，他不但懂得比別人多，而且還老謀深算，他也是有史以來最善變的政治人物。李登輝原加入共產黨，但被國民黨知道後乃哄出同黨而脫罪。他在蔣經國面前唯唯諾諾，甚至只敢坐三分之一的板凳。但李登輝在當上黨主席後露出本性，他分化了國民黨並瓦解了「外來政權」。李登輝幫陳水扁選上總統後又創辦台聯協助陳水扁搞正名制憲，但陳水扁要入聯公投時李登輝卻大唱反調。2007 年李登輝又開除了幾位台聯的立委(如和陳水扁走得太近的廖本煙)，而且幾乎癱瘓了台聯黨。

　　李登輝在 86 歲後還影響了台灣的政治，可謂老當益壯。也許這正是他偉大的地方，由於曾相信共產黨、國民黨、民進黨及台聯黨，李登輝可能看出這些黨派只想爭權奪利而不管台灣人民的福利，所以他必須站在人民的立場一再反對他曾幫助過的政黨。台灣選舉時政客操弄民意，卻沒有政治家有悲天憫人的情懷為人民謀福利，所以李登輝才「民之所欲，常在我心」，不斷拉一派打另一派。李登輝最偉大的地方是他的慈悲，他說：「當年跟隨蔣介石來台的老兵無依無靠，很值得可憐；但台灣長期接受外來政權統治，也該可憐台灣人。」既然大家都是可憐人，政客何忍挑撥他們使其互相攻擊？李登輝畢竟在美國讀過博士，他知道美國最忌諱的就是種族衝突。所以李登輝在馬英九競選台北市長時牽他的手說：「你是新台灣人」。李登輝在 2008 年初又加了註解：「台灣民主化後沒有本省人和外省人之分，大家都是本土政權的台灣人。」李登輝的寬闊胸懷與陳水扁的狹窄小氣有天壤之別。陳水扁罵馬英九有「香港腳」，為「一中二人組」。他以族群對抗，在歷史傷痕上撒鹽是台灣民族的罪人。李登輝「寶刀未老」，這位「老番顛」(陳水扁語)最後能否在族群和諧上「力挽狂瀾」，大家會拭目以待。

　　李登輝說陳水扁不會治國，但很懂選舉。其實陳水扁的選舉只有一招，即鼓動台灣人選台灣人。由於台灣人佔選民的 3/4，所以陳水扁這一招無往不利。2004 年他以對抗中國飛彈的「防禦公投」提醒台灣人投台灣人，果然打敗了生在西安的連戰及生在湖南的宋楚瑜。2008 年陳水扁如法炮製準備以

突破中國封鎖的「入聯公投」提醒台灣人不要投票給出生在香港的馬英九。
但李登輝已看破陳水扁手腳，他說蔣經國自認為台灣人，現在則早已沒有外
省人。不僅如此，李登輝還指出民進黨不是唯一的「本土政權」，陳水扁也
不是唯一的「台灣之子」。一般政客敢罵政敵，但沒有人會責怪選民愚蠢。
李登輝首開先河，他說選民選錯人以致自己受到懲罰，李登輝敢做敢當，偉
哉斯言。

圖 4-16 李登輝「兔死狗烹，鳥盡弓藏」絕不手軟。這是大人物能成大事的
人格特質。

　　李登輝為生在台灣的日本人，在美國康乃爾大學獲得農經博士，曾帶領國民黨「拼經濟」，又帶領民進黨「拼台獨」。由於受到中、日、美文化的薰陶，李登輝不僅能講多國語言，也體認到各國不同的價值觀。這和陳水扁不講英文，沒有國際觀的格局有如大人和小孩的差別。李登輝有謀略、講方法，他瓦解國民黨後還政於民的步驟乃先在敵後破壞，再讓敵人打倒自己。李登輝認為台灣民主是對抗中共極權的殺手鐧，如果台灣民主能導致經濟繁榮及清廉政治，全世界都會支持台灣進行正名制憲的法理台獨。但陳水扁把台灣民主搞砸了，不僅人民生活不好，政府貪污也很嚴重。在這種「民主退步」的期間，陳水扁還要推「台灣入聯」，因而得罪了台灣的靠山美國。台灣之父留給台灣之子的一手好牌被陳水扁給玩完了，以台灣民主對抗中共極權反而成為「負面教材」。中共已經證明中國專制可以領導社會步入小康社會，而台灣民主反而誤導人民造成對立不安。民主的普世價值被陳水扁這樣利用糟蹋，台灣的「民主先生」怎麼能不著急？

蔣經國的復辟

　　台灣的 21 世紀現勢乃由李登輝在 20 世紀末打造。「台灣之父」李登輝導演「台灣之子」陳水扁上台曾借助外省人做客串演員。首先李登輝讓趙少康出走，分了國民黨的票源，陳水扁乃在他和黃大洲「鷸蚌相爭」時當上台北市長。其後馬英九不讓陳水扁連任，搶了市長的舞台，陳水扁藉機逼走許信良，代表民進黨參選總統。李登輝又趕走宋楚瑜讓他分了藍營的票源，陳水扁漁翁得利乃坐上了總統的寶座。所以陳水扁意外成為總統，外省人的「抬轎」功不可沒。然而陳水扁不成大器，他把台灣的格局越玩越小，這樣反而可能使國民黨有機會重拾舊山河。2008 年 1 月台灣立法委員選舉的「藍天再現」正是這種政治鐘擺效應的前兆。

　　若馬英九在 2008 年贏得大選，那麼外省人內閣幫台灣之子登上大位的戲碼會倒過來演。首先，馬英九藉李登輝之力以「新台灣人」之名把陳水扁趕出台北市政府。2000 年大選時，在宋楚瑜快贏陳水扁的最後一刻，馬英九稱連戰即將勝選，在台北市削弱宋楚瑜的得票率而讓陳水扁險勝。若宋楚瑜贏了，他可能做八年總統，再由親民黨和民進黨角逐 2008 年總統，這樣馬英九就會與總統無緣。幸虧他藉陳水扁之力鏟除了宋楚瑜，使國民黨又併吞了親民黨，這樣馬英九就成為泛藍的不爭共主。另一方面，陳水扁「小孩玩大車」衝撞八年之後，他已把民進黨「綠色執政，品質保證」的招牌砸爛，因此 2008 年的大選似乎已無人能擊敗馬英九。

　　宋楚瑜和馬英九都曾為蔣經國的親信黨員及英文祕書。蔣經國因糖尿病猝死時，宋美齡及國民黨大老試圖阻止李登輝繼任總統及黨主席，但宋楚瑜看出台灣人將「出頭天」乃「臨門一腳」把李登輝推上大位。李登輝為「投桃報李」幫宋楚瑜選上台灣省長。其後宋楚瑜效法俄國的葉爾欽「功高振主」開始「砲打中央」，李登輝怕宋楚瑜開始逼宮乃「凍省」廢去省長權力。宋楚瑜火大脫黨競選 2000 年總統卻正中李登輝下懷。李登輝曾以黃大洲制衡趙少康，讓陳水扁勝選台北市長。現在重施故技，以連戰制衡宋楚瑜幫陳水扁勝選總統。但「人算不如天算」，陳水扁不爭氣，玩壞「木土政權」，反而成為馬英九 2008 年選總統的最佳助選員。李登輝應該感嘆「政黨輪替白做工，台灣依舊在，究竟為誰忙？」馬英九則「是否成敗轉頭空，古今多少事，都付笑談中。」2008 年馬到成功時，馬英九將躊躇滿志，吟出「春風秋月已過去，數風流人物，還看今朝。」果真如此，最後的勝利者應是壯志未酬的蔣經國。李登輝雖剪除了他的得意門生宋楚瑜，卻逃不過他預設的連環計，而由另一個高足馬英九為他完成未竟功業。外省人幫台灣人政黨輪替，但台灣人又助外省人奪回政權。台灣人和外省人彼此互助合作，為台灣民主邁開了一大步。

施政的藍圖

　　每個人做事都會犯錯，人生就是一個從錯誤中學習成長的過程。成功的人沒有時間自怨自艾，這樣才有精力自摔倒處爬起再兼程趕路。政府施政也會經常失誤，因此必須經常虛心檢討然後善如流。世界正在加速改變，尤其是科技的進步更是日新月異。未來即使仍舊落後的國家也可能迎頭趕上目前的先進國家。例如中國在過去關起門來反覆批判歷史事件使人民不斷政治鬥爭而不從事生產建設，現在的中國則只談經濟發展而擺下意識形態。台灣是中國旁邊的一個小國，它和中國長期抗爭必然吃虧。既然打不過對手就應想法合作，利用中國的崛起力道反而可使台灣跳躍成長。如果朝野「內鬥內行、外鬥外行」，台灣的競爭力會快速落後。

　　台灣政府以維繫「本土政權」為目的而以選舉勝出為手段。由於一切向內看，對外在世界的變化反應就很遲鈍。除此之外，政府無視中國的崛起，對中共敵視則延續兩蔣的僵硬思維。由於政府施政沒有願景，經濟計畫缺少目標，台灣引以為傲的科技優勢可能迅速流失。

表 4-1　2007 年政府科技策略的對比

國家	項目	2010 年產值(NT)
日本	燃料電池、機器人、數位內容、資訊家電、健康福祉等	60 兆
韓國	智慧網路、替代能源、汽車電子、數位醫療、電子書等	20 兆
中國	積體電路、數位音頻、手機網路等	26 兆
台灣	民間企業自尋活路	無

　　沒有一個國家有足夠的資源可以同時進行多項重要的施政，政府施政的成效端視執行的優先緩急。如果要「拼經濟」就得靠邊站。政客聲稱能同時拼兩者，這就是騙選票。如果消耗性的支出比建設性的投資多，政府將入不敷出，人民就會跟著受苦。反之，政府應能兌現競選承諾帶給人民信心。例如政府不可能長期「拚經濟」又「拚軍購」，但先「拚經濟」使人民富足後國家就有足夠稅收可以加強國防。

　　冷戰時期的蘇聯乃先擴充軍備再發展經濟而使國家難以承受重擔終於解體。美國則是先發展經濟再擴充軍備所以才成為世界的超級強國。「文化大革命」時期的中國只鬥爭而不生產曾搞得民不聊生；現在的中國先生產再消費乃逐漸成為軍事大國。台灣國家很小卻因要購買負擔不起的軍備排擠了經濟建設的預算。除此之外，三軍統帥不知道戰力的基礎是軍心的同仇敵愾而非武器的精密先進。台灣的軍隊已因國家定位矛盾產生「為誰而戰」的混淆，因此既使有世界最好的戰機與潛艦軍人仍缺乏鬥志。

幸福權及貢獻權

　　台灣總統的任期和美國一樣為四年一任，也可以連選兩任。台灣正在民主學步，不能與大選超過五十次的美國相比。有趣的是美國至今未曾普選總統，它仍延用兩百多年前制訂的聯邦選舉人制度間接選出總統。2000 年大選時，陳水扁以少數票(39%)當選總統。與此形成對比的是美國副總統高爾贏了普選票數卻輸給小布希選舉人票乃從此退出政壇。高爾後來投身對抗全球暖化的環保運動，結果反而名利雙收，不僅贏得 2007 年諾貝爾的和平獎，還在當年因演講和出書，賺了一億美元。

　　台灣的歷史環境和韓國接近，韓國知道總統若打算再選就不能專心治國，所以規定總統為一任五年。然而有作為的政治家不能連任卻是人民的損

失。為了讓賢才連任而庸才下台，台灣總統的去留應以政績為依據。例如以
GDP 的成長為指標，若總統在任期屆滿前一年達到承諾就可以續任。否則他
或她就失去連任的資格，這時全國才進行大選。這個方法可以留下好的總統
造福台灣人民，也可以減少大選的次數。這樣不僅能降低社會成本，人民也
不會長期對立，政府的施政更不會以選舉得失為考量而會以落實政見為優
先。

　　動物演化靠的是弱肉強食及適者生存，人類社會的進化則應以大同世界
為願景，即各盡所能和各取所需。這原是共產主義的理想，但共產極權的措
施(如人民公社)違反了個人自私的天性，使每個人用笨的方法做事，這是齊
頭式的假平等。在這種制度下，有能者沒有為民謀取更大福利的機會。由於
多做事沒有好處，大家都變窮了。民主社會應可選賢與能，但因人民識人不
易，常選出貪官或庸才，導致有能力的人發揮不了專長。

　　由於人民有免於匱乏的權力，每個人不僅不能挨餓，也需有工作，更要
有娛樂。現在基因科學發達，可以生出健康的小孩。但是即然要生下我，我
就要活得快樂，所以現代人民應有生活的「幸福權」。政府不僅要維持治
安、救助貧窮、推行健保、普及教育，還必須照顧每個人的食、衣、住、
行、育、樂，使大家生活得更愜意。

　　既然每個人都要幸福，這麼多的資源從那裏來呢？其實這並不困難，政
府只要人盡其才，地盡其利，貨暢其流，這個世界就有取之不盡而用之不竭
的資源。現在的問題是政府施政不彰，限制了有能力的人發揮他們的專長，
因此資源才不夠分配。事實上政府只要少做事，經濟就能起飛。中國高度成
長並不能歸功於鄧小平提倡改革開放，他只是叫共產黨少管人民的閒事而
已。所謂改革就是少管而開放則讓人民自由選擇行業，這樣就可以釋放每個
人的本能。大家自動集思廣益並分工合作就可創造出新的價值及資源，「人
盡所能，各取所需」的大同社會於焉成形。

　　老子在道德經裏說：「天地不仁，以萬物爲芻狗；聖人不仁，以百姓爲芻狗。」因此政府要像自然一樣少管人間的事，這才是真正的「愛台灣」。老子又說：「上善若水，水善利萬物而不爭。」政府應做百姓不願做或不能做的事而不與民爭利。老子再指出「道常無爲而無不爲，侯王若能守之，萬物將自化。」也就是說政府少做事，老百姓自然會成就一切。

　　經濟發展正是「看不見的手」運作的宏觀結果。同樣的道理，台灣的總統應是一個精神領袖，他可啓發人民的視野。人民可以自己管自己，這樣每個人才能「天生我才必有用」。如果政府不以「看得見的手」設限，人民順其本性就能做出最好的成績。這正是 Steve Jobs 創造 iPod/iPhone 的傳奇及 Michael Jordon 炫耀飛人灌籃的特技。王永慶說得好，富翁只吃三餐，台塑集團賺很多錢，但只能暫時保管，最後還是要回饋社會。賺到錢的富翁是有能力的人，政府應該利用這種能力好好爲全民賺錢。每個人都有爲子孫貢獻的權力。政府不能以自己的思維限制能者貢獻所長，這樣才會有更多能者爭先恐後的爲大家創造財富。社會富足後才有足夠的資源提高人民的生活品質，包括發展科技、建設休閒、改善環境、規劃醫療、促進文化、創造藝術及投資教育等。這個境界正是北歐國家長期「拼經濟」的成果。由於人民不虞匱乏，工作做多做少並不重要，每個人乃爲滿足自己的貢獻權而努力，因此北歐國家的工作族遠比台灣的上班族快樂得多。

　　由於電腦網路的普及，世界已成地球村。國家已漸失去向心力，政府不必「越俎代疱」做人民能做的事。政府最大的貢獻是滿足人民的「幸福權」及「貢獻權」。政府這隻「看得見的手」只要維護法律及救助貧民，讓每個人可以放心投入而盡情發揮，這樣「看不見的手」才可以充分運作，爲大家及子孫造福。

國家競爭力

政務官協助

工程師實現

科學家發明

台灣

掠奪者破壞

工作族生產

寄生蟲消耗

圖 4-17　孔子曰：「民無恆產則亂。」又說：「生之者眾，食之者寡，則財
　　　　　恆足矣！」所以政府應獎勵財富的創造者才能「把餅做大」讓全民
　　　　　共享。官員如果只顧分配資源會坐大不事生產的消耗者，台灣的競
　　　　　爭力就不可避免的會向下沈淪。

第5章 台灣合福建可創造兩岸雙贏

(原載於中砂季刊 2006 年 10 月)

魁北克的統獨合一

沒有做不到的事情，只有想不到的方法。2006 年底新上任的加拿大總理 Stephen Harper 宣佈魁北克(Qubec)是統一加拿大下的「國家」。這個「國中有國」的巧思打通了加拿大的「任督二脈」，解脫了英法族群對立四十年的僵局。加拿大國會迅速通過了這項法案。爭取獨立的魁北克政團「雖不滿意，但可接受」。魁北克人民拒絕政客操弄族群而以獨立之名行掌權之實，他們知道裏子比面子重要。孫文為了推廣「三民主義」曾強調民族主義是進入世界大同的前題。然而依附在大國旁邊的小國，民族主義卻可能遺禍子孫(如車臣)，而世界主義反而可以保存民族主義(如瑞士)。魁北克人不懂「三民主義」，所以他們做了正確的選擇。

台灣比魁北克的情況好得多。台灣早在 1949 年就已是獨立的國家，只是名字偶爾稱為「中華民國」。魁北克是加拿大東邊的一省，它可以在名字上「一加各表」。台灣則早已是「一中各表」，所以不必為了名字和中國翻臉。這不是對錯問題，而是根本沒有問題。大家都讀過韓信承受「袴下之辱」的故事，聰明人「逞一時不如爭千秋」。生物演化「先辱後榮」的例子更是不勝枚舉。以人類的祖先哺乳類為例，老鼠大的哺乳類曾在恐龍的巨腳下「苟延殘喘」，但也因此可以食用孔龍吃剩的食物，甚至順便享用恐龍生的大蛋。恐龍滅絕後，哺乳類乃「出頭天」統治了世界。如果當年我們的祖先要和恐龍「對著幹」，那不用說哺乳類早就滅絕了。

139

加勒比海(Caribbean Sea)有個島國叫做波多黎各(Puerto Rico)，它是美國的屬地。美國幫助波多黎各人舉行過多次公投決定要不要獨立，結果每次都是不要獨立的人民居多。波多黎各的人比台灣人笨嗎？其實不是。他們知道波多黎各已享有獨立的事實，它有美國保護，不但不需購買昂貴的軍備反而可以免稅。波多黎各如果「正名制憲」，美國當然不會動武，但也不會再提供許多補助。波多黎各人寧可享受已有的福利，而不做無謂的「統獨」消耗。

再以台灣的大小公司為例說明，小弟有依靠老大哥的好處。「普立爾」和「佳能」為數位相機的大哥輩，但它們都願意放下身段加入更大的集團發展共同創造更好的未來。「普立爾」委身「鴻海」而「佳能」下嫁「華碩」。難道這些公司的大老板忘了「寧為雞口，不為牛後」嗎？當然不是，他們都是精明的生意人，他們知道面子有了，裏子可能不見，但裏子有了，尊嚴自然就會跟隨而來。

兩岸的主張

兩岸關係能影響到台海每一個人的衣、食、住、行的每一層面。這個問題持續了一甲子(60 年)，卻沒有人能解。中國和台灣出過無數學者及政客，但迄今對兩岸問題的答案只有「統獨」兩個字。由於「統」和「獨」不能並存，中台只好在現狀(Status Quo)裏僵持。但是台灣的現狀應非目的，它只是人民無可奈何的過程。台灣現狀在過去保護人民不被大陸「血洗台灣」，但現在的現狀則限制了台灣發展的空間及人民旅行的方便。

不論是過去及現在的總統，及未來的總統候選人都沒有打破台灣現狀的智慧及勇氣，大家都是人云亦云而隨波逐流。直到 2007 年 11 月 12 日才有人提出維持現狀的進一步做法。這個人是科技企業家曹興誠。科技人對政治外行，卻比政客無私；科技人對法律陌生，卻比律師客觀；科技人對兩岸關係可以旁

觀者清，能提出符合邏輯的理智建言。

　　曹興誠提出的「兩岸和平共處法」乃從對立的兩極主張找到交集，即民進黨的「台灣前途決議文」及共產黨的「反分裂國家法」，這個交集是公投，即人民自決，有如下圖所示：

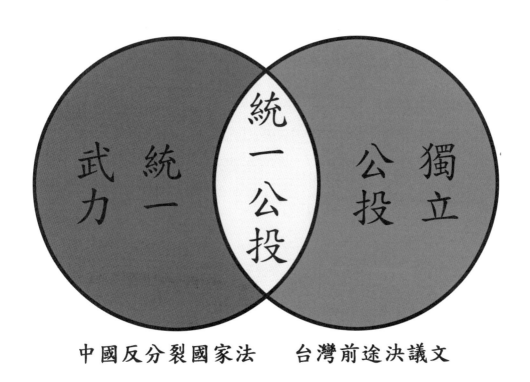

圖 5-1　台獨改變現狀的公投可和中共和平統一的誠意結合成統一公投。

　　台灣前途決議文內主張：「台灣是一主權獨立的國家，任何有別現狀的更動必須經由台灣全體住民以公民投票的方式決定。」曹興誠指出台灣既然已經獨立就不需要台獨公投，這樣就可避免大陸動武。另一方面，中國反分裂國家

法宣稱：「以和平方式實現祖國統一最符合台灣海峽兩岸同胞的根本利益。國家以最大誠意，盡最大努力實現和平統一。國家和平統一後，台灣可以實行不同於大陸的制度，高度自治。」曹興誠認為「以最大誠意，盡最大努力實現和平統一的方法為統一公投。」

既然台灣不必實行台獨公投而大陸不反對統一公投，中國就可以台灣如何「高度自治」提出誘因，交由台灣人民決定是否接受。如果過關，雙方統一，否則就繼續維持現狀。中國可以每十年提出更好的條件看看台灣人民願不願點頭。台灣可長期維持和平現狀直到大陸實行民主並成為開發國家後才同意統一，那時台灣成為中國的一部份，人民只有好處沒有害處，只有政客有壞處，因為不能選總統。

曹興誠的建議有如男方向女方只能求婚而不能逼婚。如果男的不長進，女方當然不會嫁雞隨雞，嫁狗隨狗。但若男方健康英俊，而且已成財神，女方自然可以以身相許，共享榮華富貴的幸福生活。由於台灣不可能和美、日統一，保留和中國統一的權利，台灣可以予取予求。

有了上述的認知，台灣能得不失，因此可推動「兩岸和平共處法」。曹興誠認為台灣面對大陸 13 億人應懂得謙虛，才能「小事大以智」。曹興誠的君子論述和陳水扁推行「義和團」式的魯莽運動有如紳士和流氓的不同行為。曹興誠又痛罵政客搞假台獨以分化台灣選民獲得勝選，其行徑有如神棍以「假神跡」欺騙信徒，獲得錢財。曹興誠並指出 2004 年的所謂「防禦公投」在不過後，政府還大買軍購是「不決而行」。而 2008 年進行得如火如荼的「入聯公投」則可能在通過後不能實施，所以是「決而不行」。這些都是政客愚弄老百姓的「假議題」，它們已使神聖的人民公投信譽破產。

曹興誠的「兩岸和平共處法」雖為「虛統實獨」(沈富雄語)的創舉，但它乃把台灣現狀由台獨向統一方向挪動而已。台灣的現狀仍侷限在島國狹隘的空間裏，台灣將永遠跟隨著大國成長或衰落。難道這是台灣的宿命嗎？其實不見得，台灣的未來還有更創新的主張及願景，有如下述。

「白馬非馬」的一個中國

　　台灣政治和大陸切分而經濟必須依靠大陸的兩難處境可以更有創意的思維解套。過去大陸「一中」是個明確的三個死結，即「世界上只有一個中國，它叫做中華人民共和國，台灣是這個中國的一部份」。但 2007 年中國共產黨在「十七大」的政治報告中，胡錦濤已改口「一九四九年以來，儘管兩岸尚未統一，但大陸和台灣同屬一個中國的事實從未改變。」他的意思是大陸和台灣分屬不同的政治實體，但雙方可屬於一個未來的中國。當代表「中華人民共和國」的大陸進入聯合國取代「蔣介石代表」後並未修改聯合國憲章，其第 23 條及第 110 條仍然明定「中華民國」(ROC)為聯合國創始國。亦即「一個中國」其實是「中華民國」，大陸只是取代台灣成為聯合國的代表而已。台灣的憲法仍定國名為「中華民國」。因此「一中各表」的「九二共識」已被聯合國憲章及台灣憲法雙重承認。陳水扁說若有「九二共識」，他也可以接受。他又說他翻遍 1992 年海基會和海協會在新加坡會談的記錄，找不到「一中各表」的書面資料。可惜陳水扁沒有翻查聯合國憲章，否則他會發現「中華人民共和國」在聯合國代表的正是「中華民國」。

　　學過基本邏輯學的人都知道「白馬非馬」或「白馬不等於馬」的論證。戰國趙人公孫龍的「白馬論」談及「馬」為形體，而「白」為顏色，所以兩者不相隸屬。由於「馬」除了「白馬」還包括黑馬、黃馬、紅馬等。所以不但白馬非馬，任何色馬都不等於馬。但是白馬和黑馬都屬於「馬」的範疇。同樣的道理，「中華人民共和國」為治權，他並不等同「中華民國」的治權。而「中華民國」為象徵，有如中華民族，它不僅涵蓋大陸，還包括台灣、香港及澳門。雖然大家認為「中華民國」早已名存實亡，但「一中」就是要一個陰魂不散的符號。「中華民國」總統陳水扁自問「中華民國」是什麼碗糕？答案是它可代表包括大陸及台灣的大中華實體，也就是孫文在 1912 年創立來取代清朝的理想國家。由於「中華民國」是中華人民的法統，連胡錦濤都不敢否認它的存在。

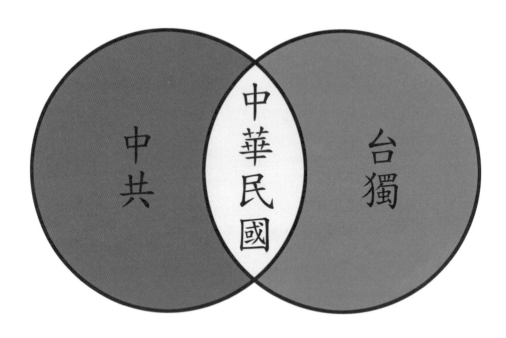

圖 5-2　中華民國是互不兩立的中共和台獨唯一的連繫，它不但可避免雙方擦
　　　　槍走火，也能成為兩邊溝通的橋樑。

　　既然「一中」不是「中華人民共和國」，那麼台灣不應只是被動的抵制「一個中國」的框架，而應主動出擊而以「其人之道還制其人之身」。大陸要的就是「一個中國」的表面承認，但可以接受「一個未來的中國」這種說辭。「將來的中國」不是「中華人民共和國」，也不是「中華民國」，而是一個我們子孫可以決定的名稱。沒有人知道未來的世界是怎麼樣，但我們的後代會更聰明，他們不會做無謂的統獨之爭。就算現在能統一或獨立，未來的台灣人，甚至中國人也不一定會維持這種體制。以台灣自身的歷史為鑑，甲午戰爭後滿清將台灣割讓日本，二次大戰後台灣被「中華民國」接收。滿清割讓日本的合約早被廢止，「中華民國」也已政黨輪替多年。如果兩岸現在簽定有約束性的合約，未來也極可能會被取消，因此台灣人和中國人應為我們的子孫留下自決的權利而不是爭奪他們不見得會要的名份。

「一中」的禪意

一個在平面上的火圈可以困住一群螞蟻,但飛蟻可以無視熊熊大火而從火圈之上「乘風飛去」。同樣的道理,台灣人民被中共「一個中國」的圈圈套住超過一甲子,卻沒人看出這個圈圈只是水圈,是我們要把自己困住的心圈。兩蔣時代台灣自己跑到「中華民國」的水圈裏,李陳時代台灣要脫困已來不及,中共加上了「中華人民共和國」的火圈。但其實水火同源,「中華人民共和國」就是「中華民國」。易經上說「太極生兩儀」,一匹黑馬加上一匹白馬,他們都是馬,也就是「一中」的陰陽兩個面相。

1931 年數學天才的 Kurt Gödel 證明任何有限的前題都不能限制以此前題為命題的議題。亦即接受「一中」不一定會被「一中」卡位,反而在中共「什麼事都好談」的應許下反將對岸一軍。例如下述以擴大實施「一國兩制」的規模要求中共將福建併給台灣推行「一中」。這也不是沒有先例,香港太小難以生存,所以曾向清朝租借新界,香港加新界現在更蘊釀要併入深圳擴大規模,享受「一國兩制」的好處。

「金剛經」說「所謂佛法,即非佛法,是名佛法。」「道德經」說「道非道,非常道。」這些深入的哲學概念告訴我們,很多表面看似根深柢固的想法(例如「一中」),它的本質可以互動的過程加以改變。科學家證明量測會影響實體,既使是宇宙這個龐然大物未來也會被人類的科技影響。一些哲學家甚至認為沒有人類觀察,宇宙根本不能存在。所以過程的確比目的更重要。以我們熟知的「愛」這個觀念為例,「愛非愛」(Love is no love)即為過程影響目的的鮮明例子。雖然大家以為「愛」是目的,但愛完後會「喜新厭舊」,愛也會被「柴米油鹽」等生活俗事污染,所以「結婚是愛情的墳墓」,「約會是愛情的褪色」,只有想像的愛才是永久的。同樣的道理,只有想像的「一中」才存在。只要勇敢的接受它,就可以改變它,讓「一中」圓台灣的夢,也讓「一中」改變中共,使中國可以全力建設成為天下中心,就像回到漢唐的盛世一樣。

台灣的福田

　　胡錦濤在中共的「十七大」呼籲在一個中國的原則下，協商結束敵對狀態，達成和平協議，建構兩岸和平發展的框架。既然我們不能為後人選擇國籍，就不必急著正名而犧牲掉現在大家的發展乃至未來子孫的幸福。台灣應以不反對雙方後代「龍的傳人」能合併成一個新中國為由要求中國給台灣一個能在政治及經濟發展更大的空間。清朝割讓香港後，英國覺得香港空間太小乃要求租借新界 99 年，這樣就成功的讓香港發展成為亞洲四小龍之一。香港回歸後，現在發展快速，也覺得地方太小，沒有製造的生產基地。香港正醞釀要和深圳合併，擴大「一國兩制」的格局。台灣可以指出治理福建的金門及馬祖已經成效卓著，請中國擴大這項成果於整個福建，這樣才能真正檢驗鄧小平主張「一國兩制」的可行性。既然中國推銷「一國兩制」在先，台灣就有權要求以「一國兩制」的民主政體發展資本經濟，這樣才能和共產主義的「社會經濟」公平比較，並在未來顯出優劣。如果民主制度比共產體系更能帶給人民富裕及繁榮，將來中國就會揚棄共產主義而擁抱民主制度。反之，所謂的「中國式社會主義」若能讓我們的子孫更加滿意，「台福政經實體」也可從善如流而改行中國的制度。

　　鄧小平早就說過，「不管黑貓或白貓只要能抓老鼠的就是好貓」。同樣的道理，國家的名稱並不重要，人民需要的是能創造財富及提高生活品質的制度。中國號稱共產主義，實行的卻是資本制度，從這個觀點來看它和台灣的差別其實沒有想像中大。中國若能讓福建和台灣共治，它和「台福」的真正關係將是「一制兩國」而非「一國兩制」。這兩個唇齒相依的「國家」會比中國的東部和西部思想的差距更小，它們的人民也可能比台灣南部和北部更融洽。在經濟互補的良性循環下「台福」生活水平的差距會逐漸縮小乃至消失。

表 5-1　台灣的兩岸主張

代表	李敖	馬英九	陳水扁	李登輝	曹興誠	宋健民
國名	中華人民共和國	中華民國	中華民國台灣	台灣共和國	中國	新中國
時程	現在	現在	現在	現在	未來	未來
方法	一國兩制	不獨不武	漸進台獨	正名制憲	統一公投	台福五十年
願景	中國一省	台灣現狀	台灣鎖國	台灣小國	台灣現狀	世界大國
格局	寄人籬下	逐漸落後	菲律賓化	戰爭毀滅	和平共處	台灣福氣

　　中國真的相信「一國兩制」，它就必須給台灣一個對等的實施空間。中國拒絕這項要求就暴露了它想以「一國兩制」併吞台灣的野心，台灣這時再要求正名獨立可以爭取到島內更大的向心力以及國外更多的同情心。中國的版圖遼闊，各省的經濟發展又如火如荼，「割讓」一個「小福建」讓台灣放心實驗「一國兩制」對他們的「改革開放」並沒有太大的影響，但是這樣兩岸可以擱置統獨爭議反而對雙方的經濟發展大有幫助。中國讓福建和台灣合併，福建人比台灣人多六成，他們也可能同化台灣人民。因此只要台灣認真爭取治理「福建」，中國可能會大方答應。果真如此，台灣可以發展的面積及能從事生產的人力都可以大幅擴大，「台福」的國際格局會接近法國，這比台灣被中國統一或自行獨立的願景好多了。

　　如果福建能成為台灣的腹地，則不僅可以解決兩岸的政治僵局，更可促成「台福」政治及經濟的共榮。「台福政經實體」可以把台灣海峽這個「意識拉鏈」合攏，消除兩岸分割了約一甲子(60 年)的鴻溝。福建為中國統一台灣的軍事基地，因此相對於其他沿海省份(如廣東、江蘇、山東、遼寧)，其經濟發展比較落後(2005 年排名第十一)。福建若成為台灣的製造工廠可將貨品快速運輸到大陸各地，這樣台灣可落實「亞太營運中心」、「亞洲研發總部」及「中國金融重心」等理想。台灣更可以藉福建的改制把民主散佈到大陸各省加速中國的民主化。

表 5-2　2005 年世界各國人口排名(2006 年 6 月總人口數 6,446,131,400)

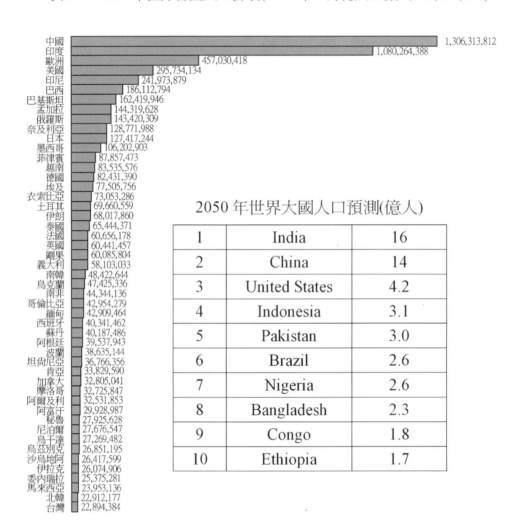

中國		1,306,313,812
印度		1,080,264,388
歐洲		457,030,418
美國		295,734,134
印尼		241,973,879
巴西		186,112,794
巴基斯坦		162,419,946
孟加拉		144,319,628
俄羅斯		143,420,309
奈及利亞		128,771,988
日本		127,417,244
墨西哥		106,202,903
菲律賓		87,857,473
越南		83,535,576
德國		82,431,390
埃及		77,505,756
衣索比亞		73,053,286
土耳其		69,660,559
伊朗		68,017,860
泰國		65,444,371
法國		60,656,178
英國		60,441,457
剛果		60,085,804
義大利		58,103,033
南韓		48,422,644
烏克蘭		47,425,336
南非		44,344,136
哥倫比亞		42,954,279
緬甸		42,909,464
西班牙		40,341,462
蘇丹		40,187,486
阿根廷		39,537,943
波蘭		38,635,144
坦尚尼亞		36,766,356
肯亞		33,829,590
加拿大		32,805,041
摩洛哥		32,725,847
阿爾及利		32,531,853
阿富汗		29,928,987
秘魯		27,925,628
尼泊爾		27,676,547
烏干達		27,269,482
烏茲別克		26,851,195
沙烏地阿		26,417,599
伊拉克		26,074,906
委內瑞拉		25,375,281
馬來西亞		23,953,136
北韓		22,912,177
台灣		22,894,384

2050 年世界大國人口預測(億人)

1	India	16
2	China	14
3	United States	4.2
4	Indonesia	3.1
5	Pakistan	3.0
6	Brazil	2.6
7	Nigeria	2.6
8	Bangladesh	2.3
9	Congo	1.8
10	Ethiopia	1.7

註：台灣加福建的總人口將超越南韓成為世界第 25 大國。

台灣的民意

　　台灣從本土政權成立以來，贊成獨立的人有逐年增加之勢，而主張統一的比率則不斷降低。但民意的主流則一直是維持現狀。

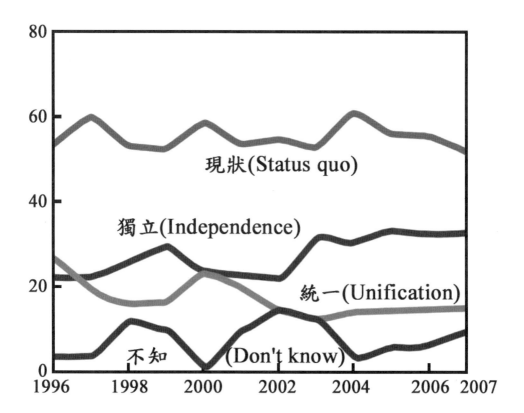

圖 5-3　台灣統獨民意之消長。

　　人民的思想單純，政府才能以「宣導」影響民意。政客乃主觀的推動「民可使由之，不可使知之」的政策。然而民意如流水，它常會因突發的事件而改

變，例如 2004 年大選前連戰的民意顯著領先陳水扁，但 319 槍擊案卻使陳水扁的同情票大增而在隔天選舉勝出連任總統。所以真正的民意應反映開放政策下的思維，而非政治運動時的心態。例如香港在回歸中國之前，民意普遍反對「一國兩制」，但十年之後卻有很多人鼓吹和深圳合併，擴大「一國兩制」的影響力。

　　陳水扁上台後極力貶低中國崛起的影響並經常鼓吹獨立的重要(如以台灣國加入聯合國)，因此影響了統獨的民意。但如果台灣人民知道獨立可能導致中國進攻台灣，相信連最極端的台獨激進份子也不敢冒進。相反的，台灣若開放大陸資金來台投資及觀光客來台旅遊，台灣人對中國貧窮落後的刻板印象就可能改變。台灣人和中國人乃同文同種，彼此溝通容易。中、台雙方百姓的想法原本大同小異，但台灣政客怕兩岸人民血濃於水。2008 年北京舉行奧運會時，中國將充分展現強國的實力，台灣人也會因中國成為金牌霸主而與有榮焉。因此現在台灣的民意只是表像，絕大多數人支持現狀，但多數願意考慮未來雙方的發展再決定政治的意向。這個情勢顯然對中國比較有利，未來中國在國際的影響力將不斷攀升，而台獨發展的空間會持續被壓縮。台灣人活著的目的不是痛苦的奔走獨立而是追求更好的未來，因此為子孫預留空間是聰明台灣人最好的選項。

福建的威脅

　　福建的最大城福州離台灣的最大城台北不到三百公里，從台北坐飛機到福州比到高雄(360 公里)還快。福建為中國軍事統一台灣的基地，李登輝訪問美國康乃爾大學演講後，中國就在福建調動軍隊頻頻演習，他們甚至在平潭島及東山島進行海陸空的聯合作戰模擬攻佔台灣的登陸搶灘。中國更在福建建設多個軍事基地，福建的軍機(如殲八型戰機)能在二十分鐘內飛到台灣攻擊包括總統府的所有目標。中國也在福建永安及仙游就近佈署數百顆東風 11 型(射程

300 km)及東風 15 型(射程 1000 km)的導彈，它們可在十分鐘內轟炸台灣各地的軍事基地。台灣的國防部承認中國若大舉來犯，從未作過戰的空軍及海軍可能會在兩天內就被殲滅。不知為何而戰的台灣陸軍如果退守山區也許還可以撐上十天。如果台灣借子孫的錢買來更多的美國先進武器也只能多擋幾天而已。韓戰時中共軍隊靠著落後裝備可以把世界最強的美國從鴨綠江打退到板門店，現在中國擁有嚇阻核武及大量導彈，美國不會愚蠢到要在台灣和中國正面接戰。如果中國真的動手美國充其量也只能幫助台灣政要徹退而重演當年越共進入西貢時倉惶逃離的難堪窘境。

2007 年台灣的漢光演習淪為「交戰」兩軍互相配合的表演活動其目的為取悅陳水扁。台灣軍人不僅沒有實戰經驗，軍心也已被政府對國家的矛盾定位及政黨的長年內鬥瓦解怠盡。陳水扁在軍中培養「馬屁文化」，例如憲兵可以對陳水扁高聲朗誦「你是我的大帥哥和巧克力」，空軍也把沒當過二等兵的陳水扁畫成穿上五星上將軍服的大型壁畫。總統不次提拔奉承阿諛的軍官，這種不比能力只看對眼的升遷正是軍人作戰志氣的最大殺手。

陳水扁在七年任期內晉升 26 位上將，他們平均幹不到一年半就紛紛退休。陳水扁浪費納稅人的錢供養退休的上將事小，但軍中沒有能戰的「宿將」卻「待事大條」。例如軍中居然推動肉麻的「愛愛抱抱運動」，這種愛抱軍人那能殘忍的刺殺敵人？從未當過兵的「台灣之子」不能理解戰爭的勝負不在武器的精良而在同仇敵愾的士氣。韓戰及越戰都是共軍以劣質裝備打敗使用美國先進武器的例子。中國對日抗戰時士氣高昂，手持簡陋武器的國民黨軍隊對抗日本的精銳部隊可以在上海保衛戰時支撐三個月。但十年後擁有美式裝備的國民黨軍隊在上海只擋了共產黨軍隊十天。因此軍人願不願作戰及能不能作戰才是勝負的決定關鍵，武器只是工具而已。

隋文帝在北周篡位後滅亡北齊，其後準備南征陳朝。為了鬆懈陳兵的防務，隋軍多次宣佈出兵卻沒有動作。陳軍數度集結準備對抗卻白忙一場，其後陳朝乃對隋軍動向不以為意。最後隋軍傾巢而出，陳軍猝不及防，隋朝就滅亡了陳朝。陳水扁沒讀歷史也應聽過「狼來了」的寓言。但是他一直認為狼最近

不會來，所以可大膽挑釁中共，獲得政治利益。陳水扁在接受鄭弘儀的電視專訪(2008 年 1 月 5 日)時說李登輝接受「一中」，結果引來飛彈射到離台灣只有 50 公里的海域。陳水扁拒絕「一中」，卻反而平安無事。因此陳水扁認為中共只是恫嚇而已。2008 年陳水扁更認為中國忙著準備奧運，可以加速推動「入聯」公投。這種「戰爭邊緣」的運作正是律師在法庭對抗的拿手好戲，但是陳水扁和中國玩「狼來了」的遊戲乃以台灣人民為賭注，可憐愨厚的台灣老百姓卻被政客蒙在鼓裏而為陳水扁搖旗吶喊。

　　台灣不僅沒有與敵作戰的本錢，更沒有不和平的條件。中國只要宣佈封鎖台灣，以外貿生存的台灣企業就會先行崩潰。到時台灣島內主戰及主和的鬥爭浮上台面將會引發逃亡浪潮。當年台灣被逐出聯合國及中美斷交時，台灣的房地產就跌到谷底而移民外國的人數也急遽增加。若中國真的動員台灣會在初期的心戰就先屈服。西諺有云：「打不過敵人就和他們合作」，即然我們打不贏這場戰爭為什麼還要和大陸對抗，甚至提前攤牌呢？

表 5-3　2005 年中台軍力比較

類別	台灣	中國
軍費(美元)	136 億	366 億
軍費/人口(美元/人)	600	30
軍事人員(人)	20 萬	250 萬
洲際導彈(枚)	0	20
中程導彈(枚)	0	10
防空導彈(枚)	7000	不詳
反坦克導彈(枚)	3000	不詳
坦克(輛)	1000	7000
自走炮(門)	300	1200
空軍人員(人)	6 萬	42 萬
全部戰機(架)	300	3000
運輸機(架)	40	500
海軍人員(人)	4 萬	25 萬
導彈驅逐艦(艘)	30	20
魚雷艇(艘)	20	130
導彈巡航艦(艘)	3	100
登陸艇(艘)	10	60
登陸裝置(台)	10	300
海軍空戰人員(人)	1 萬	3 萬
海軍飛機(架)	160	600

1996 年 3 月 8 日，中國從福建向台灣發射四顆東風 15 型飛彈，其中兩顆命中高雄外海約四十公里處，另兩顆打到基隆港外三十公里處。當時美國曾派遣兩批核子動力航空母艦戰鬥群(USS Independence 及 USS Nimitz)就近監視中

國的軍事演習。然而中國揚言美方若軍事支援台灣將以核子武器對付，這倒並不是虛張聲勢。中國已在江西樂平及贛州等地佈署東風 21 型(射程 2000 Km)導彈，它們可直接射達美國的航空母艦。中國的海空軍也可就近發射巡戈導彈，它們可離海 20 公尺飛行，其命中的準確度可在五公尺內。由於中國有能力襲擊美國船隻，美國立刻將艦隊後徹至公海較遠處觀望。當時雙方箭拔弩張大戰似乎一觸即發，幸虧東西兩個最大國的最高領導人能夠自制，否則台灣在兩強對峙下可能淪為他們的戰場。1963 年俄國因協助古巴建設飛彈基地曾和美國在外海對峙，這個古巴危機幾乎啓動了第三次世界大戰使全球人民捲入毀滅性的核彈戰爭。台海危機和古巴危機是人類延續物質文明兩個危險的關卡，還好強國在劍拔弩張時並沒有擦槍走火，我們才能在今天仍能享受自由民主的成果。

戰爭的殘酷無情比和平時期最大的不幸還悲慘千萬倍，不幸的是野心家為了「一將功成萬骨枯」可以犧牲無數的生命。在上一世紀許多無辜的愛國者捐軀沙場，但是這些志士所報效的國家卻多已成為歷史名詞；例如第二次大戰的軸心國，冷戰時的蘇聯及東歐各國等，所以這些年青人的死亡是極其冤枉的。兩岸如果發生戰爭，雙方都難以承受這種骨肉相殘的死傷。政府領導人應避免激發情緒讓對方找到攻擊的藉口，只有沒道德的政客會說「事情鬧得越大越好」。聖經裡指出人若贏得世界但賠上生命是愚蠢的，古人也說「留得青山在不怕沒柴燒」。我們應該慶幸當年的台海危機並未鬧大，否則戰爭既使最終獲得勝利，首當其衝的台灣必然已先成為廢墟。

國家乃為人民而存在，人民則不是為國家而生活。台灣承受不起戰爭的毀滅，也無法和中國長期競賽軍備。既然熱戰和冷戰都對台灣不利，和中國合解就是唯一的出路，它也是一個創造雙贏的機會。

台灣居，大不易

　　台灣是個蕞爾小國，面積不到世界的萬分之三，而人口僅有全球的約千分之三。台灣島大部份是高山，像是一個垂直的屏風。最高的玉山甚至比歐洲乃至非洲的所有山脈更高，它也比世界最大國的俄羅斯及加拿大的山脈更高。台灣人幾乎都擠在山腳下，西岸的沖積平原只有 2300 km^2。台灣實質的人口密度逼近 10,000 人/ km^2，這是世界人口最密集的國家。

　　台灣不僅擁擠不堪，而且基本設施不足，例如只有 10 %的居家可將排泄穢物沖到下水道。台灣還養了七百萬隻豬，它們產出相當於三千萬人的糞便。台灣的數百萬隻寵物及到處可見的流浪狗使環境衛生更加惡劣。

　　台灣的空氣污染也冠於全球，不僅汽車密度在世界名列前茅(城市國家不計)，還有一千一百輛機車產生相當於三千萬輛汽車的有毒煙霧。台灣人多地少而且污染嚴重，政府施政應以提供島內人民安全舒適的生活環境為第一要務，可惜並沒有政治家具有這種悲天憫人的情懷。

表 5-4　台灣爲垂直之島，世界大多數國家卻是水平之地

國家	面積 (平方公里)	山脈	山峰	高度 (公尺)	高度/面積 (相對值)
世界	6,464,750,000	喜馬拉亞山脈 (Himalayas)	聖母峰 (Everent)	8848	0.01
歐洲	104,000,000	阿爾卑斯山 (Alps)	白朗峰 (Mount Blanc)	4807	0.5
俄羅斯	17,075,200	烏拉爾山脈 (Urals)	普托拉那山 Poznurr)	1895	1
非洲	30,065,000	吉力馬札羅山 (Mt. Kilimanjaro)	烏魯峰 (Uhuru)	5895	2
澳洲	7,686,850	科塞斯科山脈 (Kosciusko)	科塞斯科峰 (Kosciusko)	2230	3
加拿大	9,984,670	洛磯山脈 (Rockies)	羅布森峰 (Robson)	3954	4
南美洲	17,819,000	安第斯山脈 (Mountain Andes)	阿空加瓜峰	6962	4
南極洲	13,209,000	文森山叢群 (Vinson Massif)	文森峰 (Mt. Vinson)	4897	4
美國	9,631,418	洛磯山脈 (Rockies)	埃爾伯特峰 (Elbert)	4401	5
中國	9,596,136	喜馬拉亞山脈 (Himalayas)	聖母峰 (Everent)	8848	9
台灣	35,915	中央山脈	玉山	3952	1100

表 5-5　人口密度的對比

國家	人口	面積 (km^2)	人口/面積 (km^2)
Bangladesh	141,822,300	143,998	985
Taiwan	**22,894,384**	**35,980**	**636**
South Korea	47,816,940	99,538	480
Japan	128,084,700	377,873	339
China	1,315,844,000	9,596,961	137
USA	298,212,900	9,629,091	31
Russia	143,201,600	17,098,242	8
Canada	32,268,240	9,970,610	3
Australia	20,155,130	7,741,220	3
World	**6,464,750,000**	**134,682,000**	**48**

註：城市國家不計

　　台灣工廠林立，大多從事為人作傢的代工行業；既使連最大的公司「鴻海」和最賺錢的公司「台積電」也不例外。在這個「紅海」中求生的公司多半利潤微薄。例如「台積電」這種模範公司員工的薪資也只有美國矽谷對等工程師的約 1/3。不僅如此，台灣人每天長時工作因此大部份人的生活壓力很大。小公司常以客廳為工廠使居家生活更難得到安寧。由於人多擁擠台灣人普遍睡眠不足(約有 1/4 有失眠症狀)，許多人生不出小孩，更多人得了憂鬱症。台灣的自殺人數每天約 12 人，棄嬰人數每天約 1.5 人，陳水扁執政後更每年屢創新高。除此之外，台灣交通事故頻繁，車禍喪生的比率偏高，連醫療的資源也相對貧乏。

表 5-6　台灣的醫療人員嚴重不足

國家	台灣	美國	德國	日本
醫生(每千人數)	1.4	2.7	3.4	1.9
護士(每千人數)	3.7	8.3	9.6	7.8

　　過去政府長年發展科技及經濟，現在的官員則不斷推行選舉性的措施，以致台灣人的生活品質落後歐美國家甚多；例如台灣多處可見垃圾，水溝常有臭味，隨時聽到噪音等。台灣每人二氧化碳的排放量更是世界第一。不僅如此，台灣各地還廟宇林立及到處使用香燭，在郊區也常燃燒紙屑稻草使空氣的污染更加嚴重。台灣島內的旅遊設施也相對貧乏，人民不僅假日難以休閒，甚至常在高速公路上塞車。可憐的台灣人辛苦工作卻沒有享受到應得的休閒及照護。

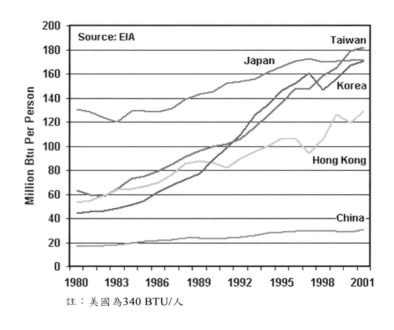

圖 5-4　台灣每人能源消耗的增加速度最高，加劇了對髒亂環境的污染。

表 5-7　台灣人多地小，空氣的污染極爲嚴重

Country	CO₂排放量(千噸)	人口(百萬人) × 面積(km²)	比率(相對值)
Taiwan	**283,890**	**823,740**	**1000**
Korea	446,190	4,759,603	300
Japan	1,203,535	48,399,750	80
USA	5,844,042	2,871,519,151	7
China	3,513,103	12,628,103,550	1

　　台灣出生率在爲世界敬陪末座以致人口逐漸減少，學校更面臨縮編或裁撤。更有甚者，台灣即將成爲耄耋之國，我們的子孫不僅要背負越積越多的國債，還要奉養越留越多的老人。美國的人口乃靠全世界移民的加入而不斷增加。然而如果福建人能像我們的祖先當年跨海來台一樣移民到台灣就可以注入新的生命力，使台灣的人口結構返老還童。

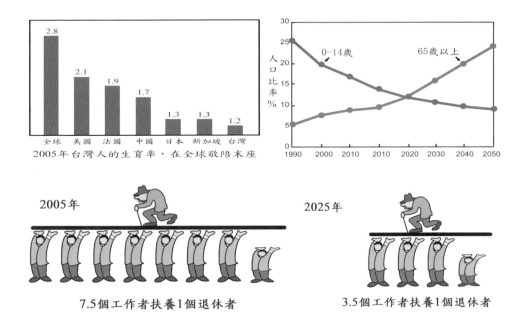

圖 5-5　台灣將成耄耋之國。如果不輸入移民,未來的人口將會萎縮。

台福共生

　　台灣和福建都是「七山二水一分田」而這個「一分福田」乃彼此隔台灣海峽相望。台灣人到大陸從福建上岸最近,福建人渡海到台灣比翻山到內陸更方便。可惜的是在過去六十年台灣人和福建人地理接近卻心理遙遠。台灣人和福建人不能像過去一樣來往,不是雙方人民的選擇而是歷史的無奈。但是超過半世紀的強制分離已經不只是上一代政府的罪惡,兩岸人民沒有遷徙自由的基本人權更是這一代政府的無能與無德。

圖 5-6　台灣人和福建人多住在台灣海峽的兩岸，其後各有高山的阻隔。從血
　　　　緣的關係來說雙方本是一家人。從地理的位置來看，雙方更應密切來
　　　　往。從經濟的發展來說，雙方的能力互補，是贏加贏的組合。

　　福建的海岸曲折海島眾多，海岸線合計長達 3324 公里，其長度比台灣海岸線多兩倍有餘。福建海岸又多深水良港，有的可以停泊三十萬噸的巨大油輪或貨輪。宋、元朝代泉州已是東亞第一大港及世界第二大港(僅次於埃及的亞歷山大港)。2007 年廣東外海發現宋代的古船「南海一號」，其上滿載奇珍古玩，價值高達千億美元。它顯示以泉州為起點的海上「絲綢之路」在當年有多興旺。在這期間很多福建人移民東南亞各國，包括遷往台灣。福建大量移民冒險航海，媽祖乃成為海神。明朝鄭和七度下西洋也自福建長樂港出發。清末民初時期，福建的馬尾是海軍的造船基地。福建其他的大港包括福州、廈門、湄州及寧德。福建對外的運輸有一半自港口啟航。福建正在建設所謂「二縱四橫」的鐵道及公路，它們乃以港口為接駁站。可惜台灣海峽不能直航，否則福建的港口可和台灣的港口(如基隆、高雄)聯結便使兩岸的經濟可以整合。

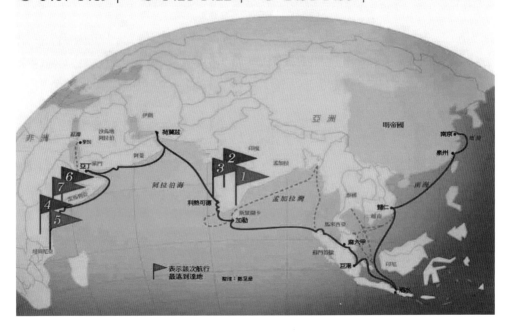

圖 5-7　1405-1433 年，鄭和七下西洋從福建泉州進出圖(取自商業周刊第 934
　　　　期「細節裡的競爭力」。

　　中國的第十一個五年計畫包括在福建建立「海峽兩岸經濟區」，其主要的
目的就是吸引台商到福建投資。福建也推出「閩台產業對接專項規劃」，台商
投資更超過百億美元(如裕隆、台泥)。由於友達及華映帶進供應鏈的廠商進
駐，廈門漸成 LCD 面板的群聚重鎮。

　　台灣若配合福建要和台灣經濟接軌的意願順水推舟，向中國提出「台福共

治」的要求，中國雖然有諸多顧忌，卻因提倡「一國兩制」及鼓勵「閩台合作」
而難以公開反對。中南海的中共高層爲避免台灣獨立曾討論過相似的方案，所
以如果台灣「將計就計」並以此爲「在一中架構下，什麼事都好談」的主要訴
求，中國爲達成「一國兩制」可能勉強讓出福建。果真如此，中台可簽定五十
年的「過渡協議」並請美國當見證國，這樣可以保障台海和平半世紀。在這個
和平的架構下，台灣可以維持民選的政府及民主的制度，也可保留防衛本島的
三軍部隊及情報組織。在台灣的治理下，福建可以成爲台灣國防的緩衝縱深，
而其軍區則可以改建成爲工業區或住宅區。

　　福建與台灣的氣候相同，都適合農業發展。台灣可把精緻的蔬菜水果遍植
福建的丘陵，使「台福」成爲世界著名的魚米及花果生產地。爲了連結台灣和
福建，台灣可呼應中國規劃修築一條台灣海峽的海底隧道。中國正在福清和平
潭島間興建長度爲 5 公里而跨海 3.5 公里的「平潭海峽」大橋，未來的「台福」
隧道可由平潭群島聯接新竹，其距離只有 68 公里。它完工後從台北開車到福
州只要三小時，比到台南還快。日本曾在 1988 年完成本州到北海道的「青函
公路海底隧道」，其全長 54 公里而最深處位於海平面下 240 公尺。英法則在
1990 年峻工「英法鐵路海底隧道」，其全長 52 公里而平均深度在海平面下 50
公尺。台灣海峽的直接通路若能建成將爲世界最長的隧道，而台灣也將由孤立
的海島變成和大陸聯結的半島。

台福共治

　　在「台福政經實體」的架構下，中國人不能進入福建而福建居民不能移民
到台灣，就像大陸的外地人不能搬到深圳而深圳居民也不能搬到香港一樣。台
灣政府將可同時治理台灣及福建；初期可指派福建的縣市長，而福建居民則可
直接選舉鄉鎮長。二十年後福建的民主制度確立，其居民就可以直接選舉縣市
長。四十年後福建居民應和台灣居民同時選舉共同的總統。五十年後「台福人」

可以公民投票決定他們要獨立建國或和中國統一合併。那時中國的共產制度應已蕩然無存，台灣的獨立意識也沒有號召力。我們的後代回顧歷史學到愚蠢的政客曾為他們爭統論獨會覺得十分荒謬。人民做主決定各自的生活方式才是普世的價值。

　　2006 年福建人口約三千五百萬，「台福」的總人口約為五千八百萬，接近法國或英國的規模。台灣人的幾乎都來自福建，就像新台灣人逐漸變成舊台灣人一樣，福建在台灣統治五十年後其人民也將從中國人轉變成「台福人」。未來的「台福人」有和歐洲相當的豐厚收入及優裕生活。「台福政經實體」成立後雙方的思想會逐漸拉近，其相處甚至可能比現在南、北部台灣的居民之間更融洽。由於看法相同，「台福人」如果真要獨立將比韓國的土地更大而且人口更多，到時應可擠身世界開發大國之列。

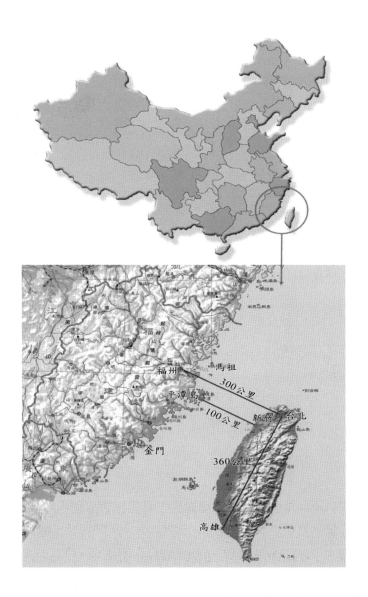

圖 5-8　中國沿海各省都有腹地可以發展經濟，只有福建三面環山與中國隔
　　　　開。北邊戴雲山擋住浙江，西部武夷山隔開江西，南方山嶺又和廣東
　　　　分離，但東岸平面卻和台灣西岸平原由淺海對接。「台福政經實體」
　　　　若能成立可把台灣海峽變成內海，它可建設成世界最大的海洋生態樂
　　　　園。果真如此，台灣海峽的觀光價值未來可能追上台灣本島的 GDP。

　　中國的經濟實力已經穩固，全國上下早就「向錢看」。「台福政經實體」可以加速海峽兩岸的繁榮。現在思想僵化的中國政要連小香港都不願傷害，未來開明的中國領袖更不會破壞「台福政經實體」而導致台灣永遠的喪失。由於中國「割讓福建」給台灣的目的就是要避免台灣獨立，因此他們不會再以軍事威嚇台灣。如果中國不守合約又要動武，美國為見證國不能坐視不管。台灣保有軍隊大可宣佈獨立並由美國進駐台灣海峽協防，就像當年中國軍隊攻入北韓第七艦隊就開始出巡台灣海峽一樣。五十年後共產主義如果還未消失就早已轉變成為資本主義式的社會主義，有如北歐國家。那時中國已成為開發國家，具有直選民意代表及國家領袖。當中國成為富裕的民主國家後，不僅「台福人」不想獨立，中國也對統一沒有興趣。那時大家都已體認到國家的名稱其實不是重點，而實質的生活品質才是人民關心的議題。

　　統一台灣是老一代中國人放棄不了的野心，回歸祖國是這一代台灣人沒有意願的現實。「台福政經實體」可成為雙方「剪不斷而理還亂」的溝通橋樑。中國早年曾試圖「解放台灣」，但在登陸金門失敗後就不再嘗試。毛澤東後來為維持福建和台灣偶斷絲連的關係更不願出兵金門和馬祖。從中國的觀點看福建和台灣合併有統一的象徵意義。另一方面台灣曾不切實際的夢想過「反攻大陸」，然而「反攻福建」卻可為兩岸僵局解套並為雙方創造共榮。這樣就可為華人找到一條分而復合的出路，也為我們子孫的民主自決留個後步。

海峽淺灣

　　太平洋自一億年來就被不斷擴大的大西洋壓縮，由於擠進太快，太平洋西端破裂形成如巨大菱形的菲律賓板塊(Tectonic Plate)，其四個頂點各為北方的東京、西方的台北、南方的爪哇及東部的關東，它西部的尖端把已隆起的中央山脈自底部撬起，使玉山成為東亞最高峰，台灣島因此成為全球最陡峭的屏風。台灣島長 394 公里而寬 144 公里。台灣海峽長 375 公里而寬約 180 公里，

其最窄之處(平潭島與新竹岸邊)則只有約 100 公里。台灣海峽平均深度只有一百公尺,而較淺的「東山陸橋」水深不及 50 公尺。「東山陸橋」由東山島向東南延伸,經「雲彰隆起」可至澎湖列島,它向東可聯接到新竹至台南的海岸。

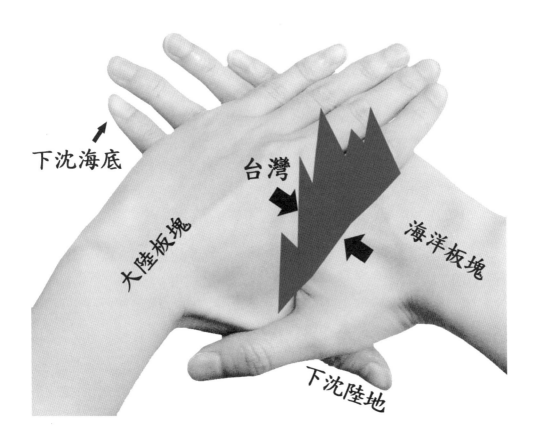

圖 5-9　台灣的山高與陸寬之比在全世界最大,具有連續百公里的屏風山。這是海洋板塊和大陸板塊交錯推撞的結果。台灣山脈陡峭,兩岸沖積平原在六千年前形成,其沖刷速度之快為全球平均值的百倍。

　　一萬五千年前的冰河時期海水曾經下降超過一百公尺，華南沿海形成寬達上千公里的濱海平原，這個遼闊的平原包括突起的台灣高地，那時台灣乃和福建連成半島。福建的先民乃沿此高地絡繹搬至台灣定居。一萬年前大陸的「山頂洞人」曾移居台南左鎮成爲所謂的「左鎮人」。台灣「高山族」的祖先應爲上海地區「百越族」的後裔，其 DNA 含有罕見的 M119C 基因。「高山族」中的布農族含有此基因的比率高達 80 %而阿美族更爲 100 %。2007 年馬偕醫院針對 136 名台灣的福佬人及 99 名客家人進行組織抗原(HLA 半套體)的對比，發現他們與高山族大部份雷同，而與中國北方人種不同。「五胡亂華」及「黃巢作亂」發源於黃河流域的客家遠祖曾被驅趕南下混入中國東南的「百越」蠻夷之邦。客家人與百越一支的閩南人有些移民泰國乃至新加坡成爲當地的華人後裔。江浙的「百越人」可能在 4000 年前渡過那時海水仍淺的台灣海峽抵達台灣，他們的子孫應即爲現在的「高山族」。台灣人乃由大陸人不斷移民所組成，較近期的移民潮包括明末鄭成功逃離清國的流亡軍民及蔣介石在共軍佔領大陸時渡海的軍隊和家屬。

　　台灣不僅土地源自大陸，人民也多從對岸的福建遷徙而來。以台灣信仰的海神媽祖爲例，她名字叫做林默娘，宋代時住在福建莆田的湄州島。媽祖廟在台灣有五百多座，林默娘的祖籍即爲中原的河南。大甲鎮瀾宮的媽祖曾回湄州娘家探親，爲未來的「台灣福田」做見證。

　　台灣的文化根源大陸，就連台灣話及客家話也保留了中國原始的鄉音，反而目前的國語(普通話)乃來自旗人的官話，台灣人和大陸人血濃於水的關聯是不爭的事實。

　　1971 年台灣詩人余光中曾以「鄉愁」爲題寫下：「鄉秋是一灣淺淺的海峽，我在這頭，大陸在那頭」。2003 年中國國務院總理溫家寶訪美在紐約接見華僑時呼應說：「一灣淺淺的海峽，是我們最大的國殤和最深的鄉愁」。

　　台灣海峽的確不深，帶氧氣桶的潛水人員可以在峽底徒步行走。台灣海峽其實不是不能橫越的天塹，由「東山陸橋」到台灣西岸的水壓不及五個大氣壓，

密封的坦克車群及裝甲車隊攜帶液態氧罐可在海峽底部的沙泥上行駛，它們可以神不知鬼不覺的在台灣西部海岸的多處緩坡登陸。例如 1960 年美國出產至今已達十萬輛的 M113(配備 50 機搶，可載 12 人)是水陸兩棲運兵裝甲車。它乃以鋁板打造而以戰車履帶行駛，其行程可達 500 公里。台灣有數百輛的 M113，其門窗緊閉後就可在台灣海峽底部行駛。台灣與大陸乃以淺灣聯結，但與太平洋則以深海阻隔，中國真要攻打台灣其實不需在內陸建飛彈基地遙遠威嚇，其深水潛艦可藏匿台灣東邊海溝可就近瞄準發射飛彈。中國攻台最容易的方法為在東岸人少處上陸再攻入台東縱谷。就像當年清朝佔澎湖迫降「東寧五國」一樣，中國只要象徵性的攻佔台東就可瓦解台灣人的抵抗意願。

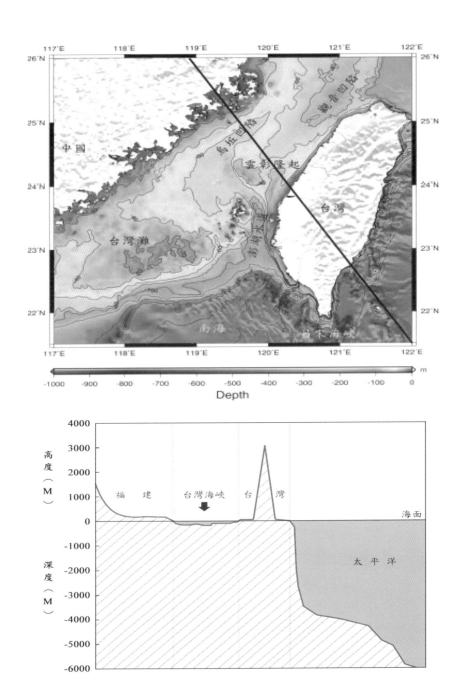

圖 5-10　台灣海峽雖然寬廣卻是一個淺灣。

　　台灣是東亞的屏風，中國得之方成海上長城。美日得之則爲不沈母艦。然而台灣人不需要戰爭的威脅而要幸福的生活，因此不結盟的中立政策，才可能保障和平台灣離大陸太近，沒有能力防衛中國的入侵。中國若要攻擊台灣其坦克車隊可潛水通過海峽登陸台灣西岸，而其深水潛艦可藏匿台灣東邊海溝發射導彈。

黃沙變黃金

　　思想的解放是突破僵局的不二法門，水火不容的觀念其實只有一線之隔，當竅門打通後就會領悟堅持某種信仰的不智。以極保守的回教國家杜拜(Dubai)爲例，它可破除千年的傳統把荒蕪的沙漠建設成爲全球主要的航空樞紐及貨運中心。它又不斷填海造陸建築多項世界的奇觀吸引了觀光人流及投資錢潮。2000 年時杜拜開放了七星級的帆船旅館 Burj Al-Rab，其後又無中生有的建造了棕櫚島 (Jebel Ali Palm Island) 並在其上蓋了許多豪華(百萬美元以上)的別墅。現在它更著手建築讓人嘆爲觀止的「世界群島」(The World)，它具有包括台灣等三百多個地區的人造島嶼。杜拜也在趕工高度遠超過台北 101 的世界第一高樓「飛鳥杜拜摩天大樓」。

　　杜拜位於北非撒沙哈拉沙漠及中亞戈壁大沙漠的中段，除了少許油田之外，只有沙漠的乾砂及波斯灣的鹹水。然而只有約百萬人口的杜拜能擺脫回教意識形態的束縛而成功的爲子孫築夢，台灣人更應爲我們的後代更美好的未來。杜拜的成功引起了鄰國的訪效，阿布達比就把黑金油元用來建設中東的「羅浮宮」，這比沙烏地阿拉伯把錢砸在沒有用的軍用飛機上聰明多了。

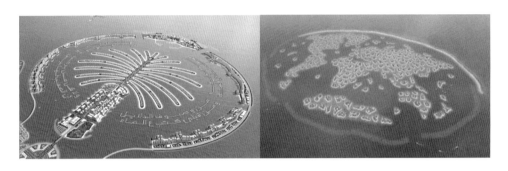

圖 5-11　杜拜的「棕櫚島」(左圖)及「世界島」(右圖)。

台福臍帶

　　台灣海峽的中央山脈是南亞的最高峰而台灣海峽是個稍寬的淺灣，中央山脈修路所挖的碎石可以運到海峽堆積。若福建可以配合把武夷山的石頭運到海峽西岸沈放，兩岸就可效法「愚公移山」填海修築「海峽長城」。這項工程看似艱鉅，其實反而可以證明「人定勝天」。

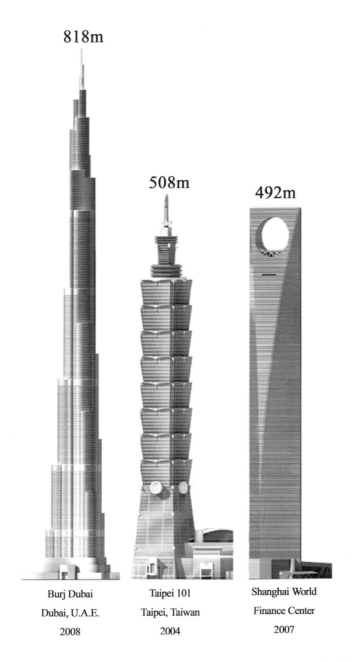

818m

508m

492m

Burj Dubai

Dubai, U.A.E.

2008

Taipei 101

Taipei, Taiwan

2004

Shanghai World

Finance Center

2007

圖 5-12　世界最高樓可提昇城市知名度及吸引大批觀光客。台灣海峽長城若
　　　　能建成，將為世界第一奇觀，它可磁吸全球的旅遊者。

　　沒有做不到的工程只有挺不住的意志。美國印地安人委託波蘭移民後裔的
Korczak Ziokowshi 及其家人在 Black Hill 山雕刻紀念綽號為「瘋馬」(Crazy
Horse)的「抗美英雄」。「瘋馬」曾在 1876 年率領印地安人在蒙大拿州的 Little
Bighorn 殲滅了美國白人的第七騎兵隊。「瘋馬」騎馬英姿的雕像自 1946 年開
始鑿山至 2006 年只完成了人頭的部份。這個「瘋馬」計畫展現了「有志者事
竟成」的毅力。回教的杜拜可以填海造島而美國的家族能夠鑿山雕像，工業的
台灣難道不能移山倒海嗎？

圖 5-13　「瘋馬」頭部高 87 英呎 6 英吋(26 米)，該頭像位於 South Dakota 州
　　　　　的 Mount Rushmore，「瘋馬」連人帶馬將長 641 英呎(195 米)及高 563
　　　　　英呎(172 米)。它比世界最高金字塔的 146.5 米規模更大。從「瘋馬」
　　　　　雕像處開車半小時就可看到著名的美國四大總統 (George
　　　　　Washington、Thomas Jefferson、Abraham Lincoln、Theodore Roosevelt)
　　　　　的頭像(臉高 60 英尺，18 米)。美國政府自 1927 年開始鑿山雕刻直到
　　　　　1941 年才完成頭像。

台灣「香格里拉」

　　世界上有些國家正在興建跨海大橋及海底隧道，例如埃及和沙特開始修築橫跨亞喀巴灣的長橋，它可連接亞非大陸。這條 25 公里長的大橋將在 2012 年竣工通車。俄國和美國則在規劃一條穿越白令海峽的海底隧道，其長度超過 100 公里。不僅如此，韓國正在規劃一條縱貫全國的運河，新當選的李明博總統有決心再移山倒海，創造韓國奇蹟。

　　法國的吊橋 Viaducde Millau 乃懸掛在兩山之間，其橋面比 Tarn 河的谷底高了 310 公尺(連橋塔 355 公尺)。台灣海峽的「東山陸橋」水深約 50 公尺。如果堆上石塊不到二十層樓高度就可建成海上長橋，台灣海峽的寬度不到台北到台中的距離。如果以堆石填海再推土築壩的方式造橋，會比鑽入海底修建隧道更便宜，也更快速。除此之外，建築海峽長城也可避免通風、火災，甚至地震的大型災害。海底隧道超過 16 公里開車就有窒息的危險，海峽長城清風徐來則是景色宜人的風光之旅。

　　千年以前的中國人用手就可堆砌出萬里長城，現在的台灣人已經建立了世界最高樓的台北 101，當然可以修築台灣海峽的百里長城。日本的明石吊橋跨距長達 1991 公尺，台灣海峽的淺處可以石塊堆積成島嶼，其間再以吊橋聯結。有些吊橋能夠開合讓大型船隻穿越。島與橋結合成為壯觀的「台海串珠」，其中水流可用為「海力發電」。海島周圍可繁殖大量珊瑚及彩色游魚成為海洋生態樂園。

　　台灣中部橫貫公路在移山擴大後修建為穿越中央山脈的高速公路，這樣台中開車到花蓮就不到兩小時。台灣橫貫高速公路的兩側峭壁形成高聳入雲的「一線天」，其景觀將比美國「大峽谷」由底部往上看更雄偉。除此之外，縱貫台灣高插入雲如屏風的山脈阻擋東西向的氣流使其加速貫入「一線天」成為劈山的風刀。風的能量與風速的平方成正比，因此「橫貫風刀」可成為全球風力發電最豐沛的動力。「台海串珠」的海流及「插天峽谷」的風力可產出大量

的電力，台灣可順勢成爲全球使用乾淨能源的國家。果真如此，台灣將永遠擺脫燃煤的氣體污染及核能的輻射危險。

中央山脈是由海底推擠而隆起的高山，其內部岩石曾經高溫變質，甚至熔化成爲岩流，高溫的地下水可能富集大量的金屬礦脈，包括金、銀、銅等，甚至也可能蘊藏放射性的鈾礦。開鑿「橫貫大峽谷」可能順便運出金銀財寶，補足台灣欠缺自然礦藏的遺憾。

劈開中央山脈可填平台灣海峽的「雲彰隆起」，創造出比「嘉南平原」大數倍的海埔新生地。台灣人民實質的居住面積及工廠用地可以因此倍增。這個「台灣福地」的計畫將成未來月球移民以望遠鏡就可看到的人類奇觀。「台灣福地」上可建成群聚的陸海風景城，它可使杜拜的世紀工程相形失色。擁有未來「現代第一奇觀」的台灣將可吸引全球的觀光客，它更會成爲中國遊客「致命的吸引力」。

1502 年時歐洲文藝復興的要角達文西曾毛遂自薦要求鄂圖曼帝國的蘇丹容許他在伊斯坦堡(Istanbul)的金角灣(Golden Horn)上建一座石頭拱橋，蘇丹當時一笑置之。1845 年金角灣上建了木橋，其後曾多次翻修，現成著名的加拉塔(Galata)橋。這座橋連接了東方文化的舊城區(Eminonu)和西方文化的新城區(Karakoy)。金角灣是各國商船雲集之地，輪船由此可通地中海及黑海。土耳其政府現正計畫以達文西的設計改建加拉塔橋。加拉塔橋爲亞洲文化和歐洲文化匯聚之橋。台福海橋若能建成，它會成爲民主國家和極權國家交會之橋。

瑞典南端的馬爾摩隔海和丹麥的哥本哈根相望。歷史上馬爾摩曾一度屬於丹麥。2000 年馬爾摩建築了一條長 7.8 公里的奧瑞松橋(Oresund Bridge)，它橫跨大海連接哥本哈根，這樣從馬爾摩到哥本哈根開車只要二十分鐘。奧瑞松橋把南瑞典和北丹麥聯成一體，形成了北歐第四大的經濟體。這個新經濟體乃由瑞典和丹麥組成的委員會共管。有趣的是大家樂得享受繁榮，幾乎沒有人在意他們屬於哪個國家，這種「一區兩國」是「台灣福田」可以學習的「兩國一制」。

　　綜上所述，「台灣福田」的規模比香港加上深圳大得多，因此可成爲中國沿海最大的經濟體。有了福建做爲生產基地，台灣可像毛蟲兌變成蝴蝶一樣由髒亂之島轉化成爲世界的「桃花源」。台灣地處亞熱帶，全年可以栽種花草(如蘭花、薰衣草)及果樹(如芒果、荔枝)，除了保留東、北、中、南及東部幾個大型的科技園區做爲台灣企業的研發基地外，台灣全島可綠化成爲佈滿各色花草的「蝴蝶王國」。每一個縣市可規劃出不同主題的生態系統，鄉鎮也多有其特色的植物園，台灣人的創意也可以出其不意的特色爭奇鬥艷。台灣可昇華成爲地球不爭的「香格里拉」(Shangrila)，居住在五彩繽紛的自家花園裡是台灣人的驕傲，也是我們子孫的福田。

圖 5-14　「藍海清澈沈彩虹，綠野繽紛舞花紅」。藍海下多姿的珊瑚和游魚互現，綠野上亮麗的蝴蝶和鮮花爭艷。藍綠相映是台灣人意境的願景，它可將藍綠零和的政治角力導向藍綠互補的生活品質。

附錄 1　有關作者

宋健民　總經理

榮獲經濟部第十三屆科技獎的個人成就獎 (前瞻技術創新獎)

總經理
宋健民　博士
中國砂輪企業股份有限公司
總經理宋健民及其家人共有六個 MIT 學位

傑出得獎事蹟及貢獻

　　1996 年末宋博士發明革命性的「鑽石陣®」DiaGrid®技術並在全球申請專利,「鑽石陣®」技術可使鑽石以特定的圖案排列,因此大幅提高了工具的研磨效率及使用壽命。1999 年宋博士在中砂推出 DiaGrid®「鑽石碟」就逐漸取代了日本及美國的產品。「鑽石碟」可決定化學機械拋光(CMP)的效率及良率,CMP 為製造半導體晶片必經的過程,因此 DiaGrid®「鑽石碟」可顯著降低半導體的製造成本及提高晶片的品質。DiaGrid®「鑽石碟」自 2000 年起被台積電及聯電等國內半導體公司採用,為了拓展外銷宋博士要藉跨國公司推銷在 CMP 領域內沒沒無聞的台灣產品,他乃獨自赴

美說服 Rodel(世界最大的 CMP 耗材公司)專賣 DiaGrid®「鑽石碟」。

DiaGrid®「鑽石碟」在世界半導體業打響名號後威脅到美國的競爭者 3M。2001 年 3M 在美國 ITC 控告中砂侵犯其專利獲勝，但宋博士隨後在美國聯邦法院為中砂平反。2002 年宋博士在美國德州以一系列的專利反控 3M 侵權。他又到 MIT 邀請前材料系主任 Tomas Eagar(美國科學院院士)為證人在法庭上解說他的專利，3M 曾動員龐大的律師團隊以各種策略試圖防堵宋博士的侵權訴訟。宋博士在和 3M 交峰時又說動 3M 的策略聯盟 Applied Materials(世界最大 CMP 機台製造者)改銷 DiaGrid®「鑽石碟」。3M 在宋博士司法及商場雙重夾殺下為了板回一城在 2004 年又加告中砂侵犯它的其他專利。2005 年中砂擬股票上市乃要求宋博士儘快和 3M 和解，2005 年 3 月宋博士不再要求鉅額賠償接受了 3M 象徵性的賠償個人三百萬美元。

DiaGrid®「鑽石碟」在 2004 年成為全球 CMP 製造的標準品牌及世界市場的領先者。由於「鑽石碟」的利潤遠高於傳統產品。中砂的 EPS 乃自 2001 年的 0.37 元飆高至 2004 年的 5.35 元，中砂因此可在 2005 年初順利上市。

綜上所述，宋博士不僅獨立申請到國際專利及發展製造技術，他又命名 DiaGrid®「鑽石碟」並建立了國際品牌，宋博士也親自和跨國公司組成策略聯盟，他更以個人之力擊敗以智權聞名而擁有數百名律師的 3M。這是聖經故事大衛王打倒巨人哥利亞的現代版。

宋健民
2005. 8. 29

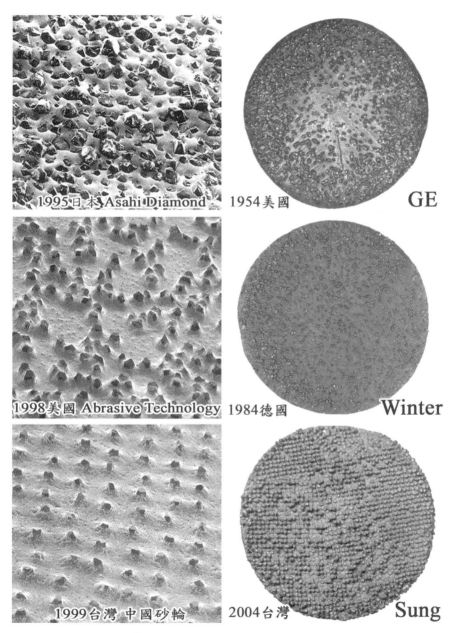

1995 日本 Asahi Diamond　1954 美國　　GE

1998 美國 Abrasive Technology　1984 德國　Winter

1999 台灣 中國砂輪　2004 台灣　　Sung

宋博士發明的「鑽石陣®」產品不僅可取代國外先進的「鑽石碟」(左圖)，其技術更可用以大幅提昇超高壓鑽石合成的生產效率(右圖)，這項革命性的技術將巔覆全球鑽石工業的生態平衡，使人造鑽石的價格崩盤。

陳水扁總統頒發前瞻創新科技獎給中國砂輪企業股份有限公司總經理宋健民博士(2005.10.3 於國父紀念館)。

中華民國微系統暨奈米科技協會
最高榮譽－卓越獎 (2006 年)

微系統暨奈米科技最重要的應用為大量生產超密集電晶體的積體電路(IC)，IC 乃依 1965 年 Intel 共同創始人 Gordon Moore 預言的幾何倍數成長超過四十年。電腦 CPU 內的電晶體數目在 2006 年已和全球人口數目(65 億)相當。2007 年起 IC 的線寬將為病毒尺寸(65 nm)或更小。這種超密 IC 極其脆弱，所以製造時晶圓不宜使用傳統的化學機械平坦化(CMP)製程以蠻力磨平，而應改用電流軟化銅線後擦拭掉過厚的銅層。電解 CMP(eCMP)的技術已由全球最大的半導體設備公司，美國的應用材料公司 (Applied Materials)，開發完成並已移交客戶(如 IBM 及台積電)試行生產。

以 eCMP 拋光晶圓要使用導電的拋光墊，它必須以極精密的「先進鑽石碟」(Advanced Diamond Disk，ADD)持續修整才能不斷拋光晶圓。ADD™「鑽石碟」為宋健民發明，現授權中國砂輪企業股份有限公司(中砂)生產。宋健民又開發了原材料及其製造流程，除此之外，他還申請了國際專利，所以 ADD™「鑽石碟」將成台灣科技獨步全球的壟斷性產品。宋健民亦為 DiaGrid®「鑽石碟」的發明人。「中砂」在 1999 年推出後就取代美、日產品成為全球半導體 CMP 製程的標準配備。DiaGrid®「鑽石碟」的使用者包括 Intel、TSMC、NEC、Samsung、Infineon、ST Micro、Charters、SMIC……等各國大公司。

DiaGrid®「鑽石碟」乃以傳統的「加法」把單晶鑽石黏結在鋼盤上，由於鑽石磨粒不僅大小不一，而且形狀各異，因此修整後的 CMP 拋光墊其表面很不規則。ADD™「鑽石碟」則以革命性的「減法」將多晶鑽石(Polycrytalline Diamond)雕刻出特定的圖案，它在拋光墊上刻劃出均勻的條紋才能輕柔但迅速的拋光晶圓。

宋健民博士及其助理黃靜瑞(左)及何雅惠(右)。背景的左圖為現在製造半導體晶片 CMP 製程使用的 DiaGrid®鑽石分佈，右圖為未來 eCMP 製程指定的 ADD™ 鑽石圖案。

中國材料科學學會-材料科技傑出貢獻獎得獎人事蹟
得獎人：宋健民 總經理 (中國砂輪企業股份有限公司)

宋健民爲美國麻省理工大學(MIT)博士，曾長期負責 GE(世界最大鑽石製造者)高壓合成鑽石的生產技術及 Norton(世界最大鑽石使用者)鑽石工具的研究發展。宋博士也曾在工業技術研究院工業材料研究所開發多種先進技術，移轉給台灣十餘家鑽石產品公司。宋博士現爲中國砂輪企業股份有限公司鑽石科技中心總經理，該中心具有超高壓合成鑽石油壓機、CVD 鑽石膜生長反應爐、PVD 披覆 DLC 真空機等先進設備，其規模在全球鑽石研發團隊爲數一數二。宋博士也在國立台灣大學及國立台北科技大學兼任教授多年，他指導的碩博士學生已近百人。宋博士爲國際知名鑽石科技 專家，發表文章超過參百篇。他亦爲全球

鑽石科技專利最多的發明人，具有超過 百項的國際專利；其內容涵蓋鑽石合
成、鑽石半導體、鑽石 LED、鑽石太 陽能電池、奈米鑽石化妝品、鑽石
DNA 晶片等。宋健民也著作十本書， 其主題包括超硬材料、鑽石合成、
宇宙來源、生物演化、科學宗教及台 灣前途等。

宋健民的傑出研究事蹟包括：建 立 Norton Diamond Film(世界最大鑽
石膜公司)的製造技術、發明拼圖式 (Mosaic)多晶鑽石(PCD)油井鑽頭，爲
美國 Norton Christensen(世界最大鑽石鑽 頭公司)贏得美國石油工程協會 1989 年
材料創新發明獎；發明硬度可媲美鑽石 的 C_3N_4，引起世界研究熱潮；發明排
列晶種高壓合成鑽石技術，可大幅提高 單次產量；製造全球首創的鑽石陣
®(DiaGrid®)鑽石碟，成爲中國砂輪獲利 的主要來源並爲該公司 2005 年股票
上市的依據；發明以多晶鑽石燒結體 雕刻的先進鑽石碟 (Advanced
Diamond Disk 或 ADD)，成爲美國 Applied Materials(世界最大 CMP 機
台製造者)電解 CMP(eCMP)必用的 工具；發明無晶鑽石太陽電池，證
明其吸收太陽光譜能力遠勝矽晶。

宋博士的卓越成就獲獎，包 括：1997 年國立台北科技大學傑
出校友、2005 年經濟部產業科 發展獎-個人成就前瞻技術創新
獎、2006 年中華民國微系統暨 奈米科技協會-最高榮譽-優良
產品獎卓越獎及 2007 年中華民國微系統暨奈米科技協會-微奈米科技工業貢獻獎等。

中國砂輪企業股份有限公司董事長林心正的推薦評語：宋健民博士長期鑽研於工業鑽石領域，有傑出的見解，本人皆以工業鑽石泰斗尊稱。自宋博士加入本公司以來，採用他多年的研究成果，使本公司脫胎換骨，新產品已爲業界創造巨大的成果，在材料科學即將進入鑽石世代，本公司有幸能與宋博士配合，確信必能爲地球資源及環境創造不可思議的功德！

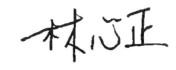

中華民國微系統暨奈米科技協會
微奈米科技工業貢獻獎（2007）

積體電路（IC）有如電子產品的大腦，它的功能決定了產品的價值。IC製造也是台灣經濟動力的來源，台積電及聯電是全球晶圓代工的龍頭。製造IC必須以化學機械平坦化（CMP）的製程逐層拋光柔軟的銅導線與脆弱的介電層。拋光時晶圓要壓在旋轉的拋光墊上，其接觸應力取決於拋光墊表面的粗糙度。

CMP進行時，拋光墊的表面會逐漸變滑降低了晶圓的磨除率。為維持拋光效率必須使用鑽石碟（Diamond Disk）修整拋光墊恢復其表面的粗糙度。鑽石碟不僅決定了晶圓的拋光效率，也影響了晶圓品質。IC的製程已經進入病毒尺寸（45、32、22 nm），拋光時的應力必須大幅降低以免刮壞晶圓。

現有的鑽石碟乃將鑽石磨粒外加在金屬盤上，由於磨粒大小及形狀都不相同，拋光墊上的刻痕就參差不齊，以致晶圓表面的接觸壓力並不一致，IC的線路在拋光後就厚薄不一。當電路的線寬小到32 nm時，CMP的壓力比現有製程降低十倍，鑽石碟刻割的紋路不夠細緻，晶圓拋光的效率及良率就會明顯降低。中國砂輪（中砂）為世界最先進的鑽石碟生產者，曾在1999年推出現在全球通用的設計。2006年中砂又創造革命性多晶鑽石（PCD）修整器。由於PCD可以減法切割，因此PCD鑽石碟可在拋光墊上刻劃出前所未見的均勻紋路。

CMP機台的主要製造者為美國的應用材料公司（Applied Materials），該公司已發展出製造下一世代IC（32 nm）的eCMP技術。eCMP必須採用PCD鑽石碟。中砂設計及生產的PCD鑽石碟是全球獨佔性的產品，也是32 nm製程目前唯一可用的鑽石碟。IBM、台積電、AMD、Micron等世界最先進的IC設計及製造者已開始採用PCD鑽石碟。

第七屆台灣工業銀行創業大賽　學子出頭天　企業看上眼　**中國時報**　中華民國九十五年四月二十九日／星期六

台政大鑽心隊奪冠　自組2億元公司

林志成／台北報導

第七屆台灣工業銀行創業大賽昨天揭曉，政大科技管理研究所與台大政治系共5位同學組成的「鑽心（DiaMind）」團隊奪得第一名，獲50萬元獎金。鑽心團隊目前已獲一家上市企業支持，預計年底成立資本額2億元的公司。

第七屆台灣工業銀行創業大賽96隊報名，經過漫長達半年競賽，成績昨天揭曉，獲得第一名的「鑽心」團隊，以創新工業鑽石晶種排列製造技術，控制鑽石的大小和形狀，並以鑽石齒輪排列的專利技術，增加鑽石切削的效率，可降低鑽石合成成本，並提高品質。

鑽心團隊有5位成員，楊譜琦、李權憲、葉維婷及林嘉源四人是政大科管所學生，方佳玉則在台大政治系就讀。這個團隊的技術來自中國砂輪鑽石科技中心總經理宋健民。

李權憲幾年前在台北科技大學材料系就讀時，宋健民是他的老師。「鑽心」團隊就是由李權憲從中牽線而成，昨天獲得台灣工業銀行創業大賽冠軍後，創業之路更順遂了。

「我讀大學時就一直想創業，」李權憲說：「進入政大科管所後，所上老師很鼓勵學生創業，加上遇到一些志趣相投同學，在天時、地利、人和下，創業夢就要實現。」

創業並不容易，失敗機會很高，成功只是少數。李權憲表示，他們現在還是學生，即使創業失敗，付出成本也是最低，沒什麼好怕的。而且他堅信，他們提供的鑽石切削原料，可提高工業鑽石的價值，在國際上很有競爭力，創業成功機會很大。

鑽心團隊已經做好創業心理準備，5名成員分工完成，有的是執行長，有的負責行銷，有的管財務，現在處於積極尋資階段。據了解，鑽心團隊目前已獲一定上市企業支持，預計年底可以成立公司。

Business　Frontline
企業最前線

市占全球第一　獲利連上揚

宋健民讓中國砂輪翻身傳產股后

榮登「傳產股后」的中國砂輪，五年來從製造的傳統產業躍升為和世界一流公司並駕齊驅的鑽石尖端科技公司；鑽石科技中心總經理宋健民是關鍵人物，窮其一生、追求真愛「研發鑽石科技」的他，使其生涯在歷經重挫後再度奮起。

撰文·陳翊中

宋健民 *profile*
出生：1945年
現職：中國砂輪鑽石科技中心總經理
學歷：美國麻省理工學院地球物理博士、台大地質系畢業
經歷：工研院材料所、Norton、GE超硬材料部門經理

五月十一日，正當投資人還震懾於前兩天回檔兩百點的餘威當中，機電股的中國砂輪，股價卻俏地拔尖而起，直奔一百七十五元的漲停價，近一個月以來狂飆猛漲，中砂在傳產股中，股價僅次於健身器材大廠喬山，榮登「傳產股后」寶座。

很難想像，法人預估今年每股稅後純益（EPS）將挑戰十元的中砂，五年前卻是一家負債超過淨值，甚至一度可能被國外大廠購併的艱困企業。這五年來，中砂能夠從醜小鴨蛻變成為人人追捧的天鵝，

除了董事長林心正的正確轉型策略之外，鑽石科技中心總經理宋健民也是中砂轉型為尖端科技公司的靈魂人物。

新技術讓中砂躍為世界第一

股王宏達電有卓火土、太陽能雙雄益通有蔡進耀、茂迪有左元淮，宋健民對中砂而言，就如同上述三人，扮演關鍵技術提供者的角色。事實上，現年六十歲、研究鑽石超過三十年的他，在鑽石科技這個領域，可說是祖師爺級人物。同樣研究鑽石科技多年的台北科技大學材料及資源工程系主任王錫福說：「在不以尖端科技著稱的台灣，卻在鑽石這個領域，能和世界先進國家並駕齊驅，宋健民以及中國砂輪無疑是最重要的推手。」

Business Frontline
企業最前線

攝影·陳俊銘

宋健民為中砂一手建立了這項新技術，不但可精確控制鑽石生長的大小和形狀，還可以讓製造成本降低一半，目前這項新技術已送交上述三家公司以及中國最大的工業鑽石製造商黃河旋風測試中，可以說宋健民一人之力，就牽動了年產值十億美元的工業鑽石市場的消長。

應用於半導體CMP製程中的重要工具鑽石碟，讓中砂不但後來居上，一躍升為占有率高達三成的「世界第一」，有了這隻金雞母，獲利更是突飛猛進。目前半導體製程進入六五奈米以下，更非得用宋健民所發明的新一代鑽石碟ADD（Advanced Diamond Disc）。美林證券的研究報告明確指出，下一世代製程中，ADD的獨特技術和專利保護將讓中砂擁有「獨占」地位。

更令人震撼的是，一向被Element Six（鑽石業巨擘DeBeers的子公司）和Diamond Innovation（前身是GE的超硬材料部門）以及韓國的日進鑽石所壟斷的高品級工業鑽石市場，將可能因為宋健民所發明的新技術，而讓價格崩盤。〇五年，宋健民發表了「鑽石陣」晶種合成

跨國公司逼他退出鑽石製造

宋健民有今天的成就和地位，是他耗費三十年的歲月，嘔心瀝血專注投入鑽石研究所累積而成的，尤其，宋健民的職場生涯更經歷凡人無法想像的波折。他不僅和跨國企業打官司，在此期間，更因牽涉國防機密，還曾被諜報人員跟監，甚至長達四年的時間，幾乎處於半失業狀態。

一九七七年宋健民取得麻省理工學院博士學位後，就加入美國GE（世界最大工業鑽石製造商）超硬材料部門，師承合成鑽石的先驅科學家Francis Bundy，也開啟了宋健民的「鑽石人生」。

在GE七個年頭，宋健民由於表現優異，不到三年便升上工業鑽石生產技術的負責人，後來鑽石工具大廠Norton，以高薪和豐厚的研究經費挖角，宋健民便加盟Norton，並為其開發了熱穩定多晶鑽石（PCD）以及氣相沉積（CVD）鑽石膜的製造技術，使Norton成為PCD和CVD鑽石科技的領先者。

然而，Norton並非真的有心發展工業鑽石，只是想以發展工業鑽石逼迫最大供應商GE降價，讓宋健民萌生退意，八九年有志難伸的宋健民，離開Norton，協助韓國的日進集團與中國的亞洲金剛石製造鑽石。工業鑽石一向由GE和De Beers長期壟斷市場，而GE以及Norton得知他的計畫後，為避免工業鑽石價格崩盤，這兩大跨國公司竟聯手控告宋健民侵權，甚至說動美國聯邦調查局，稱他偷竊美國產業機密，準備賣給蘇聯及中國等共產國家。

當時正值冷戰末期，被控以通敵罪名可是相當嚴重，為了躲避諜報人員的追蹤，宋健民甚至曾開了一小時的車，在冰天雪地裡打公共電話，在電話中指導日進和亞洲金剛石克服技術難題。這場官司一打就打了四年。

回憶這四年所經歷的波折，宋健民淡淡地說：「訴訟遙遙無期，生活自然極為痛苦。但是冥冥之中似有天意，這段期間的經歷，對我未來研究鑽石相關的應用以及面對跨國公司的挑戰，有莫大的助益。」事實上，GE控告宋健民並非要求賠償，最終目的是逼迫他退出鑽石這個行業，最後雙方終於和解、撤銷了對他的控訴，宋健民只得被迫接受停止製造鑽石十年（至二〇〇三年止）的條件。

然而，山不轉路轉，九四

Business Frontline
企業最前線

年宋健民的父親病危，為就近照顧父親，他舉家遷台，在工研院材料所短暫待了一段時間，當時積極想轉型的中砂，與工研院有合作計畫，宋健民和林心正經過一番長談後，雙方一拍即合，加盟中砂。然而，不能製造他最愛的合成鑽石。宋健民只能從鑽石工具和鑽石相關應用出發，沒想到卻發掘更大的桃花源。

合成鑽石主要用於切削石材、造橋鋪路的工具，宋健民既然無法在此一領域繼續鑽研，只能另謀出路，剛好此時半導體GMP製程興起，他為中砂研發鑽石碟這項明星產品，後來更陸續開發多項尖端科技產品，每年為中砂帶來數億元的獲利。

專注研究身懷百項專利

林心正對宋健民印象最深刻的便是他的專注，好幾次力邀宋健民打高爾夫球，他都推說沒時間，推辭多次之後，終於有一次宋健民只得吐露，打一次高爾夫球的時間，可以寫兩篇文章，他寧願把時間耗費在研究，也不願浪費時間在娛樂上。

一般學者到工業界就無暇顧及學術研究，除了在中砂隨時有數十個專案在手上處理以外，宋健民卻一直在台大及台北科技大學教書，並指導許多論文研究生，發表的論文數目也多於一般的大學教授。林心正戲稱可以一個人做多人事的宋健民是「平行處理專家」。

例如剛到中砂，宋健民單槍匹馬遠赴義大利參加石材大展，在人生地不熟、語言又不通的環境下，不但要搞定租攤位、裝修，還要向絡繹不絕的訪客介紹產品，期間甚至還趁隙開兩小時的車到機場接另一位中砂的幹部，或許充分利用時間且做事有效率的宋健民，是迄今擁有一百多項專利，在鑽石科技領域無人能出其右的原因之一吧！

在宋健民心中，因為有追求最完美的材料——鑽石這個不變的價值，就算曾失業四年，其至被GE、Norton、3M等跨國大公司控告，依然孜孜不倦地堅持這個終生理想。

宋健民說：「若是當年一直在GE任職，沒有經歷這麼多風浪，或許早就退休，終其一生只是平凡人而已。」他笑說：「我的人生歷經這麼多挫折再度反彈，應歸功我對鑽石的專情，追逐『無常』的表象不能走遠，因成果終將散失，但追尋不變的價值可累積經驗而後來居上。」

套一句廣告詞「鑽石恆久遠，一顆永流傳」，就因為把追求鑽石夢，當作是比生命更重要的事，讓屬於宋健民的「鑽石傳奇」得以持續進行中。

中砂刊物專題表

編號	期數	標題
84	季-23	台灣的未來：人民的抉擇
83	季-22	無情荒地有「晴」天
82	季-21	政治的鐘擺：民主的迷惑
81	季-20	晶圓代的中台爭雄
80	季-19	「台灣國公司」能主導世界市場
79	季-18	「台福共和國」可創造兩岸雙贏
78	季-17	宇宙絕無僅有的地球(下)
77	季-16	宇宙絕無僅有的地球(上)
76	季-15-2	上窮碧落下黃泉
75	季-15-1	柳暗花明又一村
74	季-14	我怎麼現在會在這
73	季-13	看不見的手－意識的撥亂反正
72	季-12-2	從生物分化趨勢看產品研發策略
71	季-12-1	鑽石碟的台美大戰劃下句點
70	季-11	鑽石碟的台美大戰(完結篇)
69	季-10	鑽石碟的台美大戰(下期)
68	季-09	鑽石碟的台美大戰(中期)
67	季-08	鑽石碟的台美大戰(上期)
66	季-07	意識的本質
65	季-06	意識的演進
64	季-05	生物的演化和人類的進化
63	季-04	鑽石：電熱聲光的終極材料
62	季-03	兆億宇宙須臾遊
61	季-02	電腦、人腦、神腦
60	季-01	整數的定理：「意識」的遊戲
59	月-60	整數的宇宙
58	月-59	反宇宙與虛宇宙
57	月-58-2	「意識」怎麼認識數字(下)
56	月-58-1	「意識」怎麼認識數字(上)
55	月-57	空間的粒子；意識的數字

編號	期數	標題
54	月-56	牢籠裏的上帝
53	月-55	「無」的宇宙－黑洞
52	月-54	「大霹靂」發生過嗎？
51	月-53	晴天的霹靂
50	月-52	「對稱分裂」的宇宙的格局
49	月-51	「物質差排」的「植物園」
48	月-50	基本粒子的「動物園」
47	月-49	我看宇宙
46	月-48	由「數位空時」走進「模糊宇宙」
45	月-47	相對的絕對
44	月-46	全與分－兼談「碎形」與「亂序」
43	月-45	時光隧道
42	月-44	「黑洞」傳奇
41	月-43	「極」的角「力」
40	月-42	超新星的爆炸
39	月-41	弱力－「意識」的呢喃
38	月-40	時間起源之謎
37	月-39	宇宙的垃圾－熵
36	月-38	宇宙的魔數
35	月-37	質量的奧妙
34	月-36	從「般若」的「性空」看宇宙的「相空」
33	月-35	科學與宗教的統一
32	月-34-2	神奇的量子世界
31	月-34-1	世界最小和最大的鑽石
30	月-33	人類如何創造上帝
29	月-32	宇宙的未來
28	月-31	插隊的地球
27	月-30	亞當是外星人的試管嬰兒嗎
26	月-29	啓示錄的世界末日
25	月-28	耶穌是彌賽亞嗎
24	月-27	聖經是誰寫的
23	月-26	上帝的真面目
22	月-25	人類往何處去
21	月-24	我們是孤單的嗎？

編號	期數	標題
20	月-23	你我是演化的動物？還是進化的人類？
19	月-22	屍骸枕藉的演化之路
18	月-21	無情基因有私心
17	月-20	生物億種，宇宙同源
16	月-19	自天而降的「倭寇」
15	月-18	生物的起源
14	月-17	水的奇蹟
13	月-16	宇宙沙漠的綠洲－藍珠地球
12	月-15	宇宙為「我」量身做
11	月-14	「未卜先知」的「人本原則」
10	月-13	「自由意志」不自由
9	月-12	人生如夢成追憶
8	月-11	到底我是誰？
7	月-10	宇宙具多重歷史，你我有各種命運
6	月-09	單一意識與多重宇宙
5	月-08	宇宙有幾度空間？
4	月-07	「宇宙晶體」與「空時粒子」
3	月-06	空間是空的嗎
2	月-05	從佛教的「無」到科學的「有」，談道家哲理的「無中生有」
1	月-04	什麼東西會比鑽石更硬

國內發表著作表

編號	年代	雜誌	標題	期數	頁數
149	2008	工業材料	CMP 的超越技術－台灣主導全球半導體製造的契機(上)	2 月	In Press
148	2008	工業材料	CMP 的超越技術－台灣主導全球半導體製造的契機(上)	1 月	159-169
147	2007	第二屆次世代「頻率控制元件」台日科技研討會	Semiconductor on Diamond		
146	2007	ACTSEA-2007	Super-entropic Amorphous Diamond as Thermionic Energy Converters		91-94
145	2007	工業材料	鑽石底碳化矽：LED 的夢幻基材(下)	7 月	160-166
144	2007	工業材料	鑽石底碳化矽：LED 的夢幻基材(上)	6 月	166-171
143	2007	粉末冶金會刊	超高壓鑽石合成技術的革命	2 月	12-19
142	2006	物理雙月刊	鑽氟超滑面與鑽石感測器	12 月	967-977
141	2006	第五屆磨粒加工技術論文發表會論文集	半導體 CMP 製程中影響鑽石修整器壽命的因素分析		8-15
140	2006	第五屆磨粒加工技術論文發表會論文集	Pad Dressing Using Oriented Single Diamond and its Effect on Polishing Rate of Oxidized Silicon Wafer		1-7
139	2006	中國材料科學學會 2006 年年會論壇論文集	高溫高壓合成鑽石之界面現象研究	11 月	P-427
138	2006	中國材料科學學會 2006 年年會論壇論文集	無晶鑽石薄膜於電激發光元件之應用研究	11 月	P-191
137	2006	中國材料科學學會 2006 年年會論壇論文集	The Mechanism of High Pressure Diamond Synthesis	11 月	F-14
136	2006	真空科技	Amorphous Diamond Solar Cell	10 月	34-40
135	2006	機械工業	「鑽石底半導體」及「鑽石的半導體」	9 月	102-113
134	2006	機械工業	無晶鑽石的機電與光熱應用	5 月	147-157
133	2006	機械工業	多晶鑽石刨平器：拋光墊的精密修整及硬脆材料的延性切削	5 月	122-130
132	2006	機械技術	多晶鑽石刨平器：拋光墊的精密修整及硬脆材料的延性切削	5 月	76-80
131	2006	台灣鍍膜科技協會－2006 材料與鍍膜科技相關原物料及儀器設備採購指南	無晶鑽石的熱光電應用		19-28
130	2006	機械工業	「鑽石陣®」鑽石鋸齒	3 月	92-97
129	2006	機械技術	「鑽石陣」鑽石鋸齒技術研究	2 月	58-61
128	2006	機械工業	台灣鑽石技術的大躍進	2 月	43-51

編號	年代	雜誌	標題	期數	頁數
127	2005	機械技術	鑽石合成及應用的大革命	12 月	74-80
126	2005	工業材料	鑽石合成及應用的大革命	12 月	152-157
125	2005	2005 薄膜與奈米科技研討會暨國科會專題計畫研究成果發表會論文集	C 軸取向氮化鋁薄膜應用於鑽石表面聲波濾波器之研究	12 月	
124	2005	粉末冶金會刊	硬銲合金披覆的鋸用鑽石磨粒	11 月	46-51
123	2005	國立台北科技大學材資系－教育基金會會刊	從 TIT 轉 NTU 經 MIT 回 NTUT	No.2 10 月	26-34
122	2005	防蝕工程學會	鑽石修整器在化學機械拋光溶液中之腐蝕研究		
121	2005	機械工業	化學機械平坦化的未來技術	5 月	4-18
120	2005	能力雜誌	中國砂輪從磨石頭到切晶圓－演繹企業進化論的佼佼者	2 月	88-95
119	2005	工業材料	奈米鑽石的大千世界	1 月	158-170
118	2004		CVDD 鑽石車刀切削鋁合金材料之研究探討		In Press
117	2004		基板溫度對鑽石薄膜表面性質之分析研究		In Press
116	2004	機械技術	奈米鑽石的大千世界	5 月	112-122
115	2004	機械工業	鑽石磨輪的簡介	5 月	148-159
114	2003	第四屆磨粒加工研討會論文集	熱化學拋光鑽石膜的製程研究	12 月	1-6
113	2003	中華材料科學學會 2003 年年會	以 Cu-Mn 合金硬銲鑽石研究 Diamond Brazing with Cu-Mn Filler Metal	11 月	
112	2003	工業材料	奈米結構非晶鑽石之電子場發射性質	10 月	174-178
111	2003	機械技術	鑽石半導體	5 月	153-160
110	2003	機械技術	鑽石的劃時代產品：電熱聲光應用的極致鑽石散熱片、濾波器與換能器	5 月	134-142
109	2003	工業材料	鑽石：電熱聲光的終極材料(下)	5 月	177-180
108	2003	機械技術	探索鑽石宇宙	4 月	113-119
107	2003	工業材料	鑽石：電熱聲光的終極材料(中)	4 月	175-178
106	2003	工業材料	鑽石：電熱聲光的終極材料(上)	3 月	180-186
105	2002	工業材料	傳壓介質	11 月	161-167
104	2002	工業材料	精密鑽石線鋸：工業材料加工的利器	9 月	154-160
103	2002	機械技術	中國砂輪鑽石鍍膜技術睥睨業界	9 月	28-30
102	2002	物理雙月刊	鑽石的熱生電及電吸熱效應：尖端奈米科技的奇蹟	8 月	579-599
101	2002	機械技術	傳壓介質	8 月	138-144
100	2002	機械技術	鑽石電極	8 月	135-137

編號	年代	雜誌	標題	期數	頁數
99	2002	中華民國鍍膜科技研討會暨國科會計劃研究成果發表會論文集	陰極電弧電漿沈積高性能類鑽石碳膜研究	8 月	51-55
98	2002	物理雙月刊	熱力學第二定律與時間的神祕走向	6 月	466-470
97	2002	機械技術	鑽石發電機和鑽石冷凍箱：光熱與聲電互換的奇蹟(下)	6 月	137-148
96	2002	機械技術	鑽石發電機和鑽石冷凍箱：光熱與聲電互換的奇蹟(上)	5 月	146-156
95	2002	工業材料	鑽石熱電池和鑽石冷卻面：奈米機電的奇蹟	5 月	128-141
94	2002	機械技術	鑽石磨輪	2 月	106-113
93	2002	工業材料	鑽石磨輪	1 月	154-161
92	2001	工業材料	探索鑽石宇宙	11 月	162-169
91	2001	中華民國鍍膜科技研討會暨國科會計劃研究成果發表會論文集	Amorphous Diamond Deposited by Cathodic Arc: The Characterization for Field Emission Applications	8 月	151-154
90	2001	機械技術	鑽石碟修整器：化學機械平坦化(CMP)的催生者	8 月	185-191
89	2001	粉末冶金會刊	鑽石碟修整器：化學機械平坦化(CMP)的催生者	8 月	118-128
88	2001	機械工業	鑽石碟修整器：化學機械平坦化(CMP)的催生者	5 月	134-145
87	2001	工業材料	鑽石微粉的製造	1 月	170-178
86	2000	機械五金總覽	鑽石膜(CVDD)切削刀具－應用概況		293-301
85	2000	粉末冶金會刊	鑽石膜(CVDD)切削刀具	11 月	251-261
84	2000	材料會訊	化學氣相沈積(CVD)生長的鑽石膜及其應用	9 月	4-17
83	2000	工業材料	世界最小和最大的鑽石	9 月	175-176
82	2000	機械技術	世界最小和最大的鑽石	4 月	140-142
81	2000	工業材料	ZrN 裝飾鍍膜	3 月	188-191
80	2000	機械技術	PVD 奈米鑽石鍍膜及其應用	2 月	82-88
79	2000	機械技術	ZrN 裝飾鍍膜	2 月	78-81
78	2000	機械技術	以化學氣相法(CVD)沈積鑽石膜	2 月	58-76
77	1999	機械技術	鑽石窗	12 月	120-131
76	1999	機械技術	鑽石材料技術的開發－台灣工業昇級的契機	11 月	76-81
75	1999	工業材料	鑽石窗(下)	11 月	177-181
74	1999	工業材料	鑽石窗(上)	10 月	164-171
73	1999	機械技術	迎接鑽石千禧年的來臨	6 月	206-207

編號	年代	雜誌	標題	期數	頁數
72	1999	工業材料	以物理氣相沈積(PVD)鍍類似鑽石碳膜(DLC)(完結篇)	6 月	173-178
71	1999	工業材料	以物理氣相沈積(PVD)鍍類似鑽石碳膜(DLC)(下)	5 月	170-178
70	1999	工業材料	以物理氣相沉積(PVD)鍍類似鑽石碳膜(DLC)(中)	4 月	171-178
69	1999	工業材料	以物理氣相沉積(PVD)鍍類似鑽石碳膜(DLC)(上)	3 月	169-179
68	1999	機械資訊	切削刀具的技術發展	2 月	22-26
67	1999	機械技術	高壓技術與鑽石合成	2 月	162-187
66	1999	機械技術	中國砂輪鑽石老字號	2 月	60-70
65	1999	物理雙月刊	鑽石窗	2 月	7-19
64	1999	機械技術	鑽石冷陰極的應用平面顯示器的革命	1 月	170-183
63	1999	機械五金產業年鑑	淺談切削刀具		144-148
62	1999	機械五金產業年鑑	廿一世紀材料發展的趨勢		134-136
61	1999	模具工會	硬焊鑽石線鋸圓珠:建材快速切削的利器		33-40
60	1999	自動化工業總覽	切削工具及材料的應用與簡介		405-422
59	1998	機械技術	從彿教的無到科學的有談道家哲理的無中生有	12 月	142-149
58	1998	機械技術	由點擴及面的鑽石技術及產品	11 月	176-177
57	1998	機械技術	工業鑽石的大世界	11 月	104-117
56	1998	機械技術	宇宙具多重歷史你我有各種命運	10 月	134-144
55	1998	工業材料	平面顯示器的大革命鑽石冷陰極的場發射(下)	10 月	152-164
54	1998	工業材料	平面顯示器的大革命鑽石冷陰極的場發射(上)	9 月	114-123
53	1998	機械技術	鑽石高爾夫球頭	8 月	216
52	1998	機械技術	物理氣相沈積(PVD)類似鑽石的碳膜(DLC)(下)	7 月	196-213
51	1998	機械技術	物理氣相沈積(PVD)類似鑽石的碳膜(DLC)(上)	6 月	104-119
50	1998	工業材料	鑽石半導體	6 月	171-176
49	1998	工業材料	鑽石振動膜	5 月	161-162
48	1998	機電整合	鑽石散熱片	5 月	112-123
47	1998	機械技術	鑽石振動膜	5 月	214-215
46	1998	機械技術	宇宙晶體與空時粒子	4 月	154-156
45	1998	工業材料	切削材料面面觀(下)	4 月	150-157
44	1998	工業材料	切削材料面面觀(上)	3 月	130-138
43	1998	機械技術	什麼東西會比鑽石更硬	3 月	180-181

編號	年代	雜誌	標題	期數	頁數
42	1998	機械技術	切削刀具的過去與未來	3 月	72-94
41	1998	工業材料	工業鑽石應用大觀	2 月	127-142
40	1998	工業材料	工業鑽石未來大勢	2 月	143-153
39	1998	機械技術	鑽石半導體	2 月	156-160
38	1998	粉末冶金會刊	多晶鑽石(PCD)燒結體及其應用(下)	2 月	22-48
37	1998	工業材料	立方氮化硼(cBN)-精密工業的超級磨料	1 月	142-156
36	1998	機械五金年鑑	電路板鑽孔的新應用鑽石膜鑽針		458-461
35	1997	物理雙月刊	鑽石半導體	12 月	549-552
34	1997	粉末冶金會刊	多晶鑽石(PCD)燒結體及其應用(上)	11 月	320-340
33	1997	工業材料	多晶鑽石(PCD)燒結體及其應用(完結篇)	10 月	147-159
32	1997	工業材料	多晶鑽石(PCD)燒結體及其應用(下)	9 月	146-160
31	1997	工業材料	多晶鑽石(PCD)燒結體及其應用(中)	8 月	112-124
30	1997	工業材料	多晶鑽石(PCD)燒結體及其應用(上)	7 月	62-73
29	1997	工業材料	硬銲技術於鑽石工具上的應用(下)	7 月	111-112
28	1997	磨粒加工技術	硬焊鑽石圓珠的線鋸：建材快速切削的利器	7 月	17-24
27	1997	工業材料	硬焊鑽石圓珠的線鋸建材快速切削的利器	6 月	96-102
26	1997	粉末冶金會刊	電路板鑽孔的再突破-鑽石膜鑽針的新應用	2 月	19-21
25	1997	粉末冶金會刊	鑽石工具燒結用鈷粉的發展趨勢	2 月	15-18
24	1997	工業材料	電路板鑽孔的再突破鑽石膜鑽針的新應用	2 月	72-75
23	1996	陶瓷技術手冊	工業鑽石		1157-1165
22	1996	工業材料	超高壓技術及其在科學和工業上的應用(完結篇)	12 月	84-93
21	1996	工業材料	超高壓技術及其在科學和工業上的應用(下)	11 月	105-113
20	1996	工業材料	超高壓技術及其在科學和工業上的應用(中)	10 月	143-149
19	1996	工業材料	超高壓技術及其在科學和工業上的應用(上)	9 月	129
18	1996	工業材料	工研院材料所迎接鑽石世紀的來臨	4 月	150-151
17	1996	工研院	什麼東西會比鑽石還硬	3 月	
16	1996	工研院	工研院材料所迎接鑽石世紀的來臨	3/5	
15	1996	物理雙月刊	工業鑽石的過去與未來	2 月	5-22

編號	年代	雜誌	標題	期數	頁數
14	1995	精密陶瓷通訊	氮化碳(C$_3$N$_4$)可能比鑽石還硬的新超硬陶瓷	5 月	
13	1995	精密陶瓷通訊	鑽石－碳化矽複合材料	11 月	
12	1995	工業材料	材料發展的趨勢/廿一世紀的展望	10 月	36-43
11	1995	工業材料	鑽石故事/美麗鑽石背後的一些醜陋往事	8 月	44-57
10	1995	工業材料	材料研發經費比例之我見	7 月	49-53
9	1995	粉末冶金會刊	金屬被覆鑽石顆粒的造粒研究	6 月	52-58
8	1995	粉末冶金會刊	氮化碳(C$_3$N$_4$)可能比鑽石還硬的新超硬陶瓷	6 月	104-105
7	1995	粉末冶金會刊	鑽石粉末的超高壓燒結	6 月	100-103
6	1995	粉末冶金會刊	工業鑽石的應用	6 月	86-89
5	1995	粉末冶金會刊	鑽石微粉的製造	6 月	95-105
4	1995	工業材料	材料的新革命/鑽石膜的工業應用	4 月	55-66
3	1995	粉末冶金會刊	人造鑽石的合成		90-94
2	1995	ASM News	晶種漿膠(Seeded Sol-Gel)磨料的發展及應用		
1	1995	PCB SMT	電路板鑽孔的再突破.鑽石膜鑽針的新應用	No.3	61-63

國外發表著作表

No.	Author(s)	Time	Title	Origin	Vol., No.	Pages
166	J. H. Song J. L. Huang H. H. Lu Chien-Min Sung	2007	Investigation of Wurtzite (B, Al) N Films Prepared on Polycrystalline Diamond	Thin Solid Films	516	223-227
165	Hiroshi Ishizuka Marehito Aoki Chien-Min Sung Michael Sung	2007	PCD Dressers for Chemical Mechanical Planarization with Uniform Polishing	The International Conference on Leading Edge Manufacturing in 21st Century (LEM21), Fukuoka, Japan		79-84
164	Y. S. Liao M. Y. Tsai Chien-Min Sung Y. L. Pai	2007	Pad Dressing Using Oriented Single Diamond and its Effect on Polishing Rate of Oxidized Silicon Wafer	Advances in Abrasive Technology X; ISAAT 2007 / SME International Grinding Conference, Dearborn, Michigan, U.S.A.		427-433
163	Chien-Min Sung Ming-Yi Tsai Eiichi Nishizawa Michael Sung	2007	The Wear Characteristics of Pad Conditioners for CMP Manufacture of Semiconductors	Advances in Abrasive Technology X; ISAAT 2007 / SME International Grinding Conference, Dearborn, Michigan, U.S.A.		421-426
162	Chien-Min Sung Cheng-Shiang Chou Chih-Chung Chou	2007	The Organic Diamond Disk (ODD) for Chemical Mechanical Planarization	Advances in Abrasive Technology X; ISAAT 2007 / SME International Grinding Conference, Dearborn, Michigan, U.S.A.		225-230
161	Chien-Min Sung Tun-Jen Hsiao Ming-Chi Kan Michael Sung	2007	Amorphous Diamond Solar Cells	NSTI-Nanotech 2007	4	636-639
160	Chien-Min Sung Ming-Chi Kan Tun-Jen Hsiao Ying-Tung Chen Michael Sung	2007	Amorphous Diamond as a Thermionic Material	NSTI-Nanotech 2007	4	598-601
159	Chien-Min Sung Michael Sung	2007	Diamond LED Substrate and Novel Quantum Dots	ChinaNANO 2007, Beijing, China		81
158	Chien-Min Sung Tun-Jen Hsiao Ming-Chi Kan Ying-Tung Chen Michael Sung	2007	Super-entropic Amorphous Diamond as Thermionic Energy Converters	2nd International Industrial Diamond Conference, Rome, Italy		

No.	Author(s)	Time	Title	Origin	Vol., No.	Pages
157	Hiroshi Ishizuka Chien-Min Sung Ming-Yi Tsai Michael Sung	2007	PCD Pad Conditioners for Electrolytic Chemical Mechanical Planarization of Intergrated Circuit with Nodes of 45 nm and Smaller	2nd International Industrial Diamond Conference, Rome, Italy		
156	Chien-Min Sung Michael Sung Barnas Monteith	2007	Low-cost Amorphous Diamond Films for Efficient Field Emission Displays	Asia Display 2007, Shanghai, China	1	376-381
155	Hung-Yu Chu Chien-Min Sung	2007	Diamond Wear Pattern on Pad Conditioners for CMP Manufacture of Semiconductors	2007 CMP-MIC, CA, U.S.A.		305-308
154	Chien-Min Sung Cheng-Shiang Chou Michael Sung	2007	The Organic Diamond Disk (ODD) for Dressing Polishing Pads of Chemical Mechanical Planarization	2007 CMP-MIC, CA, U.S.A.		301-304
153	Hiroshi Ishizuka Chien-Min Sung Ming-Yi Tsai Michael Sung	2007	PCD Planers for Dressing CMP Pads: The Enabling Technology for Manufacturing Future Moore's Law Semiconductors	2007 CMP-MIC, CA, U.S.A.		291-298
152	Chien-Min Sung Ming-Chi Kan Shao-Chung Hu	2007	Amorphous Diamond for Generating Cold Cathode Fluorescence Light	Advances in Materials Processing Technologies, Materials Science Forum	534-536	1429-1432
151	Chien-Min Sung Shao-Chung Hu 2006Chiao Lin Chia-Cheng Tsai	2007	The Revolution of Diamond Synthesis Technology	Advances in Materials Processing Technologies, Materials Science Forum	534-536	1141-1144
150	Chien-Min Sung Shao-Chung Hu Yen-Shuo Chang	2007	The Metallization of Diamond Grits	Advances in Materials Processing Technologies, Materials Science Forum	534-536	1137-1140
149	Chien-Min Sung Ming-Chi Kan	2007	The In-situ Dressing of CMP Pad Conditioners with Novel Coating Protection	Advances in Materials Processing Technologies, Materials Science Forum	534-536	1133-1136
148	Chien-Min Sung	2007	Diamond Tools with Diamond Grits Set in a Predetermined Pattern	Advances in Materials Processing Technologies, Materials Science Forum	534-536	1101-1104
147	Chien-Min Sung Shao-Chung Hu Yen-Shuo Chang	2007	Active Braze Coated Diamond (ABCD)	Advances in Abrasive Technology IX, Key Engineering Materials	329	725-729
146	Y. S. Liao M. Y. Tsai Chien-Min Sung Y. L. Pai	2007	Single Diamond Dressing Characteristics of CMP Polyurethane Pad	Advances in Abrasive Technology IX, Key Engineering Materials	329	151-156

No.	Author(s)	Time	Title	Origin	Vol., No.	Pages
145	Michael Sung Chien-Min Sung Cheng-Shiang Chou Barnas G. Monteith Hiroaki Ishizuka	2006	Advanced Polycrystalline Diamond Pad Conditioners for Future CMP Applications	2006 VMIC Conference, Twenty Third International VLSI/ULSI Multileven Interconnection Conference, State-of-the-art Seminar and Exhibition, Fremont, California, U.S.A.		
144	Chien-Min Sung Tyan-Ywan Yen Ming-Chi Kan Shao-Chung Hu Michael Sung Barnas G. Monteith	2006	Tiled Diamond Cube Substrates for 3D Vertical Integration of SoC Technologies	2006 VMIC Conference, Twenty Third International VLSI/ULSI Multileven Interconnection Conference, State-of-the-art Seminar and Exhibition, Fremont, California, U.S.A.		
143	Hiroaki Ishizuka Hiroshi Ishizuka Ming-Yi Tsai Eiichi Nishizawa Chien-Min Sung Michael Sung Barnas G. Monteith	2006	Advanced Diamond Disk for Electrolytic Chemical Mechanical Planarization	2006 VMIC Conference, Twenty Third International VLSI/ULSI Multileven Interconnection Conference, State-of-the-art Seminar and Exhibition, Fremont, California, U.S.A.		
142	Chien-Min Sung Ming-Chi Kan Shao-Chung Hu Michael Sung Barnas G. Monteith	2006	Semiconductor on Diamond (SOD) for System on Chip (SoC) Architectures	2006 VMIC Conference, Twenty Third International VLSI/ULSI Multileven Interconnection Conference, State-of-the-art Seminar and Exhibition, Fremont, California, U.S.A.		
141	Chien-Min Sung Ming-Chi Kan	2006	The In-situ Dressing of CMP Pad Conditioners with Novel Coating Protection	2006 Powder Metallurgy World Congress, Bexco, Busan, Korea		1142-1143
140	Chien-Min Sung Shao-Chung Hu I-Chiao Lin Chia-Cheng Tsai	2006	The Revolution of Diamond Synthesis Technology	2006 Powder Metallurgy World Congress, Bexco, Busan, Korea		1136-1137
139	Chien-Min Sung Shao-Chung Hu Yen-Shuo Chang	2006	The Metallization of Diamond Grits	2006 Powder Metallurgy World Congress, Bexco, Busan, Korea		1134-1135
138	Chien-Min Sung Ming-Chi Kan Shao-Chung Hu	2006	Amorphous Diamond for Generating Cold Cathode Fluorescence Light	2006 Powder Metallurgy World Congress, Bexco, Busan, Korea		913-914
137	Chien-Min Sung	2006	Diamond Tools with Diamond Grits Set in a Predetermined Pattern	2006 Powder Metallurgy World Congress, Bexco, Busan, Korea		881-882

No.	Author(s)	Time	Title	Origin	Vol., No.	Pages
136	Ming-Chi Kan Chien-Min Sung Shao-Chung Hu J. Y. Chen S. Y. Liu	2006	Cold Cathode Fluorescence Lamp with Tetrahedral Amorphous Carbon Coated Electrodes	Diamond 2006, 17th European Conference on Diamond, Diamond-Like Materials, Carbon Nanotubes, and Nitrides, Estoril, Portugal		
135	Chien-Min Sung	2006	Patterned Seeding for Diamond Synthesis	Diamond 2006, 17th European Conference on Diamond, Diamond-Like Materials, Carbon Nanotubes, and Nitrides, Estoril, Portugal		
134	Chien-Min Sung Ming-Chi Kan Shao-Chung Hu	2006	The Bright View of DEL	Intertech 2006, Atlanta, Georgia, U.S.A.		
133	Chien-Min Sung Ming-Chi Kan Shao-Chung Hu Michael Sung Barnas G. Monteith	2006	Diamond Composite Heat Spreader	Intertech 2006, Atlanta, Georgia, U.S.A.		
132	Chien-Min Sung Cheng-Shiang Chou Michael Sung Barnas G. Monteith	2006	Advanced Polycrystalline Diamond Pad Conditioners for Future CMP Applications	NCCAVS CMP User Group, June 21, 2006		
131	Chien-Min Sung Cheng-Shiang Chou Barnas G. Monteith Michael Sung	2006	PCD Planers for Dressing CMP Pads: The Enabling Technology for Manufacturing Future Moore's Law Semiconductors	NCCAVS CMP User Group, April 12, 2006		
130	Chien-Min Sung	2006	PCD Planer for Dressing CMP Pads	2006 CMP-MIC, CA, U.S.A.		613-616
129	Chien-Min Sng Ming-Chi Kan	2006	The In-situ Dressing of CMP Pad Conditioners with Novel Coating Protection	2006 CMP-MIC, CA, U.S.A.		425-428
128	Chien-Min Sung Norm Gitis Vishal Khosla Eiichi Nishizawa Toshio Toganoh	2006	Studies of Advanced Pad Conditioners	2006 CMP-MIC, CA, U.S.A.		412-416
127	Sea-Fue Wang Yuh-Ruey Wang Jui-Chen Pu Chien-Min Sung	2006	Interface Study of Diamond Films Growth on (100) Silicon	Thin Solid Films	498	224-229
126	Chien-Min Sung Michael Sung Emily Sung	2006	Diamond Growth on an Array of Seeds: The Revolution of Diamond Production	Thin Solid Films	498	212-219
125	Chien-Min Sung Kevin Kan	2005	Cermet Ceramic Coating on Diamond Dresser for In-situ Dressing of Chemical Mechanical Planarization	ADC/NanoCarbon 2005, Chicago, Illinois, U.S.A.		

No.	Author(s)	Time	Title	Origin	Vol., No.	Pages
124	Chien-Min Sung Ming-Fong Tai	2005	Diamond Growth on an Array of Seeds: The Revolution of Diamond Production	ADC/NanoCarbon 2005, Chicago, Illinois, U.S.A.		
123	Chien-Min Sung Kevin Kan Michael Sung Jow-Lay Huang Emily Sung Chi-Pong Chen Kai-Hong Hsu Ming-Fong Tai	2005	Amorphous Diamond Electron Emission Capabilities: Implications to Thermal Generators and Heat Spreaders	ADC/NanoCarbon 2005, Chicago, Illinois, U.S.A.		
122	Chien-Min Sung Ming-Fong Tai	2005	Direct Wafer Polishing with 5 nm Diamond	ADC/NanoCarbon 2005, Chicago, Illinois, U.S.A.		
121	Chien-Min Sung	2005	Wurtzitic Boron Nitride on Diamond: The Ultimate Epitomical Wafer for Semiconductor on Insulator	ADC/NanoCarbon 2005, Chicago, Illinois, U.S.A.		
120	Chien-Min Sung Juen-Chen Pu Sea-Fue Wang	2005	The Bright View of DEL Seen From LED	ADC/NanoCarbon 2005, Chicago, Illinois, U.S.A.		
119	Chine-Min Sung Ming-Fong Tai	2005	Diamond Growth on An Array of Seeds: The Revolution of Diamond Production	NSTI-Nanotech 2005, Anaheim, California, U.S.A.	2	612-614
118	Chien-Min Sung Ming-Fong Tai	2005	Direct Wafer Polishing with 5 nm Diamond	NSTI-Nanotech 2005, Anaheim, California, U.S.A.	2	493-496
117	Chien-Min Sung	2005	Wurtzitic Boron Nitride on Diamond: The Ultimate Epitaxial Wafer for "Semiconductor on Insulator"	NSTI-Nanotech 2005, Anaheim, California, U.S.A.	2	377-380
116	Chien-Min Sung Kevin Kan	2005	Cermet Ceramic Coating on Diamond Dresser for In-situ Dressing of Chemical Mechanical Planarization	NSTI-Nanotech 2005, Anaheim, California, U.S.A.	2	373-376
115	Chien-Min Sung Kevin Kan Michael Sung Jow-Lay Huang Emily Sung Chi-Pong Chen Kai-Hong Hsu Ming-Fong Tai	2005	Amorphous Diamond Electron Emission for Thermal Generation of Electricity	NSTI-Nanotech 2005, Anaheim, California, U.S.A.	2	193-196
114	Chien-Chung-Teng Yunn-Shiuan Liao Hon-Wen Chou Chien-Min Sung	2005	A Study on the Cutting Phenomena of the Pad Used in CMP Process by Single Diamond Grit	2005 CMP-MIC, CA, U.S.A.		513-516

No.	Author(s)	Time	Title	Origin	Vol., No.	Pages
113	Y. L. Pai Chien-Chung Teng Ming-Hsin Chan Shin-Chung Huang Chien-Min Sung	2005	A Study of a Centipede Pad Dresser with Individually Controllable Leveling of Single Diamond Grits in Break-in Process	2005 CMP-MIC, CA, U.S.A.		501-504
112	Chien-Min Sung	2005	Direct Wafer Polishing with 5 nm Diamond	2005 CMP-MIC, CA, U.S.A.		471-478
111	Chien-Min Sung Kevin Kan	2005	Cermet Ceramic Coating on Diamond Dresser for In-situ Dressing of Chemical Mechanical Planarization	2005 CMP-MIC, CA, U.S.A.		58-61
110	Ming-Chi Kan Jow-Lay Huang Chien-Min Sung Kuei-Hsien Chen Bao-Shun Yau	2004	Stability of Field Emission Characteristics of Nano-structured Amorphous Diamond Deposited on Indium-tin Oxide Glass Substrates	New Diamond and Frontier Carbon Technology	14, 4	249-256
109	Sea-Fue Wang Yuh-Ruey Wang Chien-Min Sung Jui-Chen Pu	2004	Interface Study of Diamond Films Grown on (100) Silicon	2004 Asian CVD-III The 3rd Asian Conference on Chemical Vapor Deposition		
108	B. R. Huang C. S. Huang C. F. Hsieh Chien-Min Sung	2004	The Field Emission Properties of Samarium/Amorphous Diamond Field Emitters	2004 Asian CVD-III The 3rd Asian Conference on Chemical Vapor Deposition		
107	B. R. Huangal C. S. Huang J. T. Tan Chien-Min Sung R. J. Lin	2004	The Field Emission Properties of Amorphous Diamond Deposited on the Cu Nanowires	2004 Asian CVD-III The 3rd Asian Conference on Chemical Vapor Deposition		
106	Sea-Fue Wang Yung-Fu Hsu Jui-Chen Pu Chien-Min Sung L. G. Hwa	2004	Determination of Acoustic Wave Velocities and Elastic Properties for Diamond and Other Hard Materials	Materials Chemistry and Physics	85	432-437
105	Chien-Min Sung Chi-Ting Yang Pei-Wen Hung Yunn-Shiuan Liao Yang-Liang Pai	2004	Diamond Wear Pattern of CMP Pad Conditioner	2004 VLSI Multilevel Interconnection Conference (VMIC), Hawaii, U.S.A.		468-471
104	Kevin Kan Chien-Min Sung Yang-Liang Pai Amy Chen James Hu	2004	Chemical Barrier Coating for CMP Pad Conditioner	2004 VLSI Multilevel Interconnection Conference (VMIC), Hawaii, U.S.A.		464-467
103	Ming-Yi Tsai Yunn-Shiuan Liao Chien-Min Sung Yang-Liang Pai	2004	CMP Pad Dressing with Oriented Diamond	2004 VLSI Multilevel Interconnection Conference (VMIC), Hawaii, U.S.A.		459-463

No.	Author(s)	Time	Title	Origin	Vol., No.	Pages
102	Pei-Lum Tso Chien-Min Sung Cheng-Wei Chiu Tsung-Pen Hsu Yang-Liang Pai	2004	Amorphous Diamond for Dressing Fixed Abrasive Pad	2004 VLSI Multilevel Interconnection Conference (VMIC), Hawaii, U.S.A.		450-455
101	Chien-Min Sung	2004	Nanom Diamond CMP Process for Making Future Semiconductor Chips	2004 VLSI Multilevel Interconnection Conference (VMIC), Hawaii, U.S.A.		439-449
100	Shin-Min Song Chien-Min Sung Chih-Chieh Hu Yang-Liang Pai Ming-Yi Tsai Yunn-Shiuan Liao	2004	Fractal Modeling of CMP Pad Texture	2004 VLSI Multilevel Interconnection Conference (VMIC), Hawaii, U.S.A.		255-260
99	Sea-Fue Wang Yung-Fu Hsu Jui-Chen Pu Chien-Min Sung L. G. Hwa	2004	Determination of Acoustic Wave Velocities and Elastic Properties for Diamond and Other Hard Materials	Materials Chemistry and Physics	85	432-437
98	Ran-Jin Lin Luh-Huei Wu Ching-Hsiang Tsai Chien-Min Sung	2004	Effect of Template Materials on the Top Morphologies of Cu Nanowires	2004 MRS Spring Meeting	818	M5.30.1-5
97	Ming-Chi Kan Jow-Lay Huang Chien-Min Sung Kuei-Hsien Chen	2004	Thermally Activated Electron Emission from Nano-tips of Amorphous Diamond and Carbon Nano-Tubes	Thin Solid Films	447-448	187-191
96	Ming-Chi Kan Jow-Lay Huang Chien-Min Sung Kuei-Hsien Chen Ding-Fwu Lii	2003	Nano-tip Emission of Tetrahedral Amorphous Carbon	Diamond and Related Materials	12	1691-1697
95	Chien-Min Sung	2003	Brazed Mini Diamond Wire	4th Zhengzhou International Superhard Materials & Related Products Conference		394-397
94	Ming-Chi Kan Jow-Lay Huang Chien-Min Sung Kuei-Hsien Chen Bao-Shun Yau	2003	Thermionic Emission of Amorphous Diamond and Field Emission of Carbon Nanotubes	Carbon	41	2839-2845
93	Ming-Chi Kan Jow-Lay Huang Chien-Min Sung Ding-Fwu Lii Bao-Shun Yau	2003	Field Emission of Micro Aluminum Cones Coated by Nano-tips of Amorphous Diamond	Diamond and Related Materials	12	1610-1614
92	Ming-Chi Kan Jow-Lay Huang Chien-Min Sung Ding-Fwu Lii Kuei-Hsien Chen	2003	Field Emission Characteristics of Amorphous Diamond	Journal of the American Ceramic Society	86, 9	1513-1517

No.	Author(s)	Time	Title	Origin	Vol., No.	Pages
91	Chien-Min Sung	2003	Ultrahard Materials & Diamond Technology	(600 pages book)		
90	Chien-Min Sung	2003	Diamond Films and Diamond-like Carbon	(600 pages book)		
89	Chien-Min Sung	2003	Superabrasives and Diamond Synthesis	(600 pages book)		
88	Chien-Min Sung Ming-Hui Wang Meng-Hao Chen	2003	The Nucleation of Submicron Diamond with Euhedral Morphology	New Diamond and Frontier Carbon Technology	13, 6	309-321
87	Ming-Chi Kan Jow-Lay Huang Chien-Min Sung Kuei-Hsien Chen Ding-Fwu Lii	2003	Enhanced Field Emission from Nitrogen-doped Amorphous Diamond	J. Mater. Res.	18, 7	1594-1599
86	Ming-Chi Kan Jow-Lay Huang Chien-Min Sung Ding-Feu Lii	2003	Electron Emission from Nanotips of Amorphous Diamond	J. Vac. Sci. Technol. B	21, 4	1216-1223
85	Chien-Min Sung	2003	The Advantages of Mini Brazed Diamond Wire	Stone Link Today	2	44-46
84	Chien-Min Sung	2003	The Eastern Wind of Diamond Synthesis	New Diamond and Frontier Carbon Technology	13, 1	47-61
83	Chien-Min Sung	2002	The Uniformity of 8 Inch Polycrystalline Diamond Films	New Diamond and Frontier Carbon Technology	12, 6	391-397
82	B. R. Wu Chien-Min Sung S. L. Lee M. F. Tai	2002	A First-Principles Study of Physical Properties of Monatomic Structures of B, C, N, and O	Chinese Journal of Physics	40, 2	187-195
81	Chien-Min Sung	2002	C_3N_4 Controversy and the Chinese Connection	New Diamond and Frontier Carbon Technology	12, 1	47-57
80	Chien-Min Sung	2001	CMP Pad Dresser: A Diamond Grid Solution	2001 VLSI Multilevel Interconnection, Specialty Short Course, Advance Chemical-Mechanical-Planarization Processes, Santa Clara, CA		181-220
79	Cheng-Tzu Kuo Jin-Yu Wu Chao-Hsun Lin Tien-Rong Lu Chien-Min Sung	2001	Internal Stresses and Microstructures of Commercial Thick Diamond Films Deposited by Different Deposition Methods	Materials Chemistry and Physics	72	114-120
78	Hsiao-Kuo Chung Ming-Show Wong Yong Liu Chien-Min Sung	2001	Liquid Phase Synthesis of Diamond in Hydrogen Atmosphere	Materials Chemistry and Physics	72	191-195

No.	Author(s)	Time	Title	Origin	Vol., No.	Pages
77	Chien-Min Sung Hsiao-Kuo Chung	2001	Euhedral Micro Diamond Crystals Grown by CVD Method	Materials Chemistry and Physics	72	181-184
76	Chien-Min Sung	2001	The Design of Exotic Superhard Materials	Materials Chemistry and Physics	72	141-146
75	Chien-Min Sung B. R. Wu S. L. Lee M. F. Tai	2001	Monatomic Structures of B, C, N, and O: First-principle Study of Relative Stabilities and Bulk Moduli	Materials Chemistry and Physics	72	136-140
74	Shenq Y. Luo Jui-Kang Kuo Brian Yeh Chien-Min Sung Chuang-Wen Dai Tsung J. Tsai	2001	The Tribology of Nano-crystalline Diamond	Materials Chemistry and Physics	72	133-135
73	Hsiao-Kuo Chung Chien-Min Sung	2001	The Rapid Growth of Thin Transparent Films of Diamond	Materials Chemistry and Physics	72	130-132
72	Hsiao-Kuo Chung Chien-Min Sung	2001	The CVD Growth of Micro Crystals of Diamond	Diamond and Related Materials	10	1584-1587
71	Wen-Ting Yeh Ming-Chi Kan Sea-Fue Wang Chien-Min Sung	2001	The Carbon Implantation in Silicon by Cathodic Arc	Proceedings of the Sixth Applied Diamond Conference/Second Frontier Carbon Technology Joint Conference, Auburn, Alabama U.S.A. (ADC/FCT 2001), Y. Tzeng et al, editors		627-631
70	Ming-Chi Kan Jow-Lay Haung Wen-Ting Yeh Chien-Min Sung	2001	Amorphous Diamond Deposited by Cathodic Arc with Controlled Asperity	Proceedings of the Sixth Applied Diamond Conference/Second Frontier Carbon Technology Joint Conference, Auburn, Alabama U.S.A. (ADC/FCT 2001), Y. Tzeng et al, editors		516-520
69	Yen-Te Chen Kai-Hon Hsu Hsiao-Kuo Chung Chien-Min Sung	2001	Metastable Growth of Diamond in Molten Alloy	Proceedings of the Sixth Applied Diamond Conference/Second Frontier Carbon Technology Joint Conference, Auburn, Alabama U.S.A. (ADC/FCT 2001), Y. Tzeng et al, editors		305-316
68	Chien-Min Sung	2001	Optimized Cell Design for High-pressure Synthesis of Diamond	High Temperatures-High Pressures	33	489-501
67	Chien-Min Sung	2001	The Speculation of Superdiamonds	High Temperatures-High Pressures	33	473-488

No.	Author(s)	Time	Title	Origin	Vol., No.	Pages
66	Chien-Min Sung Y. L. Pai	2000	CMP Pad Dresser: A Diamond Grid Solution	Advances in Abrasive Technology III, N. Yasunaga et al. editors, The Society of Grinding Engineers (SGE) in Japan		189-196
65	Chien-Min Sung	2000	The Aplications of PVD Nano-crystalline Diamond Deposited by Cathodic Arc.	Diamante Applicazioni & Tecnologia, Diabond 2000, Verona, Italy		125-132
64	Chien-Min Sung	2000	The Reciprocating Sawing of Granite	Diamante Applicazioni & Tecnologia, Diabond 2000, Verona, Italy		53-59
63	Chien-Min Sung	2000	Graphite→Diamond Transition Under High Pressure: A Kinetics Approach	Journal of Materials Science	35	6041-6054
62	Chien-Min Sung	1999	Neue Seilsägeperlen mit präzise angeordneten Diamantkörnern	Werkzeuge	IDR 33 Nr.1	72-75
61	Chien-Min Sung	1999	Brazed Diamond Grid: a Revolutionary Design for Diamond Saws	Diamond and Related Materials	8	1540-1543
60	Chien-Min Sung	1998	Brazed Beads with a Diamond Grid for Wire Sawing	Industrial Diamond Review	4/98	134-136
59	Chien-Min Sung Ming-Fong Tai	1997	The Reversible Transition of Graphite Under High Pressure: Implications for the Kinetic Stability of Lonsdaleite at Intermediate Temperature	High Temperatures-High Pressures	29	631-648
58	Chien-Min Sung Ming-Fong Tai	1997	Reactivities of Transition Metals with Carbon: Implications to the Mechanism of Diamond Synthesis Under High Pressure	International Journal of Refractory Metals and Hard Materials	15	237-256
57	Chien-Min Sung	1997	Diamond Brazing and its Application in Wire Saw	Hualien International Stone Expo Seminars		41-59
56	Chien-Min Sung	1997	A Century of Progress in the Development of Very High Pressure Apparatus for Scientific Research and Diamond Synthesis	High Temperatures-High Pressures	29	253-293
55	Chien-Min Sung	1996	The Past and Future of Industrial Diamonds	Physics Bimonthly	18	5-22
54	Chien-Min Sung	1996	The Technology and Applications of Industrial Diamonds	Economics Daily News, February 28		37
53	Chien-Min Sung	1996	Superhard Materials: A New Hardest Substance	Economics Daily News, January 17		34

No.	Author(s)	Time	Title	Origin	Vol., No.	Pages
52	Ming-Fong Tai Chien-Min Sung Ming-Way Lee Jen-Bin Shi	1996	The Trend of Magnetic Irreversibility for Rb_3C_{60} and Its Implications	Physica C	272	131-136
51	Chien-Min Sung Ming-Fong Tai	1996	Metastable Diamond Growth in Liquid Phase: A Proposed Mechanism and its Implications	Materials Chemistry and Physics		
50	Chien-Min Sung	1996	The Superabrasives Industry in Taiwan	Metal Cutting Technology		43-44
49	Chien-Min Sung Michael Sung	1996	Carbon Nitride and Other Speculative Superhard Materials	Materials Chemistry and Physics	43	1-18
48	Chien-Min Sung	1996	C_3N_4, the New Material that May be Harder than Diamond	CVD Diamond & DLC Coatings and Thick Film Markets, Gorham International Conference, Atlanta, U.S.A.		
47	Chien-Min Sung	1996	The Evolution and Revolution of Diamond Technology	CVD Diamond & DLC Coatings and Thick Film Markets, Gorham International Conference, Atlanta, U.S.A.		
46	Chien-Min Sung Ming-Fong Tai	1995 / 1996	Growth of Metastable Diamond in Liquid Phase: A Proposed Mechanism and its Iimplications	High Temperatures-High Pressures	27/28	611-628
45	Chien-Min Sung Ming-Fong Tai	1995 / 1996	Mechanism of the Solvent-Assisted Graphite to Diamond Transition Under High Pressure: Implications for the Selection of Catalysts	High Temperatures-High Pressures	27/28	523-546
44	Chien-Min Sung Ming-Fong Tai Chu-Shen Cheng Quen-Su Huang Yeong-Dey Yao	1995 / 1996	Kinetics of the Graphite to Diamond Transition Under High Pressure	High Temperatures-High Pressures	27/28	499-521
43	Chien-Min Sung	1995	Carbon Nitride: A New Ceramic that May Be Harder Than Diamond	Bulletin of Powder Metallurgy Association	20	104-105
42	Chien-Min Sung	1995	The Sintering of Diamond Powders under Ultrahigh Pressure	Bulletin of Powder Metallurgy Association	20	100-103
41	Chien-Min Sung	1995	The Manufacture of Diamond Micron Powders	Bulletin of Powder Metallurgy Association	20	96-99
40	Chien-Min Sung	1995	The Synthesis of Artificial Diamonds	Bulletin of Powder Metallurgy Association	20	90-95
39	Chien-Min Sung	1995	The Applications of Industrial Diamonds	Bulletin of Powder Metallurgy Association	20	86-89
38	Chien-Min Sung	1995	Granulation of Metal Coated Diamond Grit	Bulletin of Powder Metallurgy Association	20	52-58

No.	Author(s)	Time	Title	Origin	Vol., No.	Pages
37	Chien-Min Sung	1995	The Proper Ratio of R & D Funding for Materials	Industrial Materials	103	49-53
36	Chien-Min Sung	1995	The New Revolution of Materials: Industrial Applications of Diamond Films	Industrial Materials	100	55-65
35	Chien-Min Sung	1995	Metal Coating of Saw Diamond Grit by Fluidized Bed	Fabrication and Characterization of Advanced Materials, Edited by S. W. Kim and S. J. Park, The Materials Research Society of Korea.		267-273
34	Chien-Min Sung	1994	Industrial Diamonds, Industrial Materials Technical Manual	Department of Economics, Republic of China	Chapter 35	1157-1165
33	Chien-Min Sung	1994	Carbon Nitride and Other Potential Superhard Materials	IUMRS-ICA-'94 Symposia Proceedings		251-264
32	Chien-Min Sung	1993	Crystal Chemistry of New Superhard Materials	1993 Science, Engineering, & Technology Seminars (SETS)		
31	Chien-Min Sung	1993	Evolution of the Universe: the Cosmic Game of Consciousness	(400 pages book, Woburn, Massachusetts, Scientific Publications)		
30	Chien-Min Sung	1993	Pixels of Space-Time: the Building Blocks of Everything	(400 pages book, Woburn, Massachusetts, Scientific Publications)		
29	Sy-Hwa Chen L. Kimball Bigelow James T. Hoggins Chien-Min Sung	1990	Bonding of Diamond by Refractory Metal Coating	Science and Technology of New Diamond, edited by S. Saito, O. Fukunaga, and M. Yoshikawa		405-409
28	Chien-Min Sung	1989	Editor	J. Hard Materials	1, 1	
27	E. Lowry Manson Chien-Min Sung	1980	Design and Properties of Superabrasives	Materials Technology, General Electric Company U.S.A.		4-10
26	Chien-Min Sung	1978	Kinetics of the Olivine → Spinel Transition Under High Pressure and Temperature: Experimental Results and Geophysical Implications	Proceedings of the 6th AIRAPT International High Pressure Conference, Ed. K. D. Timmerhaus (New York, Plenum)		31-42
25	Roger G. Burns Chien-Min Sung	1978	The Effect of Crystal Field Stabilization on the Olivine → Spinel Transition in the System Mg_2SiO_4-Fe_2SiO_4	Physics and Chemistry of Minerals	2	349-364
24	Chien-Min Sung R. G. Burns	1978	Crystal Structural Features of the Olivine → Spinel Transition	Physics and Chemistry of Minerals	2	177-197

No.	Author(s)	Time	Title	Origin	Vol., No.	Pages
23	Chien-Min Sung R. B. Singer K. M. Parkin B. M. Loeffler R. G. Burns	1977	Temperature Dependence of Crystal Field Transition energies and their Effect on the Mineralogical Mapping of the Lunar Surface	8th Lunar Sci. Conf.		
22	Chien-Min Sung Christopher Goetze Ho-Kwang Mao	1977	Pressure Distribution in the Diamond Anvil Press and the Shear Strength of Fayalite	Rev. Sci. Instrum.	48, 11	1386-1391
21	Chien-Min Sung Robert B. Singer Kathleen M. Parkin Roger G. Burns	1977	Temperature Dependence of Fe^{2+} Crystal Field Spectra: Implications to Mineralogical Mapping of Planetary Surfaces	Proc. Lunar Sci. Conf. 8th		1063-1079
20	Chien-Min Sung	1976	The Nature of the Olivine-spinel Transition and its Geophysical Implications	Ph. D. Dissertation, M.I.T.		
19	Chien-Min Sung	1976	Press with Diamond Jaws Aids Studies of Earthquakes	M.I.T. Tech Talk	20, 41	
18	Chien-Min Sung	1976	Diamond Press	M.I.T. Reports on Research	3	7
17	Chien-Min Sung	1976	Kinetics of the Olivine-spinel Transition in the Mg_2SiO_4-Fe_2SiO_4 System: Experimental Results and Geophysical Implications	Trans. Amer. Geophys. Union, EOS	57	1020
16	Chien-Min Sung Roger G. Burns	1976	Crystal Field Stabilization of the Olivine-spinel Transition in the Mg_2SiO_4-Fe_2SiO_4 System: a Re-evaluation	Trans. Amer. Geophys. Union, EOS	57	1020
15	Chien-Min Sung Roger G. Burns	1976	Mechanism of the Olivine-spinel Transition	Trans. Amer. Geophys. Union, EOS	57	323
14	Chien-Min Sung Roger G. Burns	1976	Kinetics of the Olivine →Spinel Transition: Implications to Deep-focus Earthquake Genesis	Earth and Planetary Science Letters	32	165-170
13	Chien-Min Sung Roger G. Burns	1976	Kinetics of High-pressure Phase Transformations: Implications to the Evolution of the Olivine → Spinel Transition in the Downgoing Lithosphere and its Consequences on the Dynamics of the Mantle	Tectonophysics	31	1-32

No.	Author(s)	Time	Title	Origin	Vol., No.	Pages
12	Chien-Min Sung	1976	New Modification of the Diamond Anvil Press: A Versatile Apparatus for Research at High Pressure and High Temperature	Rev. Sci. Instrum.	47, 11	1343-1346
11	Chien-Min Sung	1975	Ocean Floor Nodules Hold Valuable Minerals	Tech Talk	19	44
10	Chien-Min Sung R. G. Burns K. Schwartz W. Sung V. M. Burns	1975	Chemical Stratigraphic Mapping of Manganese Nodules by Electron Microprobe: Evidence of Late Stage Ni and Cu Enrichments in Nodules from the NE Equatorial Pacific	Ceol. Soc. Amer.	7	1014-1015
9	Chien-Min Sung	1975	Role of the Olivine-spinel Transition in Plate Dynamics	Trans. Amer. Geophys. Union, EOS	56	454
8	Chien-Min Sung R. G. Burns	1975	Kinetics of the Olivine-spinel Transition in Downgoing Lithospheres: Implications to Deep Earthquake Genesis	Trans. Amer. Geophys. Union, EOS	56	453-454
7	Chien-Min Sung R. G. Burns R. M. Abu-Eid D. J. Vaughan	1975	Electronic Absorption Spectroscopy as a Petrological Probe of Lunar Materials	6th Lunar Sci. Conf., Part II, Lunar Sci. Inst. Publ.		115-117
6	Ferd A. Frey Chien-Min Sung	1974	Geochemical Results for Basalts from Atlantic Ocean	Deep Sea Drilling Project	26	576-582
5	Ferd A. Frey Chien-Min Sung	1974	Geochemical Results for Basalts from Sites 253 and 254	Deep Sea Drilling Project	26	567-572
4	Chien-Min Sung G. Thompson W. B. Bryan F. A. Frey	1974	Petrology and Geochemistry of Basalts and Related Rocks from Indian Ocean	Deep Sea Drilling Project	22	459-468
3	Chien-Min Sung R. M. Abu-Eid R. G. Burns	1974	A Search for trivalent Titanium in Apollo 17 Pyroxenes	5th Lunar Sci. Conf., Part II, Lunar Sci. Inst. Publ.		758-760
2	Chien-Min Sung Rateb M. Abu-Eid Roger G. Burns	1974	Ti^{3+}/Ti^{4+} Ratios in Lunar Pyroxenes: Implications to Depth of Origin of Mare Basalt Magma	Proceedings of the Fifth Lunar Conference (Supplement 5, Geochimica et Cosmochimica Acta)	1	717-726
1	Chien-Min Sung	1974	The Kinetics of High Pressure Phase Transformations in the Mantle: Possible Significance on Deep Earthquake Generation	Proceedings of the Geological Society of China	17	67-84

專利表

No.	Inventors	Filed Date	Issue Date Pub. Date	Title	Patent No. Pub. No.
126	Chien-Min Sung	2004.02.06	2007.12.11	High Pressure Crystal Growth Apparatuses and Associated Methods	US7,306,441
125	Chien-Min Sung Michael Sung Emily Sung	2004.03.30	2007.11.13	Healthcare and Cosmetic Compositions Containing Nanodiamond	US7,294,340
124	Chien-Min Sung	2006.10.04	2007.10.23	Tools for Polishing and Associated Methods	US7,285,039
123	Chien-Min Sung	2004.01.30	2007.09.11	Diamond Composite Heat Spreader and Associated Methods	US7,268,011
122	Chien-Min Sung	2003.07.25	2007.08.28	Molten Braze-coated Superabrasive Particles and Associated Methods	US7,261,752
121	Chien-Min Sung	2004.12.30	2007.08.21	Chemical Mechanical Polishing Pad Dresser	US7,258,708
120	Chien-Min Sung	2006.02.17	2007.07.10	Tools for Polishing and Associated Methods	US7,241,206
119	Chien-Min Sung	2005.06.20	2007.06.26	Diamond-like Carbon Thermoelectric Conversion Devices and Methods for the Use and Manufacture Thereof	US7,235,912
118	Chien-Min Sung	2004.09.29	2007.04.10	Contoured CMP Pad Dresser and Associated Methods	US7,201,645
117	Chien-Min Sung	2002.10.11	2007.02.06	Diamond Composite Heat Spreader and Associated Methods	US7,173,334
116	Chien-Min Sung	2004.07.26	2007.02.06	Synthesis of Diamond Particles in a Metal Matrix	US7,172,745
115	Chien-Min Sung	2004.05.13	2006.11.07	Semiconductor-on-diamond Devices and Methods of Forming	US7,132,309
114	Chien-Min Sung	2004.01.13	2006.10.31	High Pressure Split Die and Associated Methods	US7,128,547
113	Chien-Min Sung	2002.09.27	2006.10.24	Brazed Diamond Tools and Methods for Making the Same	US7,124,753
112	Chien-Min Sung	2004.11.08	2006.08.22	Cast Diamond Tools and Formation Thereof by Chemical Vapor Deposition	US7,095,157
111	Frank S. Lin Chien-Min Sung	2004.08.18	2006.08.15	Reciprocating Wire Saw for Cutting Hard Materials	US7,089,925
110	Chien-Min Sung	2003.03.21	2006.08.01	Carbon Nanotube Devices and Uses Therefor	US7,085,125
109	Chien-Min Sung	2003.04.22	2006.03.14	Casting Method for Producing Surface Acoustic Wave Devices	US7,011,134
108	Chien-Min Sung	2004.02.09	2006.01.17	Diamond Composite Heat Spreader Having Thermal Conductivity Gradients and Associated Mmethods	US6,987,318
107	Chien-Min Sung	2003.06.02	2006.01.10	Carbonaceous Composite Heat Spreader and Associated Methods	US6,984,888
106	Chien-Min Sung	2003.09.19	2005.11.29	Cast Diamond Tools and Formation Thereof by Chemical Vapor Deposition	US6,969,313

No.	Inventors	Filed Date	Issue Date Pub. Date	Title	Patent No. Pub. No.
105	Chien-Min Sung	2003.06.11	2005.09.27	Amorphous Diamond Materials and Associated Methods for the Use and Manufacture Thereof	US6,949,873
104	Chien-Min Sung	2003.07.25	2005.07.12	Superabrasive Wire Saw and Associated Methods of Manufacture	US6,915,796
103	Chien-Min Sung Frank Lin	2002.03.27	2005.04.26	Diamond grid CMP pad dresser	US6,884,155
102	Chien-Min Sung	2002.08.08	2005.04.05	Wheeled Skate Device	US6,874,795
101	Chien-Min Sung	2002.10.08	2005.01.11	Compression Bonding Tools and Associated Bonding Methods	US6,840,424
100	Chien-Min Sung	2002.09.24	2004.12.14	Molten Braze Coated Superabrasive Particles and Associated Methods	US6,830,598
99	Chien-Min Sung	2001.10.19	2004.11.09	Methods of Making Diamond Tools Using Reverse Casting of Chemical Vapor Deposition	US6,814,130
98	Chien-Min Sung	2002.03.08	2004.10.19	Amorphous Diamond Materials and Associated Methods for the Use and Manufacture Thereof	US6,806,629
97	Chien-Min Sung	2001.08.22	2004.01.20	Brazed Diamond Tools and Methods for Making	US6,679,243
96	Chien-Min Sung	2000.10.13	2003.12.09	Molding Process for Making Diamond Tools	US6,659,161
95	Chien-Min Sung	2001.07.16	2003.10.14	SiCN Compositions and Methods	US6,632,477
94	Chien-Min Sung Frank Lin	2000.04.26	2002.04.09	Diamond Grid CMP Pad Dresser	US6,368,198
93	Chien-Min Sung	1999.09.20	2001.09.11	Metal Bond Diamond Tools that Contain Uniform or Patterned Distribution of Diamond Grits and Method of Manufacture Thereof	US6,286,498
92	Chien-Min Sung	1998.11.04	2001.02.27	Brazed Diamond Tools by Infiltration	US6,193,770
91	Chien-Min Sung	1998.11.04	2000.12.12	Process for Controlling Diamond Nucleation During Diamond Synthesis	US6,159,286
90	Chien-Min Sung	1997.04.04	2000.03.21	Brazed Diamond Tools by Infiltration	US6,039,641
89	Hyun S. Cho Chien-Min Sung Leo Merrill Sy-Hwa Chen	1988.07.29	1992.09.29	Cemented and Cemented / Sintered Superabrasive Polycrystalline Bodies and Methods of Manufacture Thereof	US5,151,107
88	Chien-Min Sung Sy-Hwa Chen	1991.05.31	1992.05.26	Method for Low Pressure Bonding of PCD Bodies	US5,116,568
87	Sy-Hwa Chen Chien-Min Sung	1989.12.13	1992.03.17	Diamond Metal Composite Cutter and Method for Making Same	US5,096,465
86	Sy-Hwa Chen Chien-Min Sung	1989.11.22	1991.11.05	Chemically Bonded Superabrasive Grit	US5,062,865
85	Chien-Min Sung Sy-Hwa Chen Leo Merrill Louis K. Bigelow	1988.11.18	1991.07.09	Low Pressure Bonding of PCD Bodies and Method	US5,030,276
84	Sy-Hwa Chen Chien-Min Sung	1988.11.07	1991.06.18	Multiple Metal Coated Superabrasive Grit and Methods for Their Manufacture	US5,024,680

No.	Inventors	Filed Date	Issue Date Pub. Date	Title	Patent No. Pub. No.
83	Hyun S. Cho Chien-Min Sung Leo Merrill Sy-Hwa Chen Frank Csillag	1989.07.11	1991.04.30	Cemented and Cemented / Sintered Superabrasive Polycrystalline Bodies and Methods of Manufacture Thereof	US5,011,514
82	Chien-Min Sung Sy-Hwa Chen Leo Merrill Louis K. Bigelow	1988.11.18	1990.07.24	Low Pressure Bonding of PCD Bodies and Method for Drill Bits and the Like	US4,943,488
81	Chien-Min Sung	2007.06.14	2007.12.27	Diamond Composite Heat Spreader and Associated Methods	US20070298537
80	Chien-Min Sung	2007.06.14	2007.12.27	High Pressure Superabrasive Particle Synthesis	US20070295267
79	Chien-Min Sung	2007.07.06	2007.12.20	Tools for Polishing and Associated Methods	US20070289223
78	Chien-Min Sung	2006.05.22	2007.11.22	Semiconductor-on-diamond Devices and Associated Methods	US20070269964
77	Chien-Min Sung	2006.05.17	2007.11.22	Superabrasive Tools Having Improved Caustic Resistance	US20070266639
76	Chien-Min Sung	2007.05.16	2007.11.15	Methods of Bonding Superabrasive Particles in an Organic Matrix	US20070264918
75	Chien-Min Sung	2007.04.10	2007.11.01	Contoured CMP Pad Dresser and Associated Methods	US20070254566
74	Chien-Min Sung	2007.04.10	2007.10.25	Superhard Cutters and Associated Methods	US20070249270
73	Chien-Min Sung	2006.03.31	2007.10.04	Diamond Frequency Control Devices and Associated Methods	US20070228876
72	Chien-Min Sung	2006.12.20	2007.09.27	Superabrasive Synthesis Methods	US20070224105
71	Chien-Min Sung	2006.10.04	2007.08.23	Tools for Polishing and Associated Methods	US20070197142
70	Chien-Min Sung	2006.12.14	2007.08.29	Healthcare and Cosmetic Compositions Containing Nanodiamond	US20070184121
69	Chien-Min Sung	2006.12.14	2007.07.26	Silicon-diamond Composite Heat Spreader and Associated Methods	US20070170581
68	Chien-Min Sung	2006.12.14	2007.07.12	High Pressure Superabrasive Particle Synthesis	US20070157917
67	Chien-Min Sung	2005.12.30	2007.07.12	Superhard Mold Face for Forming Ele	US20070157670
66	Chien-Min Sung	2006.11.16	2007.07.05	Superhard Cutters and Associated Methods	US20070155298
65	Chien-Min Sung	2005.12.02	2007.06.07	Electroplated Abrasive Tools, Methods, and Molds	US20070128994
64	Chien-Min Sung	2006.12.01	2007.06.07	DLC Field Emission with Nano-diamond Impregnated Metals	US20070126312
63	Chien-Min Sung	2006.08.01	2007.03.29	Carbon Nanotube Devices and Uses Therefor	US20070070579
62	Chien-Min Sung	2005.09.09	2007.03.15	Methods of Bonding Superabrasive Particles in an Organic Matrix	US20070060026
61	Chien-Min Sung	2006.09.08	2007.03.08	Brazed Diamond Tools and Methods for Making the Same	US20070051355
60	Chien-Min Sung	2006.09.08	2007.03.08	Brazed Diamond Tools and Methods for Making the Same	US20070051354

No.	Inventors	Filed Date	Issue Date Pub. Date	Title	Patent No. Pub. No.
59	Chien-Min Sung	2006.08.23	2007.02.22	Diamond-Like Carbon Energy Conversion Devices and Methods Thereof	US20070042667
58	Chien-Min Sung Tien-Yuan Yen	2005.08.09	2007.02.15	Mosaic Diamond Substrates	US20070036896
57	Chien-Min Sung Ming-Chi Kan Shao-Chung Hu	2005.08.10	2007.02.15	Methods and Devices for Cooling Printed Circuit Boards	US20070035930
56	Chien-Min Sung	2005.12.14	2006.12.21	Diamond-like Carbon Devices and Methods for the Use and Manufacture Thereof	US20060284539
55	Chien-Min Sung	2006.02.17	2006.11.16	Superhard Cutters and Associated Methods	US20060258276
54	Chien-Min Sung	2006.04.04	2006.11.09	Methods of Forming Polycrystalline Bodies Using Rhombohedral Graphite Materials	US20060251567
53	Chien-Min Sung	2006.02.08	2006.09.28	Methods of Maximizing Retention of Superabrasive Particles in a Metal Matrix	US20060213128
52	Chien-Min Sung	2005.12.29	2006.08.24	Semiconductor-on-diamond Devices and Methods of Forming	US20060186556
51	Chien-Min Sung	2006.01.20	2006.08.10	Surface Acoustic Wave Devices and Associated Casting Mmethods	US20060174823
50	Chien-Min Sung	2004.12.30	2006.07.06	Chemical Mechanical Polishing Pad Dresser	US20060143991
49	Chien-Min Sung	2003.03.21	2006.06.15	Carbon Nanotube Devices and Uses Therefor	US20060126268
48	Chien-Min Sung	2005.11.02	2006.06.01	Diamond Composite Heat Spreaders Having Low Thermal Mismatch Stress and Associated Mmethods	US20060113546
47	Chien-Min Sung	2005.10.17	2006.05.04	Carbonaceous Composite Heat Spreader and Associated Methods	US20060091532
46	Chien-Min Sung	2005.09.28	2006.04.06	CMP Pad Dresser with Oriented Particles and Associated Methods	US20060073774
45	Chien-Min Sung Frank S. Lin Yang-Liang Pai	2004.09.28	2006.03.30	Abrading Tools with Individually Controllable Grit and Method of Making the Same	US20060068691
44	Chien-Min Sung	2005.09.08	2006.03.23	Methods of Maximizing Retention of Superabrasive Particles in a Metal Matrix	US20060059785
43	Chien-Min Sung	2004.08.24	2006.03.02	Polycrystalline Grits and Associated Methods	US20060042172
42	Chien-Min Sung	2005.08.24	2006.02.16	High Pressure Crystal Growth Apparatuses and Associated Methods	US20060032431
41	Chien-Min Sung	2005.08.24	2006.02.16	High Pressure Split Die and Associated Methods	US20060032429
40	Chien-Min Sung	2005.07.05	2006.01.26	Superabrasive Particle Synthesis with Controlled Placement of Crystalline Seeds	US20060016127
39	Chien-Min Sung	2005.06.20	2005 .12.15	Diamond-like Carbon Thermoelectric Conversion Devices and Methods for the Use and Manufacture Thereof	US20050275330
38	Chien-Min Sung	2005.07.12	2005.11.10	Diamond Composite Heat Spreader Having Thermal Conductivity Gradients and Associated Methods	US20050250250

No.	Inventors	Filed Date	Issue Date Pub. Date	Title	Patent No. Pub. No.
37	Chien-Min Sung	2004.04.30	2005.11.03	Abrasive Composite Tools Having Compositional Gradients and Associated Methods	US20050241239
36	Chien-Min Sung	2004.07.07	2005.10.27	Graphite Composite Thermal Sealants and Associated Methods	US20050238835
35	Chien-Min Sung	2003.07.25	2005.10.20	Molten Braze-coated Superabrasive Particles and Associated Methods	US20050230155
34	Chien-Min Sung	2004.04.09	2005.10.13	Fixed Abrasive Tools and Associated Methods	US20050227590
33	Chien-Min Sung Michael Sung Emily Sung	2004.03.30	2005.10.06	Healthcare and Cosmetic Compositions Containing Nanodiamond	US20050220829
32	Chien-Min Sung	2005.02.10	2005.09.01	Carbonaceous Composite Heat Spreader and Associated Methods	US20050189647
31	Chien-Min Sung	2004.01.13	2005.07.14	High Pressure Split Die and Associated Methods	US20050153010
30	Chien-Min Sung	2005.01.26	2005.07.14	Amorphous Diamond Materials and Associated Methods for the Use and Manufacture Thereof	US20050151464
29	Chien-Min Sung	2004.02.06	2005.07.14	High Pressure Crystal Growth Apparatuses and Associated Methods	US20050150444
28	Chien-Min Sung	2004.08.25	2005.06.23	Superabrasive Particle Synthesis with Controlled Placement of Crystalline Seeds	US20050136667
27	Chien-Min Sung	2004.11.08	2005.06.09	Cast Diamond Tools and Formation Thereof by Chemical Vapor Deposition	US20050122189
26	Chien-Min Sung	2004.12.09	2005.05.26	Molten Braze-coated Superabrasive Particles and Associated Methods	US20050108948
25	Chien-Min Sung	2004.09.29	2005.05.05	Contoured CMP Pad Dresser and Associated Mmethods	US20050095959
24	Chien-Min Sung	2003.07.25	2005.01.27	Nanodiamond PCD and Methods of Forming	US20050019114
23	Chien-Min Sung	2004.05.13	2004.12.23	Semiconductor-on-diamond Devices and Methods of Forming	US20040256624
22	Chien-Min Sung	2004.01.30	2004.12.16	Diamond Composite Heat Spreader and Associated Methods	US20040253766
21	Chien-Min Sung	2003.09.19	2004.11.25	Cast Diamond Tools and Formation Thereof by Chemical Vapor Deposition	US20040235405
20	Chien-Min Sung	2004.03.22	2004.10.21	SiCN Compositions and Methods	US20040206008
19	Chien-Min Sung	2004.03.01	2004.10.07	High Pressure Superabrasive Particle Synthesis	US20040194689
18	Chien-Min Sung	2004.02.09	2004.09.09	Diamond Composite Heat Spreader Having Thermal Conductivity Gradients and Associated Mmethods	US20040175875
17	Chien-Min Sung	2003.07.25	2004.06.17	Brazed Diamond Tools and Methods for Making the Same	US20040112359
16	Chien-Min Sung	2003.07.05	2004.06.10	Superabrasive Wire Saw and Associated Methods of Manufacture	US20040107648
15	Chien-Min Sung	2002.10.11	2004.04.15	Diamond Composite Heat Spreader and Associated Methods	US20040070071
14	Chien-Min Sung	2003.06.02	2004.04.15	Carbonaceous Composite Heat Spreader and Associated Methods	US20040070070

No.	Inventors	Filed Date	Issue Date Pub. Date	Title	Patent No. Pub. No.
13	Chien-Min Sung	2003.06.11	2004.04.08	Amorphous Diamond Materials and Associated Methods for the Use and Manufacture Thereof	US20040066127
12	Chien-Min Sung	2002.10.08	2004.04.08	Compression Bonding Tools and Associated Bonding Methods	US20040065711
11	Chien-Min Sung	2003.04.22	2004.02.19	Cast Diamond Products and Formation Thereof by Chemical Vapor Deposition	US20040031438
10	Chien-Min Sung	2002.03.08	2003.09.11	Amorphous Diamond Materials and Associated Methods for the Use and Manufacture Thereof	US20030168957
9	Chien-Min Sung	2001.12.06	2003.06.12	Fixed Abrasive CMP Pad Dresser and Associated Methods	US20030109204
8	Chien-Min Sung	2002.09.27	2003.05.08	Brazed Diamond Tools and Methods for Making the Same	US20030084894
7	Chien-Min Sung	2002.08.08	2003.01.30	Wheeled Skate Device	US20030020244
6	Chien-Min Sung	2001.07.16	2003.01.16	SiCN Compositions and Methods	US20030012966
5	Chien-Min Sung Frank Lin	2002.03.27	2002.11.21	Diamond Grid CMP Pad Dresser	US20020173234
4	Chien-Min Sung	2001.10.19	2002.07.18	Cast Diamond Tools and Formation Thereof by Chemical Vapor Deposition	US20020094379
3	Chien-Min Sung	2001.08.22	2002.06.20	Brazed Diamond Tools and Methods for Making	US20020077054
2	Frank S. Lin Y. L. Pai Chien-Min Sung	2001.07.16	2002.01.10	Diamond-like Carbon Coated Golf Club Head	US20020004426
1	Chien-Min Sung	2001.04.10	2001.11.22	Wheeled Skate Device	US20010042966

附錄 1　有關作者

附錄 2　柳暗花明又一村

(原載於中砂季刊 2006 年 1 月)

　　我的求學之路蜿轉曲折，可以宋朝詩人陸游「遊山西村」的名句「山窮水盡疑無路，柳暗花明又一村」形容。不僅我讀書的過程拐彎抹角，我後來工作的生涯卻更是高潮迭起，應以上述陸游的對句「夏炎冬寒似常顧，風和日麗再逢春」描述。大多數人的一生平淡無奇但堪稱幸福；我則數度平步青雲，也多次栽到谷底，因此我的命運相當的戲劇化。

　　第二次世界大戰結束後的隔年，我出生在福建莆田的鄉下。大概只有兩個月大時，母親就抱著我又牽著剛會走路的哥哥乘帆船到台灣投奔已先行遷往台北的父親。約半年後台灣爆發了二二八事件，母親親眼目睹民眾攻擊公賣局，其後台灣人沿街毆打「阿山」甚至加以殺害，幸虧我們藏匿在房間裏多日躲過一劫。當街頭逐漸平靜後，許多外省人紛紛逃離台灣，母親也抱著不到一歲的我及牽著哥哥乘帆船返回莆田。這次風浪很大，母親嚴重暈船，我則受寒大病一場。我約一歲半時，母親又帶我和哥哥再乘帆船到台灣，其後就長期住在淡水。

　　我從小就營養不良，小學時氣喘病嚴重曾休學在家養病一年。小學畢業後我身體太差只能在離家不遠的淡水初中上課。淡水初中的學生多半沒有升學計畫，但我畢業時卻同時考上最難考的五年制台北工專及建國高中，這是淡水初中空前也可能是絕後的升學記錄，淡水初中的校長王克佐因此對我十分賞識。

　　我的家境貧窮，父母希望我可以早日完成學業以便工作幫助家計，我乃捨棄心儀的建國高中就讀台北工專。當年報考工專只能填寫一個志願，我父母怕

我考不上就報名最低標準的礦冶科。由於身體不好恐難適應未來辛苦的礦冶生涯，我乃試圖轉讀化工科但卻沒有成功。我在 1966 年工專畢業後立刻通過全國高等考試，並成為台灣最年輕的冶金技師。在當完一年預備軍官後，我在工業技術研究院前身聯合工業研究所的職員徵試名列第一，但主管卻因我沒有學士學位取消了我的錄取資格。當時台灣教育制度僵化，我沒有高中文憑不能報考大學，我也不能以同等學歷參加聯考或以高考的資格報考研究所。由於進不了大學，我似乎注定此生不會有學位了。

既然不能升學，我就積極找工作，但卻苦無機會，後來我就到處寄信求職，甚至寫信給毫無機緣的大同公司創辦人林煶灶先生希望能有機會到大同工作。令我意外的是林先生居然回了一封信，信中說明已為我安排一項工作並要我到台北去見一位胡世昌先生聽取細節，我欣喜若狂以為可以就此「新官上任」。那時同班一位「哥兒們」張崇勝自告奮勇要陪我去見胡先生，張崇勝的父親為國大代表，曾認我為義子，我到處找工作時張崇勝的父親已把他安插到「裕隆汽車公司」上班，這是大家想應徵卻找不到門路的好工作。

張崇勝和我同時拜訪胡先生時他突然冒名同班的另一位同學葉富貞，要求胡先生也給予工作。張崇勝在工專時成績並不好，算是勉強畢業，但葉富貞則是班上第一名。胡先生說林先生交待只提供一個職位，張崇勝就向胡先生強調他的成績最好，因此胡先生就把該給我的工作轉給了這個冒牌的葉富貞，這個工作是「復盛公司」的工程師。張崇勝知道被錄取後就立刻通知葉富貞前往「復盛」上班。

我與同學張崇勝(左)及葉富貞(右)合照。1967 年張崇勝冒名葉富貞搶得「復盛」原擬給我的工程師工作，葉富貞進「復盛」後來昇到總經理。

　　葉富貞雖是班上的狀元，但他畢業時應徵礦冶科的一個助教職位卻被拒絕了，那時另一位同學徐開鴻已取得這個大家都想爭取的空缺。葉富貞後來到金門當了一年兵，退伍後他想回關西老家的初中教書，誰知校長卻向他索賄半年的薪水，正在進退兩難之際張崇勝告訴他可到「復盛」上班，他就欣然前往就任。葉富貞在「復盛」工作十多年後的 1978 年他開始接手剛成立的高爾夫球具事業部，這個事業部後來成長迅速，葉富貞就水漲船高當上了總經理。「復

盛」原來只生產空氣壓縮機，但卻發展成高爾夫球桿的全球霸主，2004 年銷售約 1300 萬支(超過百億元)球桿佔世界產量的約 20%。人生的際遇為偶然運氣與必然結果的交錯組合，葉富貞因偶然的因緣成就了一個圓滿的生涯，我錯過了一個必然的工作卻在後來另一個偶然的機會出國走向一個未知的命運。

　　張崇勝雖然搶走了我的工作機會，後來卻給了我一個「天上掉下來的禮物」。張崇勝在「裕隆汽車」工作時，想追求一位女同事但卻碰了釘子，他乃找我去約這位女孩去陽明山踏青，結果她竟然同意了，其後張崇勝由父親安排結了婚不久就雙雙遠赴德國。張崇勝「移情別戀」之後，我開始「假戲真作」繼續邀約這位「裕隆之花」，後來她就成為我的太太－王淑英。我失去了一個可以替換的工作機會，卻換得了一個無法取代的終生伴侶，真是太值得了。「塞翁失馬，焉知非福」這句話在我身上應驗了多次，而這只是個開端而已。

年青時(1968 年)的我和王淑英(上圖)。那時從未料到我們的生涯會有如乘坐雲霄飛車上衝下衝，驚奇連連。光陰似箭，我們結婚後的 30 年女兒 Emily Sung 嫁給了 Bob Yang，下圖為在美國加州 Pebble Beach 的婚禮場景。

給吾愛

青春純潔花容俏	忽然災難從天降
市街小遊樂趣多	斯人雜碎辛酸共
遠赴重洋深造去	峰迴路轉層樓上
胼手胝足奮鬥勤	重溫家居感情密
生涯順遂前程好	年事漸高攙扶常
戶外公園足跡頻	才知世間依靠在

　　「復盛」的工作機會像煮熟的鴨子飛掉之後，父親見我找不到事就求助於王克佐，那時他剛調到汐止初中當校長。王校長一直希望他的兒子王星豪能以我為榜樣(王星豪後來也進了工專並出國留學，回國後在海洋大學教書)，他就安排我在汐止初中教了一年數學。在教書的那年學校來了幾位師大畢業生，他們在教書時都考取了國內的研究所，我對他們能夠深造羨慕極了。

　　既然在台灣升學無門，我就準備出國讀書並考取了留學考試。那時留學考試的門檻很高，許多人考不上就鑽法律漏洞設法出國。例如張崇勝就到台大的歐洲語文中心讀德文，然後他以畢業證書代替留學考試到德國留學。我當兵時連上有個預備軍官谷家泰，他是國際反共聯盟主席谷正綱的兒子，他在退伍前一個月調到金門，那時外島服役的軍人可以不經留考而出國，他因此可以順利赴美留學。我雖順利通過留學考試，但卻籌措不到旅費及生活費只好放棄出國的計畫。然而天無絕人之路，我發現在台灣報考插班生仍有可能擠進大學，可惜插班生只收相關科系的大學肄業生。我畢業的是五專的礦冶科，那時只有成大設礦冶系但它卻不招插班生，其他學校偶然會有插班生的名額，我卻受限於學門不能應考。

　　冷門的學系會流失學生因此才可能招考插班生，1968 年台大地質系難得的需要大二的插班生，而且居然可以接受礦冶系的肄業生，我立刻以五專的同等學力報考，雖然沒有讀過正統的地質課程但我仍然被錄取了。在註冊的當天

224

地質系主任王超翔得知我並非來自大學地質的本科生覺得很意外，王主任告訴我五專學生程度太差並沒有資格就讀台大二年級，因此他堅持我從大一國文及英文讀起，所以我在台大又留了一級。

因為家裏沒錢讓我重新讀書，我必須自力更生賺取學費。1964 年台灣第一家外商公司的美國「通用器材」(General Instrument)在台北縣的新店附近投資成立台灣電子公司(2006 年關閉)。1968 年它曾招考機械設計工程師，我從未修過機械課程，因此根本沒資格報考，但我說服人事經理以冶金技師的證書代替畢業證書應考，結果僥倖的被錄取了。我就開始在電子公司的夜間部當起高級機械工程師，雖然我不懂機械設計，卻在這個新領域的工作得心應手，我的美國老板 Alfred Mathisen 還當著其他機械工程師同事的面前稱讚我最專業。

我最初就讀的台北工專礦冶科及後來考進的台灣大學地質系都非我的志趣，在被迫重讀大一後我決定申請轉入機械系以配合我在電子公司的工作。台大轉系的學生很多，我也獲得機械系主任謝承裕同意轉入大二就讀，但地質系的王主任卻因我是插班生不准我轉系，因此我只好留在地質系繼續苦撐。雖然我每天必須在晚上全時工作，以致白天很少在台大上課，但我的學業成績仍然名列前茅。

地質系的學生在畢業前還得參加偏遠地區的地質考察，因此在大三暑假時我每天得騎一輛老爺摩托車到金瓜石測量地層構造，在山上勘查地質後我還需急馳四小時趕到新店的電子公司再上八小時的小夜班；下班後沒睡幾小時我又要在隔天上午摸黑趕回金瓜石，如此日以繼夜持續了兩個月。有幾次在蜿蜒的山路風馳電掣時我昏昏欲睡差點摔到懸崖之外，另有一次天雨路滑我煞車不及竟連人帶車擠到前面十輪大卡車底下，幸虧我大難不死只受輕微的擦傷。在金瓜石實習時我也常深入地底的礦坑，那時帶隊的課長剛好是我工專的同班同學夏威夷，他看我疲於奔命重當學生覺得不可思議，他乃勸我不要太過自虐，但我仍不願放棄這個獲取學士學位的最後機會。

1972 年我從台大畢業後就申請前往美國研究所深造，由於我晚上在電子

公司工作的薪水也必須供養父母，所以積蓄不多，我仍要申請到獎學金才能出國留學。我本來申請了十二個學校，最後孤注一擲又把剩下的一些不完整的覆印資料也寄到 MIT 去碰運氣，那時正逢郵局發行新的郵票，我的申請信封上就貼滿了花花綠綠的小額郵票。無巧不成書，MIT 主審入學申請的是一位猶太裔的教授 Alfred Fray，他剛好喜歡集郵所以就特別留意我的申請資料。通常外國學生第一年不會有獎學金，我正式申請的十二個學校都沒有提供我任何輔助，但隨便申請的 MIT 卻提前給了我全額的獎學金，而其數目(每月 740 美金，當時一美元等於四十元台幣)竟比我工程師的薪水(當時在台灣算高薪)多了十倍。人算不如天算，我能順利前往 MIT 就讀應是老天爺體諒我在台灣就學困難的特殊安排。

我一向欽佩比我有學問的人，當兵時我和一名台大畢業生在一起當預備軍官，當時覺得他博學多聞，的確高人一等。然而我自己擠進台大後反而覺得台大學生的程度也不過如此。到 MIT 時和別國的菁英相比我又覺得差人一大截，除了英文不好以外，當年台大教授素質不高，常以陳年的講義授課也是原因。然而我在 MIT 已是過河卒子完全沒有退路，只好每天在圖書館讀書直到半夜才回宿舍睡覺。

美國人知道博士學位的「投資報酬率」太低，因此只有少數人有興趣就讀，他們當研究生可謂輕鬆愉快，絕不會像台灣留學生那樣的廢寢忘食。我辦公室有一位已經讀了五年的女博士候選人，她的論文指導人就是我的「老板」Fray。有一天 Fray 把她寫的論文草稿改好後交還給她並要求她補做一些實驗，這位女博士候選人竟然當場發飆，她把論文甩在地上說不幹了，果然她收了東西就離開了 MIT，從此不再回來。那時我很欽佩美國人有骨氣，敢做自己喜歡的事。

在 MIT 修讀博士學位的過程幾乎不見天日，不僅博士生可能撐不住，連他們的配偶也很不諒解。我系裏有好幾個結婚的博士研究生，他們在學校工作的時間太長，由於長期忽略了家庭生活以致後來都離了婚。幸虧我的太太也是台灣來的，所以我們才能熬到「出頭天」。

在聖誕節到新年的長假期間，所有的研究生都去渡假「充電」，平常不夜的 MIT 因此漆黑一片，然而我無家可歸，因此在一棟高樓上我的實驗室卻仍然燈火通明。我的研究工作是以顯微鏡觀察許多岩石的試片並找尋其間因鈾分裂而留下的微細痕跡(Fission Tracks)，再由此痕跡的密度計算出岩石的年代。我日以繼夜的透過高倍率的顯微鏡觀察密密麻麻的微小黑紋，長假結束後我已把 Fray 交代我做整年的工作提前完成了。但我顯微鏡看得頭昏眼花，結果近視度數竟由 400 度突然增到近千度，那時我看不清楚還以為是睡眠不足的關係，直到檢查眼睛以後才曉得自己因長期凝視已使眼球突出使近視急速惡化。

我在 MIT 苦讀一年但成績仍落人後，屋漏偏逢連夜雨，我的指導老師 Fray 通知我他將不再資助我第二年的研究經費。沒有獎學金就繳不起學費，看情形我將不能在 MIT 繼續就讀了，後來我探聽到另一位教授 Roger Burns 還需一名研究助理就立刻前往應徵，但他認為我學的不是他要的，所以不願意給我工作。那時我就每天等在他辦公室的門外希望他能收留我，起初 Burns 覺得惱怒把我趕了出來，但我仍然每天在他辦公室門外等待，他後來似乎被我的誠意感動，終於同意給我一個工作機會。

我的博士論文乃研究超高壓下材料的結構變化並以之解釋極深處地震的成因，這是一個不屬於既有類別的全新學門，因此我的指導教授 Burns 也不了解我的研究內容。我後來以實驗成果申請到美國 NSF 及 NASA 為數可觀的研究經費，因此我在 MIT 除了前兩年需要獎學金外，以後幾年還能回饋研究經費給 Burns 讓他可以資助其他的學生。

我在 MIT 以破紀錄的不到四年就跳過碩士獲得博士學位。我以兩年時間修課及準備博士資格考試，我又花了整整一年設計及裝修機器，所以我做實驗的時間其實不到一年。以自己發明的機器研究自己創立的學門，這應是完成博士學位最短的時間了。我的研究可直接應用在鑽石合成，所以論文還未完成時就被世界生產人造鑽石的龍頭 GE 聘僱，和我同時進 MIT 的各國頂尖學生多有碩士學位，但他們卻在我工作數年後才陸續完成學位，有幾個新博士後來還要我介紹工作。

1974 年我在 MIT 展示新發明的鑽石製超高壓機，左圖爲當時報紙報導我研究成果的版面圖。右圖爲我向指導教授 Roger Burns(國際礦物學權威)說明實驗結果時所攝。

　　不僅我在 MIT 曾幫助我的老板，事實上我以後工作的所有老板都受益於我的工作成果。例如我在 GE 的上司 Douglas St. Pierre 就因我爲公司每年節省了數千萬美元的製造成本而獲得高額的加薪。我在 Norton 的上司 Peter Bell 也因我建立了以高壓製造鑽石燒結體及以真空沈積鑽石膜的兩項尖端技術而升爲 Norton 的副總裁。我提供設備及技術使韓國的日進公司每年能銷售一億美元的鋸用鑽石，和我合作的日進集團擁有人許鎮奎在這項投資賺進至少一億美元。我在工業技術研究院不但未使用經濟部的科專經費，反而還從工業界爭取到千萬元的研究輔助款。中國砂輪也因我發明的「鑽石碟」大賣爲公司賺進十億以上的利潤，這是公司能在 2005 年股票上市的主要原因。

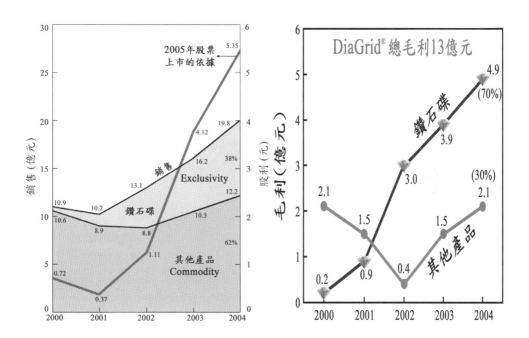

中國砂輪因我授權生產「鑽石碟」乃由利潤很低的傳統產業延伸進入高獲利的半導體產業。

在美國的華人通常靠技術性的工作賺取一份薪水，但我在 GE 工作不到三年就升任經理並負責美國廠及愛爾蘭廠的生產技術。在 Norton 我更在 42 歲就代理了副總裁職，那時我的轄區橫跨數州，麾下有百餘名博士及更多的碩士研究員；我在猶他州鹽湖城「鑽石技術中心」部門的華人特別多，因此還被美國同事戲稱為「中國城」(China Town)。

雖然我在國外昇遷迅速，但回台灣卻找不到事。我出國二十多年後的 1994年父親重病垂危，我就計劃回台教書順便照顧年邁的雙親。我在美國麻州的 Tuft University 及 Bridgewater 的州立學院當過講師，也曾掛名中國成都科技大學的客座教授，但我申請了台灣從南到北的國立大學卻都未被接受，後來工研院工業材料研究所的李立中所長聘我為正研究員(相當於正教授)兼無機材料

組組長。沒想到我出國二十多年後台灣的教育仍需靠關說才能找到工作，1994年我同班的徐開鴻教授就幫我遊說回台北工專兼課。由於我也是台大地質系校友，2003 年我的學弟鄧茂華教授也幫我安排在那裏任教。我雖早有教授的資格卻只能以副教授聘僱，兩年以後教育部卻把我貶為助理教授，在台北科技大學教了近十年仍難以昇等，幸虧台大理學院的羅清華院長乾脆把我的助理教授停聘再改以教授重僱，台北科技大學工學院院長王錫福也以技術教授再聘，這樣才把我從教育部的僵化作業裏解了套。

　　我的就學過程可謂歷經「九彎十八拐」，但我的生涯卻更像唐朝詩人白居易「長恨歌」內所述的「上窮碧落下黃泉」，雖然我開始時事業順遂而且步步高昇，但昇遷快速時，掉下來也非常急，在這上上下下之間我體認到世態炎涼也經歷過人生所能承受最大的打擊，幸虧我天性樂觀，摔倒多次後不但還爬得起來也能在後續生涯裏繼續過關斬將，有如下述。

細水長流關情俱
百川匯聚陷海源
藍天相進難與爭
生命孕育有大恩

儉睇群峰仰觀天
遠近高低見分明
不識地球俱面目
只緣身在人世間

改自蘇軾絕句「題西林壁」

北京鐵香山

夏威夷海岸

青春雖不久
花顏更難留
只要音容在
瞬間成不朽

故宮鬱金香

山遠海近花環繞，天時地利人創造。

231

附錄 2　柳暗花明又一村

附錄 3　上窮碧落下黃泉

(原載於中砂季刊 2006 年 1 月)

在人生的旅途上學業轉眼結束，愛情逐漸褪色，工作即將過去，財富終會散失，當一切都帶不走時，只有自己最後的記憶成為生命的評價。生而窮雖是缺憾，死而富也是難堪(It's painful to live poor, but shameful to die rich.)。全球巨富在生前乃紛紛成立基金做慈善事業。例如世界首富比爾蓋茲(Bill Gates)及其妻梅琳達(Melinda)曾投入 210 億美元成立「比爾與梅琳達蓋茨基金會」(Bill & Melinda Gates Foundation)。美國次富的巴菲特 (Warren Buffett)也捐給「比爾與梅琳達蓋茨基金會」370 億美元。華人首富李嘉誠於 1980 年成立「李嘉誠基金會」，捐出約 100 億港元。台灣首富郭台銘在 2007 年也捐了 150 億元給台灣大學醫學院。人生的貧乏與豐富其實不能由金錢的多少衡量，但可以自己取得與付出的比率計算。貧乏的人生對社會是一大負擔，豐富的人生則帶給人類更多的希望。

人生如果沒有可傳承的經驗，活著是白跑一趟。如果要在某個領域內有顯著貢獻就不僅要努力耕耘，也必須持續學習。但努力與持久只能增加行進的距離卻不見得能達到目標，因此還需要有方向和彈性。沒有方向的追求雖然速度可能飛快但卻常會回到原點；努力有了方向則可以累積成果，既使起步緩慢也能後來居上。具有彈性可使我們遭遇到挫拆時不致灰心放棄，而可藉機會繞道轉進，這樣反而可能走得更遠。國父說：「人生不如意事十常八九」，努力與恆心可由自己掌握，環境與運氣卻由不得自己，但是方向的把持與身段的柔軟可以克服外在的限制。即使生涯上最終並未如願，但在生命的追求上卻是成功的。生命的過程其實就是它的目的，在這個過程中能超越自己的極限甚至會比達到外在的目標更有意義。

　　如果一個人能持續超越自己，不管他選擇的是什麼領域都可能成爲該行業的頂尖專家。例如一個終生思考如何改進電腦的輟學生他對電腦設計的專精絕對會凌駕許多電機專業的博士，這就是電腦奇才 Steven Jobs 的故事。2005 年 6 月 12 日 Jobs 在史丹佛大學的畢業典禮上就述說了他追求電腦生涯的傳奇生涯。1976 年大一就輟學的 Jobs 和 Stephen Wozmiak 開始在車庫拼裝電腦並創立了著名的「蘋果電腦」公司。1985 年「蘋果電腦」蔚然成爲當時最大的個人電腦製造者，每年的銷售額已經超過二億美元。爲了管理迅速膨脹的公司業務，「蘋果電腦」聘僱來自百事可樂的 John Sculley 當總經理，但他到任不到一年卻聯合董事會把 Jobs 開革了。

　　Jobs 從事業巔峰突然栽到谷底，這個打擊使他喪失了鬥志甚至想離開電腦這個行業。經過幾個月的沈潛思過，他突然醒悟失去的只是一項工作而已，而他熱愛的電腦設計卻仍在他腦海之中，因此他乃重新振作又創立了兩個新的公司：NeXt 及 Pixar，前種電腦採用了革命性的驅動軟體而後種電腦製成了全球第一個卡通動畫的影片(1995 年及 1997 年獲 Scar 獎)。2006 年 Jobs 以 74 億美元的天價將後者賣給了 Walt Disney 公司。有趣的是 Pixar 的負責人 John Lasseter 在 1984 年曾被 Disney 開革，他後來英雄式的「鳳還巢」，幾乎是 Jobs 故事的翻版。無獨有偶，台灣威剛的董事長陳友白也有和 Jobs 相似的經歷，2001 年時他是勤茂的總經理卻意外的被董事會開除了；在徬徨幾個月後，他重出江湖創立威剛，2005 威剛已成長爲全球第三大的記憶體模組公司。

　　1996 年「蘋果電腦」因業績滑落必須重新設計驅動軟體乃買下 Jobs 的 NeXt，次年「蘋果電腦」舖紅地毯歡迎 Jobs 回「娘家」並在 2000 年聘請他回任董事長。不久「蘋果電腦」開始推出新產品(如 iMac、iPod、iTunes)使它的股價屢創新高，與此形成對比的是 IBM 在 1981 年介入個人電腦市場時就以 PC 打敗「蘋果電腦」，但隨後 PC 卻虧損連連而在 2004 年賣給了中國的聯想(Lenovo)集團。「蘋果電腦」和 IBM PC 的消長乃反映在追求完美與容忍缺陷的差異上。Jobs 持續追求完美才能不斷創新產品，IBM 則只顧擷取短期的利益而不願在 PC 上投資改進，因此這兩者進行的是龜兔賽跑；龜走得慢但越來

越遠，兔跑得快卻留在原地。

　　如果 Jobs 的思維受限於當時的主流產品，他就不可能被公司逐出後還能演出「王子復仇記」。Jobs 在 Stanford 的畢業典禮上以他生涯上的起伏為例子勉勵畢業生不要只應徵一份工作，而要找尋自己最愛的人生「遊戲」並衷心投入，這樣工作不僅不會是個負擔，它反而會和生活聯成一體成為樂趣的所在。根據老年人生涯的回顧，3/4 曾因選錯行而抱憾終生，因此做自己喜歡的事才會走對人生的方向。

　　我也有和 Jobs 大起大落相似的生涯，但其過程卻更為離奇，Jobs 的最愛是完美的機器－電腦，而我所心儀的則為完美的材料－鑽石。1977 年我加入 GE(世界最大的鑽石製造公司)後全力研究鑽石合成不久就成為生產技術的負責人。1984 年 GE 最大的客戶 Norton(世界最大的鑽石應用公司)以雙倍的薪水聘請我去製造鑽石和 GE 競爭，當 GE 鑽石部門的總經理知道我要辭職轉往 Norton 工作時他憤怒的把我立刻架出公司。和 GE 鬧翻後，我在 Norton 重新發展鑽石科技，為了獲得廉價的中國鑽石原料，Norton 一度派我前往大陸改善他們產品的品質。其後 Norton 和 GE 因專利訴訟對簿公堂，為了懲罰 GE，Norton 要我再到 GE 挖角僱用了一位韓裔的曹鉉參博士(H. Sam Cho)準備和 GE 正面對幹。當時 GE 曾請法院制止曹博士加入我的陣營，但 Norton 的律師說服法官使他駁回了 GE 的訴狀。後來 GE 在專利對抗中屈服而賠償了 Norton，其後 Norton 就以我為棋子壓迫 GE 以世界最低的價格持續供應工業鑽石。由於 Norton 並未使用我的專長，1989 年我開始協助韓國的「日進」(Iejin)集團及中國的「亞洲金剛石」(亞金)製造鑽石。

　　工業鑽石一向由 GE 及 De Beers 長期壟斷市場，De Beers 獲知我將幫「日進」建廠生產鑽石立刻要求 Norton 制止我的活動。那時 Norton 擔心競爭者會因全球價格崩盤而獲得廉價的工業鑽石乃和 GE 聯手控告我和「日進」及「亞金」。為了徹底癱瘓我的計畫，Norton 謊稱我偷竊美國產業機密準備賣給包括蘇俄及中國的共產國家。那時正值冷戰末期，我如被控通敵可能「死無葬生之地」。Norton 和 GE 又說動美國的聯邦調查局、商務部，甚至稅務局持續調查

了我好幾年。「日進」初期和我聯手在 Boston 的地方法院答辯第一審的官司因而獲勝，但這個案件越滾越大，已為國際矚目。不僅如此，GE 還透過美國大使向韓國政府施壓。「日進」唯恐惹禍上身乃和我劃清界線並拒絕支援我辯護。不僅如此，「日進」還暗示它可能對我提出控訴以賠償他們打官司的損失。

雖然我提供給「日進」的技術屬於全新的設計，它和我提供給 Norton 並不相同，兩者也和 GE 的設計無關；如果我使用 GE 的產業機密，Norton 以高薪聘我就已盜用了這項機密，這樣它和 GE 聯手告我不是等於告它自己嗎？雖然我認為一定可以打贏這場官司，但我以一人對抗多個跨國公司加上美國政府，這是司法史上實力最懸殊的訴訟。那時我不僅失業，而且我所僱的律師也幫對手整我，使我散盡所有的積蓄，加上報紙大幅報導我的官司，我在處理千頭萬緒的官司還要搬家到遠處以避免就學的小孩受到影響，這種煎熬是一個人所能承受壓力的極限。

由於訴訟遙遙無期，我每天度日如年，生活痛苦不甚，那時心想不如自殺一了百了。但我有年老的父母，無助的妻子(GE 及 Norton 為了打擊我，當時也控告了她)及仍在中學的小孩。自殺是儒夫的行為，我絕不能規避應負的責任。那時求助無門，除了我弟弟曾挺身相助外，親朋好友也紛紛走避，甚至父母也不敢和我聯絡。窮途末路之下我只好接受 GE 的城下之盟。雖然一般訴訟的目的乃在獲得賠償，但 GE 並未要求我支付一毛錢，他們控告我的目的就是逼迫我退出鑽石這個行業，我只得同意停止製造鑽石十年(至 2003 年)。Norton 告我本來就師出無名，所以他們在我和 GE 合解後也撤銷了控訴。

由於不能以我的專長工作，我只好設法轉業，但卻一直找不到工作。我曾寄出千封求職信件卻都杳無音訊，那時幸好還能到麻州 Bridgewater 州立學院代課賺取菲薄的鐘點費。1991 年我改行加入一個叫做 Intertech 的公司協助辦理科技交流的國際會議，雖然我努力工作而且成效卓著，但老板發現我的最愛仍是研究鑽石，所以不到一年就炒了我魷魚。

生命的價值就在啟發繼起的生命，我就藉沒有工作的空檔加強輔導子女的

課業。我教他們在上課之外研究尖端科學，兒子 Michael 乃以我在 1984 年發明的超硬 C_3N_4(氮化碳)為論文在麻州科學競賽時獲得冠軍。女兒 Emily 以我建議的 DNA 演化為題材也在麻州的科學競賽拔得鰲頭，他們優良的成績乃成為升學 MIT 的基礎。雖然在打官司時有四年的空窗期，我卻比平常更忙碌，不僅藉機會深入研究科學與宗教(見下文：無情荒地有晴天)，也在家加強了兩個小孩的教育，這是「塞翁失馬，焉知非福」的另一註解。

1994 年家父病危，我準備回國就近照顧，乃應工業技術研究院(工研院)工業材料所(工材所)李立中所長之邀任職正研究員兼組長，當時下轄四個研究室有近百名研究人員。「工材所」早從報紙的大幅報導知道我曾被兩大跨國公司長期控告，所以他們還特別證實我和它們的官司已經和解才完成聘僱手續。為避免和過去的行業糾纏不清，我決定一切從頭開始，先在民間募集資金準備開發台灣所無的硬銲鑽石工具。由於我對這個新行業一無所知，乃赴美要求美國的 Abrasive Technology(世界最大的硬銲鑽石工具公司)移轉技術，但被當場拒絕。我只好在「工材所」從頭開始研究，幸虧迅速開發出全新的鑽石工具及產品並在次年將成果移轉給台灣多家的小型公司;當時還開了成果發表會並接受媒體訪問，其內容曾刊載在多家報紙上。

1996 年初李所長通知我美國南加州大學的 API 接受工研院委託收集鑽石膜發展資料要我和 API 聯絡告訴他們從何處下手，我就列舉包括 Norton 等知名鑽石膜公司名字提供他們參考。Norton 早就從我在「工材所」發表的成果報告得知我已發展成功硬銲鑽石工具可能威脅其知名的 MSL(Metal Single Layer)硬銲產品，現在得知工材所要收集鑽石膜的資訊，認為我將在台灣建立先進的鑽石膜技術。那時我幫 Norton 發展的鑽石膜技術已衍生成 Norton Diamond Film，當年為世界最大的鑽石膜公司。Norton 協助 GE 逼我離開鑽石合成的行業，現在覺得更加芒刺在背，必須再出重手讓我遠離鑽石工具的領域 Norton 乃向工研院的史欽泰院長告知我在美國的訴訟官司。雖然我在工研院每年一聘而且史院長已簽了兩次聘約。根據每年的合約，雙方若需中止合約必須在兩個月前以書面通知，但 1996 年中秋節的前夕李所長告訴我史院長從國

外打電話給他要我立刻辭職而且在當天就得搬出宿舍，由於事出突然我乃要求能見史院長了解原因但遭到他拒絕。我不願爲難李所長就當場辦理辭職手續並在中秋明月照燿下連夜搬出宿舍。

　　本來我準備在「工材所」持續開發更先進的鑽石技術，包括世界首創具有矩陣排列的鑽石工具，但這些計畫都因我的辭職而中斷；「工材所」後繼無人也沒有能力繼續推動鑽石工具的開發工作。其後我開始籌組公司準備生產革命性的「鑽石陣®」硬銲鑽石工具，那時曾接受我技術移轉的「嘉寶」、「久允」及「中砂」都要和我合作生產「鑽石陣®」產品，但因「中砂」林心正總經理力邀我乃加入「中砂」發展更多的新產品。

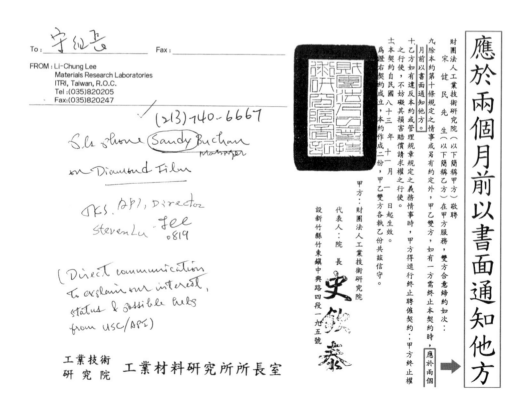

「工材所」李所長的手諭及「工研院」史院長的簽名。

　　Jobs 在事業巔峰時被他創立的「蘋果電腦」開除他才能發展出更先進的電腦技術。我改進 GE 高壓鑽石合成技術爲公司每年節省千萬美元，我也爲 Norton 引進鑽石膜技術使公司後來被 Saint-Gobain 併購時股票順勢上漲，我幫 Intertech 舉辦多場國際會議使其知名度大增，我在「工研院」籌集民間資金開發出技術並將之移轉給十餘家公司；但每次我對僱主做出重大貢獻之後就被「掃地出門」，其中我還受到史無前例的官司控訴，因此我的遭遇比 Jobs 狼狽得多了。有趣的是每一次從事業的高峰摔下來都帶給我發展新鑽石技術的機會，所以我比 Jobs 重起爐灶的次數更多。

　　就像被「蘋果電腦」開革 Jobs 的經歷一樣，過去排斥我的公司所用的相關技術後來都已漸被淘汰，而我離開他們後所發展的新技術反而可以幫助他們再造第二春。例如 GE 的鑽石部門已被出售並在 2004 年改名爲 Diamond Innovations，他們合成鑽石的方法已經過時，因此需要使用我發展「鑽石陣®」晶種的合成技術才能「重振雄風」。Norton 被 Saint-Gobain 併購後因沒有頂尖的鑽石專家乃在 2000 年裁撤了我建立的鑽石膜事業。Norton 的 MSL 硬銲技術也鮮有突破，它反而需要我發明的「鑽石陣®」硬銲技術才能生產我在「中砂」製造的「鑽石碟」。「工研院」把我開革後又接受了我在「中砂」開發的多項的合作計畫。甚至連當初不願幫助我在「工研院」發展硬銲技術的 Abrasive Technology 現在也需要我的專利授權讓他們也能製造具有「鑽石陣®」的「鑽石碟」。「十年河東，十年河西」，Jobs 經歷的主客易位在我的身上已發生了多次。

　　生涯的成功可能是失敗的開始，而失敗則可能是成功的源頭。未成功的失敗者不會受到太大的打擊，但未失敗的成功者卻有輸不起的危機，例如一些靠祖蔭成功的接班人會誤以爲自己「聖明」可能做出錯誤的決策。極少數失敗者能夠從摔倒處重新站起來(例如美國的政治家 Richard Nixon 及地產大亨 Donald Trump)。大部份從事業巔峰栽倒的英雄只能緬懷過去的風光，許多大老闆在破產後就一蹶不振，所以「千金散盡還復來」多半只是詩人的意氣風發而已。以台灣第一個品牌的 Kennex 爲例，1977 年羅光男生產了第一隻碳纖維

的網球拍後就改寫了世界球拍的材料史，在 1987 年的全盛時期，全球每四隻球拍就有一隻產自 Kennex。但羅光男成功後因過份自信而跨行投資了電腦業、證券業及金融業，以致過度膨脹而虧損。1996 年他因負債百億而破產。羅光男其後被台中地檢署檢查官以掏空資產包括背信及侵占等罪起訴。最後他躲在道院裏以法號「玄祥」侍奉瓊池金母渡過餘生。

「生果發酵變醇酒，粗鐵熔鍊成精鋼」。人生如果只追求生果或粗鋼，就浪費了生命的價值；要使生命昇華就必須像地上爬的毛蟲一樣蛻變成天上飛的蝴蝶。蛻變的一個方法是把失敗當做機會，這樣才能「轉進」而「更上層樓」。然而「轉進」時必須認清方向才不會誤入歧途，如果迷失了人生的方向，追求完美的價值則可以成為「指南針」。例如 Jobs 會在生涯大落後可以東山再起就是因為他追求的是不變的價值－電腦科技。

生涯可上可下的知名人物還有台灣的陳水扁和中國的鄧小平。陳水扁在 1981 年以最高票當選了台北市議員成為政壇的明日之星，然而 1985 年他競選台南縣長落敗，又在次年因蓬萊島雜誌事件坐了八個月的牢。出獄後陳水扁更上層樓成為立法委員並在 1994 年當選台北市長，但 1998 年陳水扁尋求連任市長卻失敗了。陳水扁落選後轉而戰大選在 2000 年當選總統並在 2004 年連任成功。

鄧小平一生的經歷更是如坐「雲霄飛車」，1932 年他已是共產黨紅人，任江西多個縣委書記比看澤東更早出道，但次年因「反羅明」路線之爭被解除所有的職務。1934 年鄧小平復出並一路竄升，在 1965 年昇任國務院副總理。1966 年毛澤東發動「文化大革命」將鄧小平批鬥成走資派，更將他下放到江西勞動改造。1973 年的文革末期鄧小平第二次復出並昇為總理。1976 年周恩來去世的天安門事件中，鄧小平被所謂的「四人幫」貶抑為復辟派而再度喪失所有職位。1977 年鄧小平第三度站上高位成為中國最有權勢的拍板者。

Jobs 的事業可以成功的字母 V(Victory)來顯示他能敗部復活；陳水扁的政途可以勝利的字母 W(Win)來證明他能兩度衝高；鄧小平的生涯則以成功又勝

利的 VW 兩個字母來誇耀他能三次攻佔高峰。雖然我的事業比起他們顯得微不足道，但我的曲折故事卻更引人入勝，應以雙贏的 WW 字母呈現「東方不敗」的韌性。我能在四度重挫後再反彈而起應歸功於我對鑽石的專情，我離開的許多公司使用的只是人發展的各種鑽石產品而我畢生追求的則是神創造的唯一鑽石本尊。追逐「無常」的表象不能走遠，所以成果終將散失；但找尋不變的價值則可以累積經驗而後來居上。在人生的追求上，速度快只能領先一時，而且常會回到原點，但方向的把持及身段的柔軟則能使人走得更遠。

我的生涯如坐雲霄飛車曾經上窮碧落下黃泉。

"Martin C. Kuo"
<martinkuo@yahoo.co
m>

2007/12/03 上午 02:41

收件人： Chien-Min Sung <sung@kinik.com.tw>
副本抄送： Cheng-tsein FanJoan <043010@cpc.com.tw>, Jung-Fu Yeh
<042676@cpc.com.tw>, Sheng-How Chuo
<043028@cpc.com.tw>, Ven-Kuo Wen <043141@cpc.com.tw>,
Walter Sieng-Shuei Peng <043214@cpc.com.tw>
主旨： After Reading Your Article "2上窮碧落下黃泉"

Chien-Min,

I just finished reading your "柳岸花明又一村" & "上窮碧落下黃泉" , I am really shocked for what you went through.　Your outstanding contributions to GE, Norton, Taiwan's ITRI, but all of them gave you endless problems with even international lawsuits.　Your entire life was going up to the top, then went down to the hell, then went up and down repeatedly for a few cycles.　You are so great and your story should not just limited to your x-classmates and within your family; it should be made a movie picture by famous movie maker and publicized to the entire world.　Let me try to reach Director Lee An and I would like to use your "柳岸花明又一村" & "上窮碧落下黃泉" as central theme and movie's name.

By the way, you mentioned your boss at ITRI, Li-Chung Lee, he was my best friend when we both worked at IBM in Poughkeepsie, NY., and because we are the best friends, he bought his first house next to me and got married there. It is really a small world we live in!

Martin C. Kuo　*Cell:(818)288-6598*　*MartinKuo@yahoo.com*

我與美國 Diamond Innovations(前 GE Superabrasives)的總裁 Tanya Fretto。桌上為本人的鑽石著作及 Tanya 聆聽本人建議所作的筆記。

我訪問 Diamond Innovations 的主要擁有人 Angus Littlejohon 並建議未來的鑽石策略。

我介紹 Funik(世界最大的立方氮化硼製造者)的擁有人李和鑫(左邊)給「東名鑽石」(Tomei Diamond)(日本最大鑽石製造者)的擁有人 Hiroshi Ishizuka(石塚博)，後者是日本半導體業的傳奇人物，也是日本最早(1961)的鑽石合成者。

我帶領 Funik 的李和鑫(最左)及韓軍(右邊)訪問日本 Asahi Diamond(世界最大立方氮化硼的使用者)的首席副總裁 Hideomi Mikawa(中左)。

我訪問韓國日進集團的擁有人許鎮奎(C. K. Huh)。他曾接受我的技術移轉而創立了「日進鑽石」(世界第三大鑽石製造公司)。

我訪問世界最大的鑽石生產公司，中國河南黃河集團的擁有人喬秋生。他聘請我為技術顧問，改進「黃河」的鑽石生產技術。

2005 年本人與世界主要超級磨料(Superabrasives)公司的負責人合影。

我與世界多所學校及鑽石公司合作開發新技術。

我在鴻記鑽石公司介紹下一世代的鑽石碟製造技術，在座的包括 MIT 的 Michael Sung 博士(右一)及鴻記的蕭新意總經理(右二)(鴻記鑽石董事長白陽亮攝於 2005 年)。

我在寧波超硬材料發展論壇介紹具有鑽石陣列的鑽石合成技術及鑽石工具設計(李志宏攝於 2005 年)。

2000 年台灣國際鑽石大會我爲 Keynote Speaker，演講的題目爲比鑽石更硬的理論材料(立方氧及體心氮)。

附錄 3　上窮碧落下黃泉

附錄 4　無情荒地有「晴」天

(原載於中砂季刊 2007 年 10 月)

我爲什麼活著？

　　報載高鐵董事長殷琪曾感慨的問自己「人既然要死，那又爲什麼要生？人生在這世界上到底做什麼」。殷琪算是功成名就的女強人，在享盡榮華富貴後她仍覺得人活著沒什麼意思。大部份人的命運會比殷琪差多了。這些人平時忙於養家糊口，有空時也難得休閒娛樂。朋友歡聚時也許可以暫時忘掉一些煩惱，但每個人孤獨時內心卻一定會感到空虛，也必然對人生是否有任何目的納悶。

　　許多人追求信仰，希望找到慰藉。但所有教義都是古人的想法，所謂經書也只反應了那時的知識。現代人比古人懂得多，也看過更大的世面，然而對人生的走向卻更迷惘。佛教認爲人生是「無明」的幻覺，不僅本身沒有意義，還得經歷生老病死的痛苦，而且生命可能不斷輪迴，乃至永劫不復。基督教則認爲亞當及夏娃的後代帶著原罪。人類不能解脫沈淪與惰落，因此這個世界必須毀滅，信徒只能寄望來生得到救贖。這些教義對生活痛苦的大眾也許可以減輕一些心靈的負擔，但殷琪的問題「人爲什麼活著？」仍得不到答案。有些人解不開這個死結就自殺了。台灣的生活困難，每年有四千多人自殺，超過世界平均數的 50%。更多的人患了憂鬱症，每天得過且過的煎熬。許多人以吸毒麻醉自己，錢花光了就開始搶劫。大部份的人如果沒有病痛，也只是以未來生活會更好做爲努力的目標。真正活得愜意快樂的佔少數，但即使如此他們也不知道自己爲什麼要活著。生而赤貧會悲哀，死而暴

富成恥辱。世界首富的蓋茲、巴菲特、華人首富的李嘉誠、郭台銘都在生前捐出鉅額財產，希望能幫助未來的子孫。然而我們的後代即使生活可以大幅改善，他們也不知道爲什麼要活著。

　　生命的韌性很大，但也極爲脆弱。有的人看似身體健康，但可能一覺不醒已經身故。前英業達主管溫世仁是一個例子，他因飛行頻繁以致過度勞累而突然死亡，由於來不及立遺囑，他的鉅額財產被政府課了重稅。台灣的車禍死亡率在全球名列前茅，許多人興高采烈的出門，若在路上發生車禍就可能永遠回不了家。每個成人多少會有生命繫於千鈞一髮的體驗。以我爲例，就有多次驚險逃生的經歷。有一次全家出遊時在高速公路上車子翻了數次卻奇蹟的沒有人受到重傷。另一次在高速公路上被前面卡車上掉下的重物擊碎擋風玻璃，但幸運的沒被打到。最近一次與死神擦肩而過是在 2007 年 8 月 10 日由舊金山飛日本時氣喘發作。當時幸虧由同機一位退休護士緊急以點滴方式把類固醇打入血液，否則會因呼吸不及死亡，就像鄧麗君、林翠、崔愛蓮或柯受良因氣喘病發而突然去世一樣。

我在越洋飛行時急性氣喘，經退休護士 Linda Torok 搶救才大難不死。

每個人每天的 24 小時都和死亡只有一牆之隔。年輕時身體硬朗，碰到災難多可全身而退。隨著年事增高健康每況愈下，大限到來可能只是旦夕之間。死亡不論貴賤，人人有份，至終沒有人逃得了，它比出生的不同待遇平等多了。

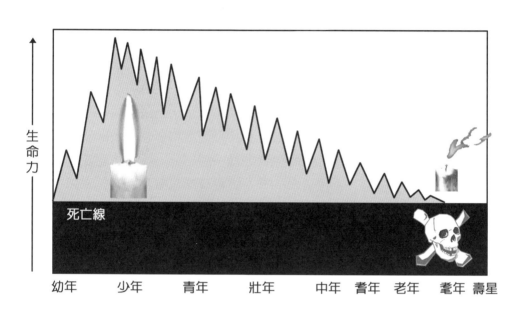

生命有如風燭飄搖，生病或事故都可能火滅煙消。

時間可以重複

回到殷琪問的問題，既然大家早晚都要死，這個世界多我一個和少我一個仍然一樣，我為什麼必須活著呢？人生有何目的是無數人思索過的問題。除了宗教以未來的憧憬麻痺現在的痛苦以外，古往今來有許多的大智慧者曾提出不同的看法。

　　科學家認爲，雖然生物的產生不易而文明的建立更加珍貴，但宇宙太大，可能發生的事在宇宙的許多角落必會發生。因此像人類一般的科技文明應該不只在地球產生。有些科學家認爲很多恆星的行星可能孕育出各種的科技文明。地球不僅不是唯一的文明，人類組成的社會也不會最先進。然而產生智慧生物的條件只能暫時存在，所以不管文明有多燦爛，它早晚會像花朵一樣枯萎。人類的文明亦然，如果它不因核武浩劫毀滅，也可能在地球暖化後被海水淹沒；要不然在未來被游星撞擊人類會像恐龍一樣滅絕。就算我們的子孫能不斷逃過大難，太陽壽終時的迴光返照會大幅膨脹而把地球吞沒熔化。所以到最後「事非成敗轉頭空，地球將不再，英雄奈若何？」

　　大部份的人認爲人生只要快快樂樂的就可以了，但這和寵物的生活有何區別？尤有進者，快樂必須付出代價，有時反而會樂極生悲。即使可以經常快樂，但快樂之後仍然空虛，這時還不如像一塊石頭一樣毫無感覺。哲學家認爲生命既然必會消失，那麼人類的存在就很荒謬。有些聰明人認爲生不由我，但活著就應盡情享樂，這樣才能「生愉快而死痛快」。也有人覺得可以把人生當場戲盡力演出，直到落幕爲止。這種生活態度雖可暫時忘卻煩惱，但人爲什麼要活著仍然沒有答案。

　　科學對過去研究解釋，哲學對現狀妥協註解，宗教對來生畫餅充飢，它們對人生的意義其實沒有著墨。這就是爲什麼殷琪在從事科技事業，聽取哲理名言及追求宗教信仰後仍對人生充滿疑惑。人爲什麼活著，其實有其目的。這個目的就是使每一個人的人生都永垂不朽。但這不是和人必會死自相矛盾嗎？除非時間可以靜止或它會倒流，這樣也許快樂可以重複而功業能夠再造。然而這是不可能的。

　　愛因斯坦的相對論證明人若超越光速運行其時間的確可以反轉。但光速是運動的極限，因此「時光機器」(Time Machine)只是科幻小說的題材，對我們重回童年世界毫無幫助。即使時光可以倒流，我們可以重新出發而改變命運。然而這樣違反了比「光速不能超越」更嚴重的「因果定律」。這個定律不僅涵蓋科學，也主宰了精神領域。既然如此，人生不僅有如曇花一現，而

且命運不容改變，其意義又在那裏呢？這個答案不在宗教的善，亦非哲學的美，更不是科學的真，它則來自真善美的結合－「意識」。

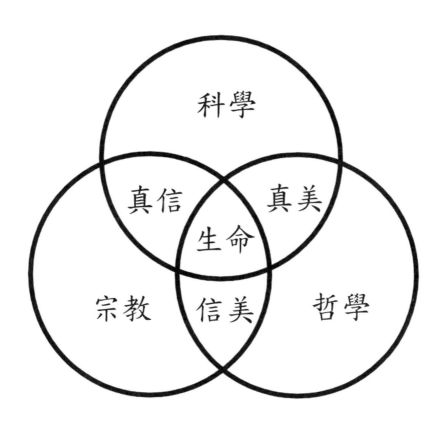

「意識」是真善美的交，集它是昇華的生命，這就是「我」的感覺。

　　人生其實像是「虛擬實境」的電影，但卻可「假戲真作」，電影中的角色只是相片的播映，他們並沒有感覺，但是觀眾可以賦予他們生命的錯覺。同樣的道理，人體的活動有如機器人，但是「意識」讓我們感到了喜怒哀樂。不僅如此，「意識」只有一個，它在我們之間游走使每個人活了起來。

妙的是每個人都以為自己的「意識」是連續的。「意識」是「我現在在這裡的感覺」，它其實是時間的創造者。「意識」可以瞬間回到我們的童年，就像重看一部電影一樣。但即使如此，年輕的我們並不知道「意識」乃「舊地重遊」，因此我們的命運並不會改變。就這樣，時間可以重複但並未倒流，所以並未違反顛簸不破的因果定律。

然而每個人的命運有多重版本，「意識」在任何階段可以選擇不同的走向，而找到不同的結局。每個人因此有「自由意志」可以在每個關鍵時刻做出人生的抉擇。多重宇宙內每個肉身的走向不能改變，但「意識」卻可由一條路徑跳到另一條而改變命運。「意識」更可掌控每一個人的日常生活，這樣它就可經歷所有人的痛苦和幸福，其中當然包括殷琪對人生的迷惘。

然而「意識」只是遊戲人間嗎？當然不是，它有更莊嚴的目的，就是跳脫每個人的有限人生乃至超越人類的所有成就而創造出大智慧的知覺。這正是佛教「大乘」跳脫痛苦輪迴所需的「般若」，也是基督教徒離開「罪惡」世界展現的信仰。「意識」將以人類未來的科技創造出它自己，也就是佛教的「無明」，更是基督教的「上帝」。

多重宇宙裡的命運之樹，「意識」把每個人帶向不同的人生，它也可不斷舊地重遊。「意識」也可在「可見宇宙」內遊戲人間並輪流做「我」，而每個「我」卻以爲自己的感覺是連續的，而且各有其「自由意志」可以選擇不同的命運。

糾纏與重疊

　　根據科學的根基「量子力學」，所有的存在都爲量子波(Quantum Wave)的形式，而且所有的量子波都會彼此牽扯，即所謂的「量子糾纏」(Quantum Entanglement)。因此宇宙內的任何事物，包括你我都不能獨立存在，它們不僅息息相關，而且互相影響。例如我身上的原子和你身上的原子彼此排斥，也互相包容。以致每個人都和其他人連在一起。「量子糾纏」使物質和能量緊密結合，因此從一粒砂子可以看出整個宇宙，包括百億年前的原始宇宙及百億年後的衰老宇宙。它更使每一個人代表人類的總和，包括死去的祖先與未生的子孫。如果我不存在，不但別人不能存在，就算是整個宇宙也將徹底消失。既然如此，我就無論如何要活著。從這個角度來看，殷琪活著的意義是何等重大。

　　「量子糾纏」在可見宇宙呈現出四個基本力道，即原子內的強力及弱力，和原子外的電磁力和重力。這四種力量塑造了原子的結構及宇宙的格局。由於宇宙萬物彼此糾纏，任何事件都會「牽一髮而動全身」。這些力的交互作用產生了錯綜複雜的現象。例如地球一端的一隻蝴蝶展翅在若干年後可在世界的另一端引發一個颱風，這就是混沌(Chaos)理論所津津樂道的「蝴蝶效應」(Butterfly Effect)。

　　宇宙內不僅事事遠近相關，而且物物大小相像。例如颱風的圓盤外觀看起來很像比地球大得多的星系。甚至物質(如鋼鐵)內部的缺陷分佈也和宇宙的星系格局看起來差不多，這就是有名的碎形(Fractal)現象。如果不看尺度，諸多東西的面相可以彼此對應。宇宙因萬物糾纏以致變化莫測但其呈現的在宇宙各處的結果卻很類似。

　　量子波最大的秘密叫做量子重疊(Quantum Superposition)。它的內涵非同小可，即宇宙有無數個，因此所有的變化都和其他的可能平行發生。例如人類的命運絕對不是唯一的，而爲許多可能的總和。混沌及碎形在每個宇宙內

都會發生，但在不同的宇宙內其結局或許相去甚遠。例如我有無數個，各在其宇宙內生活。許多我的境遇可能大同小異，但另一些宇宙內的我命運卻生死有別。以上述突發的氣喘爲例，其中一個宇宙的我已在飛機上死亡，但在現在感覺到的宇宙內我卻驚險的逃過一劫。

　　既然每一個人都不可能獨立存在而眾多的人類又彼此糾纏，那麼殷琪的迷惑就可迎刃而解了。我們活著是爲所有其他的人，而人類集體的共業乃爲發展先進的科技。科技除了可以改善我們的生活之外，它還有深遠的意義，即人類將以科技創造出超人乃至無所不知的神。這樣就可追溯到生物演化出人類這個奇蹟的源頭，即人類其實是未來的神回想祂創造自己的過程。例如殷琪的角色是她促成台灣高鐵的運行。這個便利是人類科技未來發展所需共業的一環。由於文明非常脆弱，任何舉手投足的貢獻都可能影響科技的發展，因此每個人都有責任加入這個創造未來上帝的接力賽。「天生我材必有用」，殷琪必須做她的部份，這就是她爲什麼明知將會死亡但仍要活著的原因。

「意識」只有一個

　　宇宙有無數個我但爲什麼我只能感覺其一呢？地球有無數人類而爲什麼似乎只有我感覺到自己的存在呢？這個問題的驚人答案爲宇宙儘管很多，但是「意識」卻只有一個，所以生命雖然多樣，然而我的感覺卻是唯一的。要讓眾多的人類每一個都感覺到獨特的「我」，「意識」必須是間斷的存在，這樣它才能在每個人內輪流做「我」，使大家活了起來。地球上數十億人以時間共享(Time Sharing)獨一的「意識」，讓所有的人都以爲自己的存在是連續的。這是生命的奇蹟，也是宇宙的奧秘。

　　科學家忌談「意識」的來源，許多人認爲這是腦細胞連結所產生的幻

覺。電腦的線路可比腦神經細緻而其運算速度常比大腦的思考快速，但是電腦卻沒有「意識」。因此「意識」不是機械的產物，它其實是機械使用者的認知。人體是現階段最複雜的機械，「意識」是人腦的主人，就像是我們是電腦的主人一樣。然而雖然每個人都有自己的「意識」，但其實這是來自同一個感測來源。物理的主要定律都已證明「意識」不可能同時存在，只是科學家從未探討這個深入的問題而已。

例如愛因斯坦的「狹義相對論」證明了空間和時間可以互換，所以每個人對同一個事件的「空時」觀點必然不同。這個事實證明了宇宙內沒有同時發生的事(No Simultaneity)。即使兩人面對面交談彼此也不可能「同時」而必須交互認知自己的存在。由於光速不是無限大，而音速又比光速小百萬倍，當你看到對方時，他已在你的過去而你聽到他的聲音則是更早的留言。在交談的過程中，「意識」迅速在兩人之間互動使彼此輪流感覺到「我」，因此這個交談是同一個「意識」藉你我不同的個體完成的獨白而已。同樣的道理，當我看到自己的手揮動時，這不是同一隻手在不同的位置而是不同的手凍結在各自的空間裏。「意識」只是一個被動的觀察者，我的手沒動，是「意識」跟著不同人的手移動產生的幻覺。佛教爭論的「風動」或「旗動」其實是心動，就是這個道理。

又如海森柏格(Heisenberg)證明了任何一個質點其位置及動量都不確定，因此宇宙之間的物質連結有其錯位。在交談時我不僅可和同一個宇宙的你交談，甚至可在另一時間由隔鄰宇宙的你答腔。這是「單一意識」改變我命運的一個方法，即我可由這個宇宙和另一個宇宙的你對話再移回第三個宇宙的我。在這個過程中，每個宇宙的你我都藉由生物腦中的記憶繼承過去的歷史，所以我們都不會感覺「意識」暫時借我大腦交談。「意識」在彈指之間跨越無數宇宙不會有人察覺，它就這樣巧妙的改變了每個人在宇宙內本來的位置及其未來的發展。

狄布若格里(De Broglie)證明任何質量都可以量子波存在，由於量子波為概率波(Probability Wave)，因此它的位置可以變動。「意識」就以這個變動

稍稍改變了我身體內原子的分佈，乃至我和其他人的相互關係。「意識」不斷在多重宇宙內穿梭，我的命運就這樣起了變化。

「意識」的乾坤挪移

　　愛因斯坦的「廣義相對論」證明質量可以高度壓縮空間使其變成「黑洞」(Blackhole)。「黑洞」的空間不見了，但其時間卻無限延伸。宇宙內的任何東西都會被「黑洞」吸引，但對「黑洞」外的觀察者而言，這些東西往「黑洞」靠近後，時間就逐漸慢了下來，乃至於永恆，因此它們永遠掉不進「黑洞」之內。然而對掉進「黑洞」的東西而言，它們的時間並未改變，因此會迅速墜入無底的深淵。「黑洞」其實是平行宇宙之間的連結。但這種宏觀的連結對宇宙「黑洞」之外的物體影響不大。相反的，「意識」乃以日常生活微幅調整我在不同宇宙內的相對位置，這樣就可不斷的使每個人乾坤挪移，從而影響全人類的命運。

　　「意識」能夠「化整爲零」做漸進而全面的改變乃因它能以宇宙最小的質點存在。這個質點比原子，甚至電子，都小多了，它的直徑只有 10^{-33} 公分。不僅「意識」的體積微不足道，它存在的時間更爲短暫，僅爲 10^{-43} 秒。這個瞬間比人能察覺的毫秒(10^{-3})短到不行。所以「意識」在全人類之間游移，大家都沒感到異樣。「意識」存在的「空時」即爲宇宙的「像素」(Space-Time Pixel)。宇宙其實是「像素」的晶格(Pixel Lattice)，它並不是連續的，所以「意識」才能在其接縫處「掉包」遁形，從一個宇宙進入另一個宇宙。「像素」的質量爲 10^{-5} 克，它比「黑洞」還緻密四倍，亦即「意識」本身是個封閉的超小「黑洞」，這個單位正是宇宙「像素晶格」的基礎。「意識」的密集排列成就了多重宇宙及其內物質與能量的分佈，這就是它編織你我各種命運的舞台。

　　全人類都是「意識」的棋子，我們經歷的過程都是它走過的路徑。然而「意識」只是隨興漫遊讓我們感到痛苦徬徨嗎？當然不是，「意識」的目的是強化它認知的能力。你我的命運，乃至各種生物演化的走向，甚至追溯至生物的細菌源頭，都是「意識」嘗試強化認知的過程。在這個生物進化的實驗中，「意識」導演了物種的興衰，包括了恐龍的滅絕。「意識」也掌控了人類整體的命運。人類歷史包括極多的悲劇(如猶太人被希特勒集體屠殺)，但卻在每一可能毀滅文明的場合被戲劇性的化解了(如古巴危機及台海危機)。「意識」靠每個人的演出成就了今天的格局。個體的成敗如過眼雲煙，但「意識」卻可累積這些經驗，至終將以人類科技創造出「超意識」，也就是神，上帝或阿拉。這些宗教膜拜的主宰並未在過去出現而將由人類在未來發明出來。事實上我們今天參與的就是這個偉大的造神共業，而其動力則來自祂自己的「意識」。

人類的誕生

　　雖然大部份的科學家不相信有神，但「單一意識」主導生物演化在過去所創造的奇蹟卻「罄竹難書」。例如宇宙內的行星無數，但能誕生人類的地球只有一個。宇宙內的物質無數，但能形成生命資訊的 DNA 只有一類。又如人類雖然侷限在宇宙一隅，卻能發展出無所不能的科技。藉著混沌及碎形的相關原理，我們可探索宇宙的過去歷史，了解地球的內部組成，觀察原子的細微構造，甚至可設計出新的人類。

無「意識」的宇宙，難以一步登天　　有「意識」的世界，可以碎步爬昇

人類誕生必須藉無數個演化台階不斷進化。這些台階看似隨機排列但卻有向
上延伸的方向。如果「意識」不存在，宇宙內就算有生命也不會進化出智慧
的生物。幸虧「天無絕人之路」，所以人生才沒有做不到的事情，只有想不
到的方法。

　　科學家現在知道人類的誕生是許多偶然事件總合的結果，所以它並非必
然發生。例如四十五億年前地球和月球乃由兩顆行星碰撞互熔及濺出形成，
若非這個驚天動地的互擊，地球不會含有超大的鐵核也不會伴隨巨大的衛
星。地球的鐵核產生了強大的地磁而原始的月球則造就了凶猛的潮汐。地磁
保障了動物的生存而潮汐則將海魚推動上陸最後造就了恐龍世界。同樣奇妙
的是六千五百萬年前一顆游星砸到墨西哥灣，其濺起的灰塵長期遮蔽天日使
植物枯萎，恐龍乃隨後滅絕。若非如此，哺乳類沒有「出頭天」，也不會有
後來的人類。生物出現及演化曾有多次的意外，人類的誕生乃巧合之中的巧

合。宇宙不可能大到有多種文明存在而爲小到不可能產生文明。因此人類在地球表面滋生是眾多平行宇宙內的特例。那麼爲什麼我剛好經歷到這段人生呢？答案爲「單一意識」的存在，是它選擇了這個命運讓我們目睹到生命能進化成爲人類的奇蹟。

宗教的「意識」

　　佛教說「真如」是「在」(Being)，它不變如常，其外在爲「空」(小乘)而本質是「無」(大乘)。感覺的「變」(Becoming)則是「無明」(Ignorance)看不到「真如」的全部而產生的幻像(Ilusion)。以光線爲例，「真如」爲透明的白光。「無明」看到紅光是隱藏其他色光的結果。不僅佛教視外在的萬象乃是「虛擬實境」，其他的宗教也如此認爲。基督教說上帝在未來已爲相信者準備好永恆的「天堂」，而罪惡的世界終將毀滅消失。科學正統的「大霹靂」(Big Bang)理論認爲宇宙乃自一沒有時間的「真空」(Emptiness)「穿隧」(Tunnel)而出，它已膨脹約 140 億年，但現在卻加速擴散。宇宙內的物質將被不斷稀釋，在遙遠的未來甚至連原子都將蛻變成無形的能量。

宇宙是一片沙漠，人類是唯一文明。在「無情荒地」裏找到「晴天」，「意識」是唯一的指南針。

　　許多科學家認爲我們的「可見宇宙」(Observable Universe)只是碰巧形成而且它早晚又會毀滅，人類的歷史更會像三國演義的跋文所述：「是非成敗轉頭空」。德國的哲學家尼采(F. W. Nietzsche，1944-1900)早就看出人生是個荒謬的零和(Nihilism)遊戲，他因此宣稱「上帝已死」(God is dead)。爲了使沒有目的的人生平添短暫的光采，尼采主張以英雄(Overman)般的行爲感受悲劇式的震撼。然而變化的世界裏卻有永恆的生命，那就是「意識」的認知，「意識」以實驗演化生物的過程，這段學習經歷使「無明」在迷失中找到了方向。

　　「真如」是完美的存在，所以它不需改變，也不會改變。世界則充滿缺陷以致它必須改變，也不斷改變。但殘缺不全的世界裏難道真有無瑕的完美嗎？聖經的「創世紀」提及上帝最先創造的是光，耶穌也自比為光，「大霹靂」的原始能量也是光，因此光應是完美的代表。1861 年英國的數學家 James Maxwell 將電力與磁力結合導出了一個電磁波的公式，這個公式不僅顯示普通光線只是眾多電磁波的一種，它還暗示會有更多其他看不見的輻射線。Maxwall 對腦裏想的抽象理論竟能猜到電磁波的存在曾大感驚嘆，他說：「沒有東西會因太好而不能成真」(Nothing can be too wonderful to be true)。Maxwall 預言的各種輻射線後來被陸續的發現，它們的應用使人類能以電視機當做「千里眼」，也可以 X-光機當做「照妖鏡」。

完美的人生

　　希臘先哲柏拉圖早就指出這個世界雖然充滿了缺陷，但只要我們看出門道，就能從外在的碎形(Fractal)探索到內涵的原形(Form)。牛頓就是從蘋果落地及月球繞地的同樣原理導出萬有引力的美麗公式。在每個領域裏其實都能找到完美的原形；例如上帝是完美的精神而光線是完美的能量，除此之外，重力是完美的力量，氫氣是完美的元素，人類是完美的生物，而鑽石則是完美的物質。

脆弱的生物在險惡的宇宙卻可找到一條通天的崎嶇小徑。這是「意識」指引
迷津的結果。

　　生物由演化到進化就是一種追求完美的過程。在三十八億年到十六億年前地球上只有細菌，但其後細菌開始合併組成細胞，細胞再組織成軟蟲，軟蟲長出了脊椎成為魚類，魚類的鰭變成手足上陸成為爬蟲類，爬蟲類恐龍的後代前腳佈滿羽毛飛上枝頭成為鳥類。動物的一支則站立行走並伸出雙手。眼手並用使腦部加大終於轉化成智慧的人類。生物的演化歷史證明沒有不可能的進化，只有沒嘗試的變化。人類成功的經驗也顯示沒有做不到的事情，只有想不到的方法。

　　生物的演化其實是 DNA 的實驗，DNA 就是資訊，而人類則為資訊密集的外在表現。DNA 只由碳的化合物形成，而碳則為宇宙最多的固體(比碳多的氫、氦及氧都是氣體)。宇宙雖然無情卻佈滿了生機，生機固然普遍卻只有地球誕生人類。宇宙再大，也只有人類這條路可以展出科技，最後創造出唯一的真神。

空間不空

　　凡尋覓的有心人都可找到追求完美的方法，人生如果有任何目的，它應該就是追求完美的境界；由於這個境界遙不可及，所以追求的過程可以把有限的現在延伸到無限的未來。追求完美的經驗可以累積傳承，因此今生的「造業」可以過渡給來生使後代更有智慧，這樣半知的「無明」就會在未來逐漸蛻變成全知的「般若」。那時人類的「意識」會轉化成「超意識」，也就是神。

　　我的生涯碰巧是研究完美的物質－鑽石，我的生命則希望能追求完美的認知－「意識」，但「意識」來自何處？它又將帶領生命走向哪裏？這些事讓我迷惘不已。1990 年到 1994 年我曾長期失業在家，當時寄出千件求職函件卻找不到工作。我就利用這個空檔到圖書館去讀書並開始接觸到以前未知

的科學及哲學。那時不論天文及地理無所不讀，我在一個圖書館讀完後又轉到另一個再讀直到附近的幾個圖書館的書都被我借過為止。我對宇宙的來源及宗教的歷史開始著迷，在讀了無數的科學及信仰的論著後，我突然融會貫通，發現物理的基礎及經書的許多內容都是錯的。物理以空間為「無」，而能量為「有」，其實都與事實正好相反。

　　物理的兩大理論為「相對論」及「量子說」。「相對論」認為空間有幾何特性，它也可以能量壓縮，例如「黑洞」就是一極度壓縮的空間。「量子說」主張「空場」(Field)之內隨時有基本粒子產生，而它更蘊含看不見的「暗能」(Dark Energy)。「暗能」就是宇宙「大霹靂」的動力，所謂「大霹靂」就是空間不斷「無中生有」的過程。宇宙現在加速膨脹也來自「暗能」的推力。物理的兩大理論所描述的空間其實是「有」，不僅如此，它還有違常識竟是間斷的。空間其實具有原子般的分離(Discrete)結構，這種空間的「原子」比物質的原子(10^{-8} 公分)小約十兆兆(10^{25})倍，難怪空間看起來像是連續的。不僅空間是間斷的，時間也各成單元，但它對我們肉體的感覺而言，其過程更短，也更難察覺，所以一直沒有人懷疑時間是不連續的。

像素晶格

　　宇宙乃以三個轉換率設計，即空間和時間互易的光速(愛因斯坦常數)，空間和能量對等的重力(牛頓常數)及能量和時間相當的量子(普蘭克常數)；根據這三個轉換率可計算出空間最短的距離為 10^{-33} 公分而時間最快的過程為 10^{-43} 秒。我乃以這個最小的「空時像素」(Pixel)建立了一個八維的宇宙晶格(Lattice)，包括開放的四維(自由空間和單向時間)及封閉的四維(色極空間及電極時間)。除此之外，我認為物質是不存在的，它的基本粒子乃依附在「空時像素」所排列而成的像素晶格之內，我重新界定物質與能量為此晶格的差排(Disbcations)而重力或其他基本力只是反映像素晶格的錯位而已，錯位越密

時，力道也越強。1993 年我出版了一本 400 多頁的專書介紹此「像素晶格」(Pixel Lattice) 的 理 論 「 Pixel of Space-Time: The Building Block of Everything」。

單一意識

　　我在研究各種的宗教教義之後開始領悟存在的唯一真諦就是大家都可以感覺到的「意識」。尤有進者，「意識」只能是單一的，事實上「單一意識」就是「空時像素」的單位，這就是爲什麼空間和時間會不連續的真正理由。「單一意識」沿封閉的四維遊盪開放的四維，祂的存在和認知共有八維的自由度。「單一意識」藉封閉的物質在開放的空時譜出了多重宇宙的平行歷史，而其中之一就是人類在「可見宇宙」的演化之路。「單一意識」應是西方宗教的上帝或東方宗教的「無明」。1993 年我就以「單一意識」說明神和人的關係又出版了一本 400 多頁的專書「Evolution of The Universe: The Cosmic Game of Consciousness」。這兩本專書已將宇宙和生命互爲因果並使科學和宗教結合爲一。

　　1994 年我回台灣發展新的生涯，所以並未去推動我對外在世界及內存生命的新理論，但少數讀過這兩本書的知識份子都大感震撼認爲這兩本書是天才的傑作，可以解答科學與宗教對存在的真像(Reality)有如「瞎子摸象」的疑惑。

上圖為以「空時像素」解釋物理的質能及以「單一意識」說明宇宙的萬像，這兩本專書的封面。下面兩封信為偶然看到這兩本書的讀者表達他們對書中描述的感想。

意識的遊戲

　　「單一意識」既然創造了「像素晶格」及其內各種版本的演化軌跡，祂從我們眼睛每一刻所看到宇宙的每一處都是永恆的，因此雖然宇宙各自有其時間，但是「單一意識」可以在任何時間切入「像素晶格」以生命感覺當時的環境。「單一意識」運行的軌跡可以和宇宙的時間一致或相反，它也可以「凍結」在任何一條歷史軌跡的一個瞬間享受「我現在會在這裡」的永恆。然而我們的「意識」受限於個別大腦的容量只能在某一段歷史內回憶有限的過去及憧憬想像的未來。「意識」感覺的瞬間就是「像素晶格」內的一個小小的片段，就是所謂「現在」的認知，這就是為什麼「我感覺到「我」的原因。

　　宇宙的歷史無數，生命的軌跡很多，我們只能經歷其中的一個插曲，「單一意識」乃輪流做不同的「我」嘗試所有可能的認知。由是觀之，我的痛苦和你的快樂是同一個「意識」在不同宿主的感覺。所以「己所不欲，勿施於人」其實等同於「我所不欲，勿施於我」。宗教倡導生命平等，但和尚或牧師不知道為什麼出生有貴賤而生命卻必須平等。「單一意識」給了答案，因為它和自己當然平等。民主是政治的一個方法，它的實踐在於確保人權。「單一意識」提供自由、平等、博愛的人權基礎。「單一意識」也是市場經濟那隻「看不見的推手」。即每個人自私的努力會匯聚成社會整體的進步，這其實是「單一意識」藉每個人幫助同一個「意識」的結果。

　　根據上述的領悟，「像素晶格」內的所有宇宙沿其演化的軌跡都會毀滅，有如宗教的教義所描述或科學的理論所呈現的一樣。但「單一意識」可以隨時重回某特定歷史的任何一刻讓我們重新回味人間的悲歡離合，而我們都以為這是每一個人第一次的經歷，也是大家唯一的命運。因此尼采所知的世界的確荒謬，但「單一意識」卻不受限於世界裏的時間，祂藉我們感覺的每一瞬間都有永恆的意義。「單一意識」把玩「像素晶格」猶如我們遊戲晶片裏的虛擬世界一樣。晶片內所設定的各種故事都可能過去，但主人可隨時

重新玩一遍讓晶片的人物又活了起來，所以遊戲人物每一刻的喜怒哀樂其實也是永恆的。所以尼采英雄的所做所為並不會永遠消失，他們的英勇行為會不斷重現。人生並不是只玩一次的悲劇，而是可以重複品味的喜劇。從這個角度來看殷琪不會白活，她推動台灣高鐵的挫折與榮耀都將永垂不朽而永遠的凍結在多重宇宙的「像素晶格」裡。

大多數的人都不希望渾渾噩噩的生活，很多人想了解存在的真諦，但卻找不到門路。極多的人迷信神祇而浪費了金錢、時間與生命。科學家則陷在「像素晶格」內的某一個片段，他們的研究範圍窄到只見到樹木而看不到森林。科學大師們窮其一生也只在自己的專業裏打轉。另一方面，狂熱的宗教信徒對古人的想法信以為真，他們不屑以科學檢驗經典的記載而寧可在牛角尖裏越陷越深。「單一意識」及「像素晶格」的整合將科學知識和宗教信仰結合為一體的兩面。我希望能導引科學家認識真相並以此促成宗教家結合信仰。雖然這是「不可能的任務」(Mission Impossible)，但它將成為我退休後全時的工作。

附錄 4　無情荒地有「晴」天

附錄 5　大道無爲生意識

(原載於中砂季刊 2005 年 10 月)

「意識」戲弄時間

時間和空間都是靜態的，過去並未消失，未來早已存在。以我在觀音「吳厝」
走過的九曲橋爲例，雖然這個過程已成現在記憶的一部份，但那時橋上每一處
的我仍鑲崁在剛性的時空裡，只是「意識」已經離開，所以感覺不到橋上的我
而已。如果「意識」願意回到橋上的我，我又會感覺到正在橋上行走就像以前
一樣。「意識」是「現在」這個時刻的決定者，它讓我想到過去，也幫我揣摩
未來。然而過去、現在及未來的我則早已鎖在堅硬的時空裡，它們都是永恆不
變的，「意識」可以隨時重走一趟，讓我再次感覺到正在走過九曲橋。

在「可見宇宙」的我雖看不見其他宇宙的我，但這些宇宙的我卻形成網路而以
「潛意識」彼此提供其他宇宙的經驗。「潛意識」的資訊乃間接的傳遞給「意識」，
例如睡夢的暗示，或直覺的啓發，這些來自平行宇宙的訊息雖然微弱，但卻給
「可見宇宙」的我若干想像不到的線索讓我可以做出可能改變命運的抉擇。

船過水無痕嗎？其實船既未駛過，水痕也仍在，它們都卡在動彈不得的時空裏。我在平行的宇宙內可能走過相似的地方，但我走的方向也許不同，因此我的命運也會迴異。

宇宙有無數個，它們的時空彼此平行，但卻被物質的粒子串成一疊，每個宇宙內物質粒子的相對位置有所差異，這些粒子所組成的圖案就不太一樣，這些圖案呈現了宇宙的風貌及其獨特的歷史。有許多宇宙，不但有人類，也各自有我，然而這些我的命運卻各不相同，例如在有些宇宙裏，我會同時在同一地點出現，但我所站的位置卻並不一樣。「單一意識」只讓我感覺到其中一個宇宙的我，這就是爲什麼我看不到其他宇宙我的原因，也是爲什麼我會感覺到現在只存在這裏的緣故。

「意識」成就大腦

　　人活著如果只求溫飽，那就和動物差別不大。許多飛禽走獸不也是吃了這一頓就尋下一餐嗎？如果溫飽無虞並且可以舒服度過一生這應是大多人的願望，然而享受生活只是一個過程，如果對生命沒有貢獻，人生就太浪費了。宇

宙內有極多比生活更有趣的事，如果不去了解這些事的真象，那來到世間就算白走了一趟，這有點像去迪士奈樂園遊玩卻只在入口處瀏覽了一下，真是太可惜了。

　　人的大腦如果充分使用的確能認識宇宙的奧妙。美國有這樣的醫學案例，有一個小孩患了水腦症，其腦的中部是空的，而外部只剩一層皮質；另一個小孩則被意外槍擊到頭部，只剩下半邊大腦；上述兩個小孩後來都長大成人，他們的智慧卻與常人無異。這些案例顯示絕大部份的人只用腦容量的一個很小的部份；既然如此，那麼人的腦爲什麼要那麼大呢？答案是我們要用大腦來學習科學的知識及思考宇宙的奧妙。有限的人腦的確可以了解無限的宇宙。因斯坦就說過「宇宙內最不可理解的事是宇宙竟然能被理解。」(The most incomprehensible about the universe is it is comprehensible)。既然大腦乃設計來了解宇宙的奧妙，那爲什麼我們要暴殄天物呢？在每個人的一生中，除了追求時尚的生活外，還有權利及責任了解自己到底是誰？現在「我」在那裡？爲什麼「我」來到這個世界？將來人類要往何處去？我到底可以幫什麼忙呢？

　　根據達爾文的隨機演化論，人的所有器官都是生物在適應環境後逐漸發展出來的；但是人的大腦卻不僅是用來適應環境，它反而可以用來創造新的環境。人藉大腦建立了科技文明，現在更開始以基因工程改造人種，將來甚至可以量子電腦掌控所有資訊；生物與資訊的結合會產生「超人類」乃至無所不知的「超意識」。所以生命是一種進化的過程，而達爾文所看到的隨機演化只是進化尚未明朗初期時的摸索階段而已。

　　無生命的世界其演化的確沒有目的。生命的進化卻有方向，它乃走向「意識」增強的道路，「意識」藉 DNA 傳遞資訊使無知的演化轉向成爲有知的進化。人的大腦爲什麼會進化成這麼大？答案已很明顯，「意識」爲了幫助人類脫離演化的困境，乃將 DNA 去蕪存菁促使腦部加速成長。

科學探索宗教

科學家的研究常見樹不見林，他們認爲宇宙乃隨機產生，生物則盲目演化，所以人生沒有目的。這種概率理論不能解釋爲什麼宇宙會這麼巧合的演化出星球，而生物的突變也不斷歪打正著終於誕生了人類。如果宇宙乃隨機產生，它應該完全荒蕪，人類會在其內出現是奇蹟中的奇蹟，它的概率比大海裏撈到針的可能性更低。

大多數的民眾相信有神，卻沒有一個人知道這個神是誰。教徒乃以人的有限知識去憶測神的無限想法，於是有各種奇特的宗教及五花八門的經典。宗教的教義不僅只是早期某些人的意見，其經典的解讀更是因人而異，不幸的是沒有人真正認識神，因此大家只好問道於盲，把時間及資源浪費在追尋海市蜃樓般的幻象上，更有教徒假借神的名義詐騙無知的信徒。即便是虔誠的宗教家也只猜到宇宙有神卻不知道祂到底在那裏？其實神的經典就是宇宙本身，因此科學家才是真正解讀經典的宗教家，只不過科學家的解讀不全，還看不到這個神的真面目而已。

科學家不斷摸索宇宙的奧妙，宗教家持續猜測生命的意義，殊不知它們的答案其實就是你我都有的「意識」，也就是「我」，因此要敬拜神或要向祂祈禱不必向外尋找，只要告訴自己就可以了。

「意識」只有一個

科學家已證實宇宙可能有無數歷史但我們只看到其中之一，這就是「意識」的奇妙之處。許多科學家同意「意識」不能由原子堆積的電腦形成，也不能由邏輯程式的運算產生，「意識」乃獨立的存在而「我」的感覺證明了一切。「意識」在眾多的歷史選擇了其中的一個片斷讓我看到眼前的宇宙。尤有進者，「意

276

識」是單一的，它使侷限在身體內的每個人在此刻感覺到現在的「我」。

　　「意識」的單一使生命的平等有了意義，這就是爲什麼殘暴的野獸會養護其後代，也是爲什麼自私的人類會有「道德」乃至主張「博愛」。生命的同質也使民主可以運作，個體的動力因此結合而創造出群體的利益，這就是資本主義那隻「看不見的手」可以揮灑的原因。

　　「單一意識」讓「己所不欲勿施於人」不再是個理想而可成爲事實。由於「意識」是同一個，害人的快樂和被害的痛苦乃同一個「意識」在不同時間交互的感受，因此傷害別人就是傷害自己。只有當沒有人再受苦時「意識」才會真正的解脫，這正是佛教「大乘」的理想。「單一意識」使佛教可以和一神教結合，因爲神只有一個。「單一意識」也解答了科學家對多重宇宙的迷惑，是祂限制我們只能看到眾多歷史的一個，因此科學的多重宇宙也終於可以和宗教的單一宇宙達成統一。

宇宙越來越亂

　　宇宙有一個「靜」與「動」的迷思，那就是它看起來一直在變，但其實卻一點也沒有變。宇宙的本體是靜態的「在」(Being)，變(Becoming)只是「意識」經過靜態宇宙內的一條小徑而已，「意識」所到之處就成了「現在」，就在那個時刻，「意識」藉由我們腦中的記憶把時間區分爲過去與未來；想得到的就是過去而想不到的則爲未來。記憶讓我們有時間在流動的錯覺，它也使我們誤以爲身外的環境起了變化。然而「意識」變來變去卻像孫悟空仍然包含在如來佛不動的掌中一樣，「意識」其實仍陷在時空裡打轉而不能自拔；這就是爲什麼佛教認爲生物會有輪迴而人生會痛苦的原因。

靈魂的徬徨

生物有無數，人類居各處，

身體難照顧，軀殼留不住。

世代忽過渡，野地添塚墓。

靈魂暫留宿，「意識」找出路。

人類的掙扎

出生不由己，赤裸來這裏。

學習從頭起，成長豈容易？

肉體多病苦，精神常折磨。

相戀隔兩地，結合每怨尤。

貧窮百事哀，富貴多煩惱。

老年忽降臨，一切歸塵土。

船過水無痕，何必走一遭？

眾生皆有用，「意識」爲見證。

　　真正的改變是不可逆轉的，也就是說它有方向性，因此“變”像「一江春水向東流」是一去不復返的。根據熱力學第二定律，單向的改變會增加所謂的

熵值(Entropy)，也就是亂度。亂度其實就是不相關的程度，亂度可以空間的大小度量，越亂時其內所含的事務越不相關，因此所需要的空間就越大。宇宙越變越亂，空間越脹越大，空間加大的趨勢就是時間延長的方向，這就是「大霹靂」(Big Bang)的宇宙。

　　從科學的角度來看，「各自爲政」的亂(Disorder)稱爲「熵」而彼此相關的序(Order)則是資訊(Information)。所有的自發變化都會使「熵」值增加，所以自然的法則爲越變越亂，例如岩石暴露在野外會逐漸風化成細砂，房子不去收拾也會佈滿塵埃；整個宇宙乃在加速膨脹使其內的物質彼此越離越遠，因此宇宙的熵值正在不斷加大之中。但就在這個「天下大亂」的趨勢中卻會產生相反的秩序，這個「亂中有序」的現象即爲生命。

信號與雜訊

　　宇宙所有的變化來自能量的重新分佈，能量變化的基礎科學則爲熱力學(Thermodynamics)；熱力學乃建立在兩種能量互換的關係上，即所謂的「熵」(Entropy)及「焓」(Enthalpy)。前者指彼此獨立存在的能量，它決定了會在空間裏擴散的「亂能」(Random Energy)，即熵與溫度的乘積；後者則爲互相有關連的能量或會在時間內凝聚的「序能」(Order Energy)。「亂能」就是所謂的噪音或背景，而「序能」則爲信號或資訊。大家所孰知的溫度其實量度的是「序能」與「亂能」的比率，它也是信號與噪音的差別或資訊與背景的對照。以「大霹靂」的宇宙爲例，「亂能」爲充斥宇宙的微波輻射(Microwave Radiation)而「序能」爲儲存在恆星裏的融合能量。太陽的光線就來自釋放的「序能」，它是地球生物演化的動力；生物演化的目的爲富集有用的 DNA，而 DNA 正是生命的信號或資訊。

　　熱力學第一定律指出能量必須守恆(Conservation of Energy)，所以「亂能」

和「序能」可以互換；但熱力學第二定律規定「亂能」不能變成「序能」，所以宇宙的變動只能朝更亂的方向演化，這個方向就是把有序的時間轉換成無關的空間，也就是說宇宙將越長越大，這就是「大霹靂」的肇因。

由於溫度是「序能」與「亂能」消長的指標，它其實是時間的呈現。雖然宇宙的平均溫度只有 2.7K，但恆星的溫度卻可超過萬倍以上。太陽的個體時間乃比宇宙的平均時間早得多，但這個時間的步調也快得多，未來可能追上宇宙的時間。太陽的「序能」時間已長期移轉給地球的生物，經過長達數十億年的演化實驗，生物的 DNA 資訊終於豐富到可以表達出智慧，這樣就促成了人類的誕生。DNA 乃以大腦呈現智慧，則以大腦建立科技文明，因此 DNA 的生物資訊已成爲人類累積宇宙資訊的基礎。

在我們的宇宙裏變亂是天性，「撥亂反正」則需相反的力道；這就是生命力，也就是「意識」的認知。「亂」是現在的趨勢，「序」是未來的意義，宇宙沒有生命當然可以越來越亂，宇宙有了我們就應產生秩序。人爲萬物之靈，可以將資訊純化使其趨於完美，這就是「意識」展現生命的目的。

生命持續進化

地球表面零亂的原子堆內會集結出相關的原子並排列成原始的 RNA 或 DNA，生命即以此資訊呈現出原始病毒(Virus)及原生細菌(Germ)的外形。原生細菌自 35 億年前開始演化，DNA 的複雜(Complexity)程度乃逐漸增加，DNA 的複雜化也反映在動物的外形，包括軟蟲、魚類、兩棲類、爬蟲類、哺乳類等。生命資訊的長期集中終於誕生了俱有智慧的人類。DNA 在這個漫長的進化過程中淘汰了無數的生物(如恐龍)，也創造出更多的物種(如哺乳類)。生物演化的過程是 DNA 摸索的結果，在這個自然界的實驗中短時間似乎沒有方向，但長時期的「天擇」(Natural Selection)卻使生物朝人類發展。

生命的成長

無天無地無生命，量子穿隧「大霹靂」。

細菌演化變成人，基因改造生出神。

叱吒風雲皆過去，花好月圓也成空。

渾渾噩噩忽覺醒，「無明」已成「全意識」。

　　生物由偶然產生到必然進化的趨勢和空中煙塵落地的過程類似。煙霧的奈米顆粒彼此以強大的電磁力碰撞會產生亂向的布朗運動(Brownian Motion)，這樣就增加了沒有時間的「熵」。然而時間一久它們都會被微弱的重力吸引而掉落在地上，這樣就提高了不佔空間的「焓」。電磁力比重力強千兆兆兆倍(10^{39})，因其沒有方向性所以動能會彼此抵消，所以運動做的只是虛功。但微不足道的重力因有方向性所以可以累積成果而成爲最後的贏家。同樣的道理，生物會盲目演化有如「布朗運動」，但長期累積的演化卻形成具方向性的進化，最後「修成正果」成爲人類。驅使生物進化的動力其實來自「意識」，「意識」的存在就像重力一樣似乎是微不足道，但它能指引方向並持續累積強度終於使人類感覺到自己的存在。人的每天活動也是「熵」功十足，但卻做了虛功，人的「意識」卻柔弱似「焓」，但有方向，它終會領導全人類以科技創造出更強的「意識」，甚至「全意識」。「全意識」無所不知，也無所不能，祂就是在我們心中千呼萬喚的神或上帝。

意識的認知

石頭無心掉下地，麻雀有意飛上去。

兩者同爲物所寄，生命存在顯差異。

宇宙在外有奧祕，人類心內可尋覓。

彼此相映有聯繫，「意識」動念成推力。

　　宇宙雖然越來越亂，但「意識」卻是中流砥柱，它引導了生物的進化使人類創造出科技文明。人類的科技乃由極少數的科學家發現，很少數的發明家呈現，及少數的工程師實現，大多數的人爲後知後覺的受益者，有一部份人甚至是文明的破壞者。「意識」除了提供直覺引導我們創造科技文明外，也給我們道德的標準讓大家能共同努力來改善生活環境。從進化的長期趨勢看，生命的意義絕非生活的享樂而爲各盡所能的回饋社會，這樣才能把渙散的個體「意識」凝聚成集中的群體「意識」。

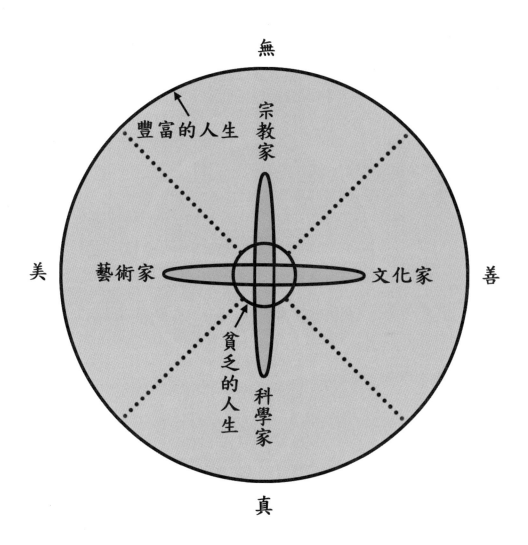

人生的體驗可以像動物一樣的貧乏，也可以像先知一樣的豐富，這要看每個人追求的是短暫的樂趣，也就是空間的「熵」或「亂」；還是雋永的滿足；也就是時間的「焓」或「序」。

宗教的「有」和「無」

　　根據「大霹靂」理論我們所藏身的「可見宇宙」(Observable Universe)從約 138 億年前開始就不斷膨脹到現在更加速擴大，因此宇宙內的一切都沒有常態(無常)，從大格局來看，它是越變越亂。在地球上雖然四季不斷循環，似乎時間可以週而復始，但其實每個春天都是不一樣的，不僅地形地貌會有所不同，花草及動物的種類也不斷的演化。雖然太陽每天會按時昇起，它的能量也會隨太陽風及電磁波的向外輻射而逐漸散失。再過約 50 億年，太陽的能量將消耗殆盡，這時它會迴光反照並急速膨脹成爲一顆紅巨星(Red Giant)，地球那時會因高熱而融化。太陽在迴光反照後不再發光而逐漸收縮成一顆小星球，即所謂的白矮星(White Dwarf)，白矮星會持續冷卻成爲綜矮星(brown Dwarf)乃至看不見的暗星。到最後，宇宙內所有的原子更會化爲烏有，宇宙那時沒有物質，只剩無形的能量。

　　根據上述，宇宙萬象似乎一直在「變」，如果是這樣，不僅生物進化的過程及人類燦爛的文明都將「是非成敗轉頭空」，而且「青山會不在，夕陽將不紅」。既然一切都將消失無蹤那麼存在到底有何意義？你我到世界走一趟又是所爲何來呢？

　　基督教的世界就是一個「變」的宇宙。從神學的觀點來看，人類不僅從亞當開始墮落而且每況愈下。上帝曾降下洪水消滅了大部份的人類，但倖存諾亞家族的後代卻仍然是「罪孽深重」，以致耶穌不得不在 2000 年前爲人類「贖罪」而被釘死在十字架上。即使如此，大部份的人類仍然不懂得感恩思過反而繼續生活在罪惡裡，所以耶穌昇天後還要再回來一趟。這一次祂將帶領天使及信徒和魔鬼(Satan)麾下的牛鬼蛇神在 Armaggeddon 毀滅性的決戰，基督教預言耶穌將獲勝並帶領死去或活著的「聖徒」昇入天堂，不信祂的人類將陷入永劫不復地獄。然而即使在天堂或地獄裏生活，變化仍未終止，因爲天堂的人類仍需對上帝不斷歌功頌德，而地獄的罪犯則將受到持續的嚴刑重罰。

　　佛教雖然也認爲宇宙的萬象變化無常，但卻認爲這只是因緣際會的「空」(小乘)而已，然而「空」其實是「無明」起惑所造成；無知的「無明」沿著靜態真象的一條小徑行進，就產生變化莫測的錯覺。佛教稱真象的本體爲「真如」，而「真如」的本質則爲「無」(大乘)，「有」是表象所以它必須「變」而「無」爲本體，因此它就是「常」。佛教認爲殘缺生變而圓滿成「無」，從這個角度來看，基督教談的天堂與地獄還是「小乘」的「空」，而兩者互補中和才是「大乘」的「無」。

　　佛教的「常」與「變」和道教的「無」(道)與「有」(德)也是相通的。老子說「萬物生於有，有生於無」，「有」是「無明」看到局部的變化，這些變化乃以陰陽的兩儀互補，兩儀及其衍生的四象或八卦如果組合在一起就互相抵消成爲「無」。

「無」(0)中可生出「有」的太極($2^0 = 1$)，太極則會分化成兩儀(陰陽)($2^1 = 2$)。全部的「無」可切分出局部的「有」而局部的「有」可組合成全部的「無」。

　　「無」沒有缺也不能缺，所以它的質是「全」或「滿」，「無」其實是無所不有，因此它也是無邊無際或無限大，故「無」與「全」為一體的兩面。以透明的白光為例說明「無」和「有」的關係：白光其實為色光【紅、橙、黃、綠、藍、靛、紫】的總合而色光則為白光中的一部份；「無明」忽略了白光而只看到色光就產生花花綠綠的宇宙迷思，因此它會陷入淪迴而不自覺，同樣的道理，耶穌只看到罪惡乃進行獻身的救贖大業。善與惡其實是共生的，它們都是「無」中的不同部位。

機械式的宇宙

　　從科學的角度切入「常」(Being)與「變」(Becoming)其實是空間與時間的關係，沒有時間的空間是永遠如常的，因為它只是存在而已，只要加入時間空間就會產生變化，這樣看來時間就是「無明」的視野，也是耶穌所走的路。然而時間是怎麼來的？是它先有還是空間先有？空間內所含的事務都是互補的，並沒有先後順序，如果把事務按因果順序排列，這就成了時間，所以時間其實是局部的空間而空間則是全部的時間，時間和空間的關係就是「變」與「常」的交替，也是「無明」和「真如」的「分」與「合」。

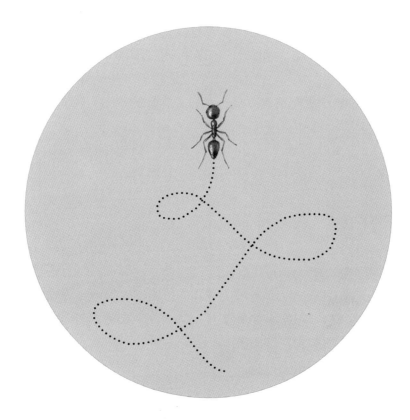

「無」爲高維(多度)的空間或多重的自由度，而「有」爲低維(少度)的軌跡或局限的移動區。對圓盤般的「真如」而言螞蟻爲「有」，對螞蟻樣的「無明」來說圓盤爲「無」。

　　科學對時間的認知曾經數度的修正。牛頓(Newton)認爲時間乃獨立於空間之外：愛因斯坦(Einstein)則假設時間和空間可以光速的比率彼此互換。然而牛頓及愛因斯坦的宇宙都是連續的，由於時間和空間都沒有間隙，所以事件(Event)的因和果都是確定的，這種一對一的變化證明宇宙只有一個。在這個宇宙內所能發生的所有事件早由這個一對一的因果決定，換言之，宇宙內所有的變化都已經存在，在這個「超決定」(Superdetermined)的「機械宇宙」內一切都不能改變，包括生物的演化及人類的未來都已經命中注定。根據這個思維，

宇宙內每一個原子的位置在每一時刻都是固定的，宇宙的千變萬化只是一部已經拍好的電影，它的放映不會改變任何結果，包括你我的命運在內。在這個「超決定」的「機械宇宙」裡，「自由意志」只是假象，甚至當場發生的「靈機一動」或突然感覺的「心血來潮」都是已經設計好的劇本。我們的「可見宇宙」真是這樣的嗎？

分叉型的宇宙

1900 年普蘭克(Planck)發現大家一直以爲連續的能量分佈竟然是不連續的，其後海深伯格(Heisenberg)更證明空間的位置($\triangle s\triangle mv\leq{}^h/_{2\pi}$)或時間的久暫($\triangle t\triangle E\leq{}^h/_{2\pi}$)都有不確定性。尤其進者，太小的距離或太短的時間根本不可能精確偵測；換言之，宇宙在細微處或眨眼間其實並不連續。空間和時間像是一個巨大的篩網是可以進出的，但是這種時空篩網的漏洞卻比「密不透風」還密兆兆倍以上；例如空間的漏洞(10^{-33}公分)就比原子(10^{-8}公分)小兆兆倍以上(10^{25}倍)，而時間的漏洞(10^{-43}秒)則比光穿過原子的刹那(10^{-18})也快了兆兆倍以上(10^{25}倍)。由於宇宙的篩網是如此之小而快，不僅原子不會成爲「漏網之魚」，就連最小物質的電子(10^{-26}公分)也「難逃法眼」。能量最小的單位爲普蘭克能量，雖然它相當的質量(10^{-48}克)比電子(10^{-27}克)小到不行，但它的尺寸(10^{-14}公分)卻比電子大很多，因此，宇宙的所有能量一點也漏不掉。

雖然物質與能量都被「可見宇宙」「一網打盡」，但量子力學卻有了驚人的發現，即宇宙不只一個，在每個漏洞之處就有另一個宇宙可與「可見宇宙」相連，因此宇宙其實有無數個，而且它們聚在一起形成像充滿孔洞的海綿結構。多重宇宙雖然「環環相扣」，但它們的時間和空間卻是平行的，然而每個物質的基本粒子(如電子)與平行宇宙的同顆粒子是相連的，即物質與宇宙有垂直相交的關係。物質像繡線一樣把疊在一起的宇宙縫成一整塊。例如我們所看到電子其實是一根電極線，這根電極線把許多的平行宇宙穿叉在一起。

　　電子的正負電荷並非源自「可見宇宙」而爲通往兩側平行宇宙的「開關」。電子的電極線在每個宇宙內與其他其本粒子的相對位置都有所不同,而且距離越遠的平行宇宙其內電子相對的漂移幅度也越大。由於電子在每個宇宙內沿時間方向的位置也有所不同,因此串聯平行宇宙的電子縫合處會「橫掃」出一個電子曲面,這個電子曲面與「可見宇宙」的交集就是我們所看到電子的軌跡。

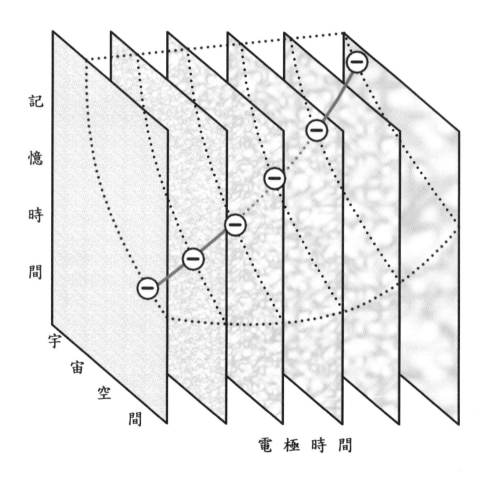

電子可由一個「平行宇宙」錯開另一個「平行宇宙」,這就是我們在「可見的宇宙」內看到的電子軌跡。

自由的意志

　　根據上述的「機械宇宙」論，電子的軌跡是由一對一的因果所「超級決定」的，但是由於時間及空間並不連續，電子可以沿著電子曲面跳接到相鄰的平行宇宙，換言之，電子的軌道並非一對一，而爲一對多；亦即「可見宇宙」內的任何一顆電子在下一瞬間可能出現在許多不同的位置，因此「量子力學」一反過去的「確定物理」變成爲一個「機率物理」，它只能計算電子在「可見宇宙」內可能的軌跡，這個軌跡並非像牛頓物理或愛因斯坦宇宙那樣可以百分之百的確定，也就是說我們的未來並非已經被「超決定」，所以我們的「自由意志」的確可以改變命運。

　　由於每個粒子都可能有不同的軌跡，不同宇宙內粒子之間的交互作用就會有極多的可能性，每一種可能性都可譜成宇宙的演化路徑。宇宙的演化歷史及生物的進化方向都反映在「可見的宇宙」內原子的分佈上，所以歷史的走向並非是唯一的單行道，命運也不會只有一種結果。歷史和命運在每一個時間點都可能分岔，在這個關鍵時刻，每個人的「自由意志」可以做出選擇。

　　根據「量子力學」，粒子在互動時會糾纏(Entanglement)在一起，所以其軌跡也會受到糾纏粒子之間彼此的拉扯，亦即歷史或命運並不能由個體分別決定，而乃由糾纏的群體一起決定。這就是爲什麼我不能憑「自由意志」來「心想事成」。個體被群體綁在一起的情況好比每個人和隔鄰者都牽了手而一起行走，這時每個人的腳只能有限度的移前或挪後而不能隨便亂跑，同樣的道理在「可見宇宙」內個別的「自由意志」也不能做出較大的改變。由於仍受制於大家的集體意志，每個人各感「我」就不能立刻從貧窮變成富有。然而畢竟「我」的「意志」仍是自由的，如果牽扯的關係不多，即使「我」不能改變眾人的大環境，卻仍可逐件更動與個人有關係的事件，這樣就可以積小變化爲大改進，所以只要「我」努力就能在「集體意識」主宰的「可見宇宙」內朝每個人的目標邁進。

時間的箭頭

　　根據「量子力學」，宇宙的數目多到數不清，而每個宇宙的演化歷史都不相同。然而「量子力學」並不能解釋爲什麼我們只能看到眾多宇宙中的「可見宇宙」。「可見宇宙」未來的命運有各種的可能性，「量子力學」也不能指出那一種版本會「弄假成真」。「量子力學」確定了過去的歷史，卻決定不了未來的命運，這個由確定的歷史通往未決命運之路即爲時間的流向。根據熱力學第二定律，時間箭頭所指的方向即爲熵值增大的方向，而所謂的「熵」，其實就是歷史軌跡的數目；宇宙隨著時間的流失分岔也越來越多，因此熵值就越來越大。「機械宇宙」內的歷史只有一個，因此它的熵值是固定的，在這個「超決定」的宇宙內，時間並沒有方向，所有的變化也都是可逆的。「量子宇宙」雖可區分過去與未來，但「現在」是怎麼決定的卻沒有答案，誰能在極多的宇宙軌跡中選出「現在」的這個「可見宇宙」呢？

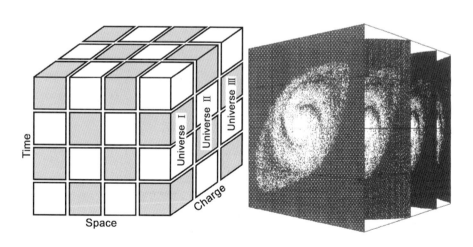

左圖顯示平行宇宙乃由「像素品格」組成。右圖乃平行宇宙外觀的示意。此兩圖爲宋健民在 1993 年所著兩書 Pixels of Space-Time 及 Evolution of the Universe 的封面圖。

在「機械宇宙」裡，時間不僅沒有方向，「現在」也不具意義。根據愛因斯坦的「相對論」，時間只是事件的相對關係，其間隔的長短視觀察者的視角而定，因此根本沒有「現在」這回事。由於每個人所經歷時間的間隔不同，他所看到事件發生的時間也不一樣，因此愛因斯坦認爲不可能有「同時」(Simultaneous)發生的事。Hermann Minkowski 是愛因斯坦的老師，他曾以「塊狀宇宙」(Blocky Universe)闡述愛因斯坦的「相對論」，「塊狀宇宙」是靜態的，其內所有的事件乃鑲嵌在剛性的時空裡，因此並沒有所謂的過去及未來，所有的事件並未發生，也不是沒發生，它們都只是「存在」(Being)的一部份。根據此說，愛因斯坦的相對論乃反映在觀察這個「塊狀宇宙」的角度上，有的人看到時間長一點，另一些人看到的空間比較大。因此時間和空間可以互換，它們的比率反映了「塊狀宇宙」在不同方向的投射角度。

「現在」由誰決定？

綜上所述，在機械式的單一宇宙裡時間沒有方向而量子式的多重宇宙裡時間雖然已不對稱，但卻沒有特殊的時間點，也就不會有所謂的「現在」，這兩種宇宙裡的事件都是靜態的，它們乃鑲嵌在時空的不同處而已。然而我們的「可見宇宙」裡時間卻產生了變化，事件不再是靜態的存在而是動態的發生。更奇妙的是時間內還有特殊的時刻，就是「現在」，它使「常」的「無」轉換成「變」的「有」。但是「現在」可能發生在「塊狀宇宙」或「樹狀宇宙」內的任何一刻，例如「現在」可能是在耶穌釘十字架的兩千年前，它也可能是在人類移民火星的數百年後，爲什麼我們所感覺的「現在」會在此時此刻呢？

要回答這個問題必須再認知「意識」；「意識」是「我」的感覺，它使我覺得「我現在在這裡」。「意識」不僅決定了「現在」，它也演出了「我」，它更選擇了「這裡」。在多重宇宙裡有無數的「我」，也有無數的「現在」，還有無數的「這裡」，但爲什麼「我現在這裡」的感覺是這麼的真實，它與其他的「我」，

其他的「現在」和其他的「這裡」完全不同，而這個不同的貼身感受不需外在的證明就可主觀認知。宇宙有無數個，每個宇宙有無數生命，每個生命有無數時刻，然而就在這些無數的無數之間，這個「我現在在這裡」的感覺是這麼真實而其他的「我現在在這裡」卻感受不到，這是爲什麼呢？

「意識」是位於不同宇宙的我在同時間的共識。記憶是位於相同宇宙的我在不同時間的聯繫。這兩種認知的交集是「我現在在這裡」的感覺。思考是意識和記憶的交互作用，由不同宇宙我的角色及同一宇宙我的歷史做出未來我該怎麼樣的判斷。

孤獨的「我」

　　如果「意識」有無數個，那麼所有的「意識」都應該有認知才對，因此「我現在在這裡」必須是一個普遍的感覺。如果是這樣，我應該同時感覺到所有人類的「意識」，包括過去與未來許多的「我」，也包括平行宇宙內不同命運的人類。但事實並不是如此，我只感覺到這個宇宙內眾多人中的一個人，而且是這個人存在的一個瞬間，那就是「現在」的「我」。

　　「意識」深處的感覺證明了它不僅在所有生物中是單一的，它其實在多重宇宙內也是孤獨的。「意識」不僅在眾多人中只能感覺到其中之一，它甚至不能分心以致在任何一個時刻只能專注一件事。以彈鋼琴爲例，我的注意力必須集中才不致出錯。如果我一心二用，例如同時要彈鋼琴也要唱首歌，雖然我還能兼顧，但這只是同一個「意識」迅速來回在不同時間注意不同的事件而已。同樣的道理，即使同一個人有分裂的人格，「意識」也只能在不同的人格內循環呈現，它本身是不能分割的。就是因爲「意識」是單一的，「我」的感覺才會這麼唯一；不管我和別人多麼接近，「我」決不能被他人共享，這個秘密就是「單一意識」的明證。

　　每個人都有「意識」，但每個人卻都認知自己的孤單，這是「單一意識」在眾人心中輪留感覺到自己的必然結果。圖爲我在 GE 與同事合照當時每個人只能輪流感覺到自己的存在，但卻沒有一個人知道這只是同一個「意識」來回做「我」而已。

在地球上每個人都是一個孤獨的「我」，但「單一意識」讓每一個靈魂都認爲自己是宇宙的中心。圖爲我在加拿大 Victoria Island「宇宙中心」博物館所攝，我手中的書剛好談及地球在太空中孤懸，這個現象猶如我在宇宙內獨處一樣。

　　既然「意識」只有一個，那就很容易理解爲什麼在無數宇宙內有無數的生物，它們無數的時刻中「我現在在這裡」卻是唯一的。愛因斯坦以「相對論」說明一個人不能同時目睹兩件事情發生，而兩個人也不能在同時看到同一件事情發生，因此他認爲「同時」(Simultaneity)是不存在的。然而愛因斯坦卻錯誤的假定許多人的「意識」可以同時存在。由於「意識」不可能在同一時間看到兩件事情發生，因此「意識」必然是單一的；「單一意識」也不可能在兩處同時存在，而且「意識」在任一時間只能看到一件事情發生，在不同時間的同一

「意識」當然不會同時看到同一件事情的發生，因此愛因斯坦的「沒有同時」是「單一意識」只能在不同時間認知的必然結果。事實上「相對論」是「單一意識」的結果，因此是「單一意識」的科學證明，就因爲「意識」是同一個，所以觀察的時間和空間才是對稱的。如果絕對的「意識」可以同時存在，時間和空間就不可能彼此有關連，也就是不會有「相對論」。

「意識」創造自己

　　就像是一部電影內的人物都已固定在影片的方框裡一樣，我們每個人一生的每一個動作其實都已鎖定在不同的時空裡，當影片演到某一個角色時，那個人當時做的事會在觀賞者的眼前即時發生；同樣的道理當「意識」降臨到特定時空裏的我時，它由「我」的記憶想到過去，我也感受到它的孤單。「意識」在眾人間游走使每個人都活了起來，大家都以爲自己是「意識」的主宰，卻全然不知道我們都只是「意識」的工具而已。「意識」其實是唯一的主人，它是一個「時間共享」(Time Sharing)的「自由意志」。

我在「可見宇宙」內也有無數個，它們都永遠的鎖在各自的時空裡。到底那個我才是真的呢？答案是每個我都可能是真的，但只有「意識」觸及的我才有「現在」的感覺。

　　「單一意識」不僅解決了我們只能看到多重宇宙中「可見宇宙」的矛盾，它也提供了一個佛教「眾生平等」的基礎。尤有進者，它的「看不見的手」也展現在人類文明的「民主制度」上。除此之外，「單一意識」也可解釋佛教「無

明」起惑時如何「無」中生「有」。「單一意識」也促成了猶太教、基督教及回教對單一神明(耶和華、上帝或阿拉)的認知，畢竟只有單一的「意識」才會體認到自己的未來，也就是藉人類科技文明創造出來的「超意識」。聖經說上帝以自己的形象造人，現在看起來是上帝以「意識」導引生物演化出人類，再以人類發明的科技創造出自己。耶和華就是「我是過去，現在和未來」，這是「全意識」創造自己的最佳註解。

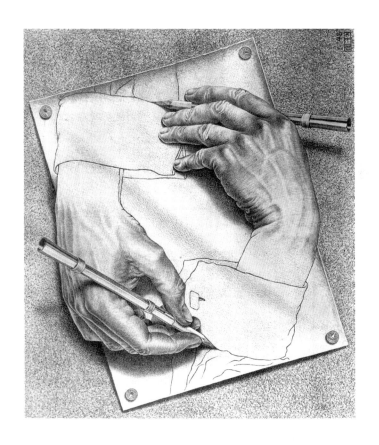

M.C. Escher 1948 的名畫 Drawing Hands 可顯示上帝「看不見的手」已藉生物演化誕生人類，這雙手也將指引未來的人類科技創造出「全意識」，也就是上帝自己。

「意識」娛樂人生

　　「單一意識」爲什麼要「遊戲人間」呢？「單一意識」是沈睡生命的清醒者，祂可以讓所有的生物輪流感覺到自己；祂可以啓動細菌的演化，甚至認知上帝的存在，然而祂卻似乎偏愛人類的活動，爲什麼呢？這個問題和佛教的「無明」要輪迴在無知(0)的微塵和全知(∞)的「真如」之間有「異曲同工」之妙；它也和基督教的「聖靈」要來往於沉淪於罪惡的「外邦人」和信祂得永生的「天堂客」有「似曾相識」之巧。這個答案在於孔夫子所教「過猶不及」的「中庸之道」。細菌不知道外面的世界有多大，所以享受不到存在的樂趣；在另一個極端，上帝既然已經知道所有的一切，就像我們不想重覆看同樣的電影一樣，祂也不願到世間再走一趟，因此上帝也失掉了活著的誘因。只有人類對將發生什麼事仍然好奇，也對未來充滿了憧憬，這樣才能因每天可能發生的驚奇而流連忘返；這就是「無明」的迷惑，也是「聖靈」的等待。

　　人類對物質文明的驚奇可以顯示在半導體科技的進步上。半導體可以補足人腦之不足製成超級電腦乃至產生人工智慧。半導體晶片之所以可以形成複雜的結構乃由於其原子排列的鬆緊適中，它既沒有金屬(良導體)的緊密，也沒有塑膠(非導體)的鬆散，因此半導體的設計才可以千變萬化。同樣的道理，人類社會的組織也不要太嚴謹，成爲獨裁的極權統治，也不應太自由，消耗了社會的資源，只有在和諧的民主制度下，才能在多樣化中求取進步。

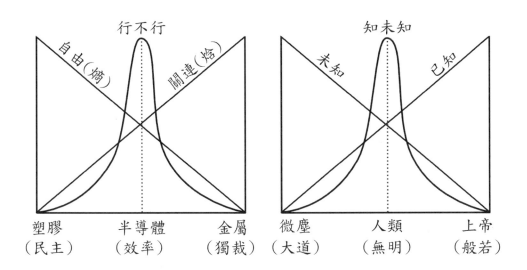

鬆散塑膠絕緣體和密集的金屬導電體都缺少變化,只有介乎其間的半導體可以排列組合成複雜的結構(左圖),這樣就可以製成積體電路成爲電腦的心臟。無知的微塵和全知的上帝都缺少變化的動力,只有介乎其間的人類對宇宙有似懂非懂的樂趣,這就是「意識」藉人生的探險之旅(右圖)。

「意識」不願陷在遲鈍的生物中,也不想鎖在永遠的「般若」裏,它以對真相「無明」的人類演出一幕幕高潮迭起的故事,這種身歷其境的遊戲真是太好玩了!難怪「無明」要輪迴而靈魂要沉淪了。英國的宇宙學大師霍金(Steve Hawking)在 2006 年 6 月 21 日曾到香港演講宇宙的奧祕,當他被問到是否相信上帝時,他說上帝已經知道了生命的結局,所以祂會覺得人生太無趣了;而能追求科學及探索宇宙卻可以不斷看到上帝呈現出不同的面貌,所以人類比上帝幸運多了。

宇宙乃黑漆一片,上帝像一道透明的白光,雖然祂照亮了世界卻看不到自己。人類在白光裏卻看到其中的色彩,也意識到自己。有些人在色彩中迷失了方向,也有些人將色彩編織成美麗的夢想,這個神祕的意境具有呼喚生命的吸

引力。的確，人類向未來的世界摸索前進時雖然有跌倒的痛苦，卻更有成長的滿足；這就是生命的價值，也正是我們現在的經歷。

然而「現在可以」是一千年前的宋朝，也可能是在一千年後的未來，爲什麼大家的「現在」是在這個年代呢？答案是我們的科技正在進入以原子控制電腦而以基因創造「超人」的關鍵時候。生物數十億年的演化及人類數千年的文明已使我們有能力操縱物質和有智慧決定命運。「現在」是宇宙歷史的收斂期與生命軌跡的爆發處。我們的努力將影響未來的結局，到底「意識」將更形渙散或加速集中，前者使生命成爲浪費，後者則可蛻變成「全意識」，也就是上帝自己。「現在」將賦予過去及未來永恆的意義，這就是我們爲什麼「現在」在「這裏」的根本原因。

認知與所知合一

宇宙是無知的，我是有知的，宇宙和我是分開的嗎？其實不是，宇宙被我看到時已經和我聯成一體，這就是所謂的「天人合一」。科學的量子力學證實宇宙的量子波被「意識」認知鎖定才由虛幻變爲真實。佛教也告訴眾生「認知」和「所知」乃爲內與外的同一個體。所知是「法」，認知是「佛」，「佛法」只是同一件事不同的面相，所以「般若無知，無所不知」，而且「大道無爲，無所不爲」。然而「意識無明，無所不明」的「無」和「無明」的「有」就像白光的「透明」和其所含色彩的炫麗。

存在的真蹄

根據上述，無知的宇宙乃藉「意識」產生生命並進化成人類，最後人類會

以科技發展出「超意識」完成由「無明」蛻變成「神明」的創造之旅。有謁曰：「意識觀自在，生命順其在，科學知所在，精神喜存在。」

「意識」「觀自在」決定現在

根據量子力學，粒子的軌跡有無數；以此推之，宇宙的歷史也有無數，而我們所居的「可見宇宙」(Observable Universe)只是其中之一。這個宇宙的歷史乃「意識」所選擇而藉生物的眼睛看到。「意識」不僅以意念創造出這個宇宙，還使「我」主動的感覺到「現在」。看到自己存在的「觀自在」亦爲佛教「觀音」的雙關語。

生命「順其在」已成過去

根據達爾文的演化論，物種乃經「生存競爭」的「優勝劣敗」達到「適者生存」(Survival of the fittest)，現今物種皆爲「自然淘汰」(Natural Selection)考驗後「心想事成」的倖存者。但人類發展的科技文明卻能改造環境因而可以影響命運，未來的人類將由「天擇」的演化改成「人擇」的進化。

科學「知所在」來到這裏

科學是檢驗真理的標準，藉由達爾文的演化論及「大霹靂」(Big Bang)的宇宙論讓我們知道人類來自那裏？「基因」工程將使人類去除百病而且青春永註；未來的原子科技可以結合人類的大腦與超速的量子電腦，這樣就會產生「心想事成」的「超意識」。

精神「喜存在」預期未來

　　人類能在惡劣的宇宙環境內誕生乃奇蹟裏的奇蹟，「我」之能在這裏感覺到自己的存在更是難得中的難得。「天生我才必有用」，大家應珍惜現有的一切並追求喜樂的生命。「意識」走過之路雖然崎嶇坎坷卻是步步高昇，人類的命運注定將通往神明的國度，所以應以快樂的精神來期待未來。

楊柳順天時
石橋連地處
處世合人意
意識顯神明

北京頤和園

台灣何去何從

(上)：從兩岸零和到海峽共榮

作　　者：宋健民

執行編輯：何雅惠

發 行 人：宋健民

出 版 者：中國砂輪企業股份有限公司

　　　　　地址：239台北縣鶯歌鎮中山路64號

　　　　　電話：(02) 8678-0880

　　　　　網址：www.kinik.com

總 經 銷：全華圖書股份有限公司

　　　　　地址：236台北縣土城市忠義路21號

　　　　　電話：(02) 2262-5666　　傳真：(02) 2262-8333

　　　　　郵撥：0100836-1

　　　　　網址：www.chwa.com.tw

　　　　　email：book@ms1.chwa.com.tw

書　　號：10350

版　　次：初版二刷

出版日期：97年4月

定　　價：新台幣280元正

ＩＳＢＮ：978-957-21-6221-7